県立平塚・相模原中等教育学校

〈収録内容〉

JN079003

■「グループ活動による検査」は課題のみ掲載しております。
（実施があった 2020 年度まで）

⬇ 便利な DL コンテンツは右の QR コードから

解答用紙　　過去年度　　問題は紙面に掲載　⇒

※データのダウンロードは 2025 年 3 月末日まで。
※データへのアクセスには、右記のパスワードの入力が必要となります。 ⇒ 213659

本書の特長

実戦力がつく入試過去問題集

▶ 問題 ············· 実際の入試問題を見やすく再編集。

▶ 解答用紙 ····· 実戦対応仕様で収録。

▶ 解答解説 ····· 解答例は全問掲載。詳しくわかりやすい解説には、難易度の目安がわかる「基本・重要・やや難」の分類マークつき（下記参照）。各科末尾には合格へと導く「ワンポイントアドバイス」を配置。

入試に役立つ分類マーク ✐

基本▶ 確実な得点源！
受験生の90％以上が正解できるような基礎的、かつ平易な問題。
何度もくり返して学習し、ケアレスミスも防げるようにしておこう。

重要▶ 受験生なら何としても正解したい！
入試では典型的な問題で、長年にわたり、多くの学校でよく出題される問題。
各単元の内容理解を深めるのにも役立てよう。

やや難▶ これが解ければ合格に近づく！
受験生にとっては、かなり手ごたえのある問題。
合格者の正解率が低い場合もあるので、あきらめずにじっくりと取り組んでみよう。

合格への対策、実力錬成のための内容が充実

▶ 各科目の出題傾向の分析、最新年度の出題状況の確認で、入試対策を強化！

▶ その他、学校紹介、過去問の効果的な使い方など、学習意欲を高める要素が満載！

解答用紙ダウンロード 解答用紙はプリントアウトしてご利用いただけます。弊社ＨＰの商品詳細ページよりダウンロードしてください。トビラのＱＲコードからアクセス可。

UD FONT 見やすく読みまちがえにくいユニバーサルデザインフォントを採用しています。

● ● ● 公立中高一貫校の
入学者選抜 ● ● ●

ここでは，全国の公立中高一貫校で実施されている入学者選抜の内容について，
その概要を紹介いたします。

　公立中高一貫校の入学者選抜の試験には，適性検査や作文の問題が出題されます。

　多くの学校では，「適性検査Ⅰ」として教科横断型の総合的な問題が，「適性検査Ⅱ」として作文が
出題されます。しかし，その他にも「適性検査」と「作文」に分かれている場合など，さまざまな形
式が存在します。

　出題形式が異なっていても，ほとんどの場合，教科横断的な総合問題(ここでは，これを「適性検
査」と呼びます)と，作文の両方が出題されています。

　それぞれに45分ほどの時間をかけていますが，そのほかに，適性検査がもう45分ある場合や，リス
ニング問題やグループ活動などが行われる場合もあります。

　例として，東京都立小石川中等教育学校を挙げてみます。

① 文章の内容を的確に読み取ったり，自分の考えを論理的かつ適切に表現したりする力をみ
る。

② 資料から情報を読み取り，課題に対して思考・判断する力，論理的に考察・処理する力，的確
に表現する力などをみる。

③ 身近な事象を通して，分析力や思考力，判断力などを生かして，課題を総合的に解決できる力
をみる。

　この例からも「国語」や「算数」といった教科ごとの出題ではなく，「適性検査」は，私立中学の
入試問題とは大きく異なることがわかります。

　東京都立小石川中等教育学校の募集要項には「適性検査により思考力や判断力，表現力等，小学校
での教育で身に付けた総合的な力をみる。」と書かれています。

　教科知識だけではない総合的な力をはかるための検査をするということです。

　実際に行われている検査では，会話文が多く登場します。このことからもわかるように，身近な生
活の場面で起こるような設定で問題が出されます。

　これらの課題を，これまで学んできたさまざまな教科の力を，知識としてだけではなく活用して，
自分で考え，文章で表現することが求められます。

　実際の生活で，考えて，問題を解決していくことができるかどうかを学校側は知りたいということ
です。

　問題にはグラフや図，新聞なども多く用いられているので，情報を的確につかむ力も必要となりま
す。

　算数や国語・理科・社会の学力を問うことを中心にした問題もありますが，出題の形式が教科のテス
トとはかなり違っています。一問のなかに社会と算数の問題が混在しているような場合もありま
す。

　少数ではありますが，家庭科や図画工作・音楽の知識が必要な問題も出題されることがあります。

作文は，文章を読んで自分の考えを述べるものが多く出題されています。

文章の長さや種類もさまざまです。筆者の意見が述べられた意見文がもっとも多く採用されていますが，物語文，詩などもあります。作文を書く力だけでなく，文章の内容を読み取る力も必要です。

調査結果などの資料から自分の意見をまとめるものもあります。

問題がいくつかに分かれているものも多く，最終の1問は400字程度，それ以外は短文でまとめるものが主流です。

ただし，こちらも，さまざまに工夫された出題形式がとられています。

それぞれの検査の結果は合否にどのように反映するのでしょうか。

東京都立小石川中等教育学校の場合は，適性検査Ⅰ・Ⅱ・Ⅲと報告書(調査書)で判定されます。

報告書は，400点満点のものを200点満点に換算します。

適性検査は，それぞれが100点満点の合計300点満点を，600点満点に換算します。

それらを合計した800点満点の総合成績を比べます。

このように，形式がさまざまな公立中高一貫校の試験ですが，文部科学省の方針に基づいて行われるため，方向性として求められている力は共通しています。

これまでに出題された各学校の問題を解いて傾向をつかみ，自分に足りない力を補う学習を進めるとよいでしょう。

また，環境問題や国際感覚のような出題されやすい話題も存在するので，多くの過去問を解くことで基礎的な知識を蓄えておくこともできるでしょう。

適性検査に特有の出題方法や解答方法に慣れておくことも重要です。

また，各学校間で異なる形式で出題される適性検査ですが，それぞれの学校では，例年，同じような形式がとられることがほとんどです。

目指す学校の過去問に取り組んで，形式をつかんでおくことも重要です。

時間をはかって，過去問を解いてみて，それぞれの問題にどのくらいの時間をかけることができるか，シミュレーションをしておきましょう。

検査項目や時間に大きな変更のある場合は，事前に発表がありますので，各自治体の教育委員会が発表する情報にも注意しましょう。

県立 平塚（ひらつか）中等教育学校

〒254-0074 平塚市大原1-13
☎0463-34-0320
交通 ＪＲ線平塚駅 徒歩30分
小田急線伊勢原駅 バス

https://www.pen-kanagawa.ed.jp/hiratsuka-chuto-ss/

[カリキュラム]◇二学期制◇
・45分×7時限授業が基本。
・6年間を通して計画的・継続的な教育を行う。前期課程（中学校に相当）では、国語・数学・英語を原則毎日学習し、基礎を確実に身につける。

[部活動]
・囲碁部は連年、全国大会に、弓道部は関東大会（優勝経験あり）に出場している強豪。
★設置部（※は同好会）
テニス、卓球、バスケットボール、陸上競技、サッカー、バドミントン、水泳、弓道、剣道、山岳、ダンス、吹奏楽、囲碁、科学、美術、合唱、家庭科、メディア、文芸、演劇、将棋、※鉄道研究

[行　事]
・オリエンテーション合宿、歴史探訪、芸術鑑賞会、研修旅行、翠星祭（体育部門、文化部門）、歩行大会、合唱コンクールなどを実施。

[進　路]
・単位制普通科の後期課程（高校に相当）には無試験で進むことができる。
・**キャリア教育**としてかながわ探究・職場訪問、大学教授を招いての論文作成などを実施。

★卒業生の主な進学先
東京大、京都大、北海道大、東京都立大、東京工業大、横浜国立大、筑波大、青山学院大、中央大、慶應義塾大 他

[トピックス]
・平成21年、大原高校敷地に開校。県内初の公立中高一貫教育校。
・県内居住者なら全県どこからでも受検が可能。他の公立中高一貫教育校との**併願はできない。**
・合否に関しては、適性検査、調査書による総合選考を行う。

入試！インフォメーション
※本欄の内容は令和6年度入試のものです。

受検状況

募集定員	志願者数	受験者数	合格者数	倍　率
160	683	663	160	4.14

県立 相模原（さがみはら）中等教育学校

〒252-0303 相模原市南区相模大野4-1-1
☎042-749-1279
交通 小田急線相模大野駅
徒歩10分

https://www.pen-kanagawa.ed.jp/sagamihara-chuto-ss/

[カリキュラム]
・前期は45分×7時限授業が基本。
・「読書・暗誦・ドリル」「発表・質疑応答・レポート」「探究・ディベート」を授業に取り入れ、**次世代リーダー**に相応しい能力を養う。

[部活動]
★設置部
剣道、バドミントン、サッカー、バレーボール、ハンドボール、卓球、野球、テニス、ダンス、陸上競技、柔道、バスケットボール、クラシックギター、料理、コーラス、英語、茶道、イラスト文芸、吹奏楽、美術

[行　事]
・オリエンテーション合宿、イングリッシュキャンプが行われる。
・生徒会行事として、蒼碧祭（体育部門、文化部門）や芸術祭を実施。

[進　路]
・単位制普通科の後期課程には無試験で進むことが可能。
・**キャリア教育**として農業体験や職業体験を行い、キャリアを実現するための力を養う。

★卒業生の主な進学先
東京大、京都大、北海道大、東北大、大阪大、東京工業大、一橋大、横浜国立大

[トピックス]
・平成21年、相模大野高校敷地に開校。県内初の公立中高一貫教育校。
・合否に関しては、適性検査、調査書を資料として、総合的に選考する。

入試！インフォメーション
※本欄の内容は令和6年度入試のものです。

受検状況

募集定員	志願者数	受験者数	合格者数	倍　率
160	880	838	160	5.24

出題傾向の分析と 合格への対策

●出題傾向と内容

検査は適性検査Ⅰ，適性検査Ⅱによる検査，グループ活動による検査で実施された。試験時間と配点は適性検査Ⅰ，適性検査Ⅱが各45分で300点であり，グループ活動による検査は40分200点である。問題を通して，表現コミュニケーション力および科学・論理的思考力の基礎的な能力をみることをねらいとしている。また，2023年度より一部問題を除き，ほとんどがマーク方式の問題となった。

適性検査Ⅰは，大問4～5問からなり，社会，算数を中心に出題される。いずれの大問も計算問題の色合いが濃く，確かな計算力が求められる。与えられる会話文や資料・図に多くの情報が含まれており，情報処理能力や科学・論理的思考力が試される。2023年度からは，記述式の問題は，60字以上80字以内や70字以上90字以内で書く問題1題のみとなった。

適性検査Ⅱは，大問4問からなり，教科を問わず出題される。2022年度までは，大問1では会話文を読み取り，自分の意見を120字以上150字以内で書かせる問題が出題された。また，算数分野からも，資料や図から解答を導く問題が出題される。2023年度からは，記述式の問題は，40字以上60字以内や70字以上90字以内で書く問題1題のみとなった。

年度によって，一部マーク方式ではない問題もある。

グループ活動による検査は，与えられた課題に対し，5分間で自分の考えをまとめ，35分間で各自の発表をもとにグループで話し合いをするという内容である。集団の中での人間関係構築力や中等教育学校で学ぼうという意欲・目的意識を試される。

● 2025年度の予想と対策

適性検査Ⅰでは，社会・算数の数的・論理的な推理力，計算力をみる問題が続くと思われる。資料から解答を導き出す問題も出題が続くと思われるので，同様の問題に慣れておきたい。また，図や表，グラフを用いての出題も多数出題されると考えられる。処理で手間取らないようにしたい。近年，数的処理や考え方を「文で具体的に説明する」という出題形式が増えている。考えたことを文章で表現する力を養っておきたい。

適性検査Ⅱは，数的な推理力が多く試される出題が続くと予想される。また，適性検査Ⅰと同様，文章や表・グラフを用いた問題にもスムーズに対応できるよう，文章のつながりを理解し，内容を正しく読み取る力を養っておきたい。

また，グループ活動による検査への対策がとても大きなポイントになると言える。5分間で自分の考えをまとめ，1分くらいで発表するということは，練習なしでいきなりできるというものではない。言葉づかいや声の大きさ・速さ，話す順序にも工夫が必要である。グループで一つの案にまとめる際には，一人一人のよさを取り入れ，よりよい案にしていくことが大切で，話し合いに積極的に参加することを心がけたい。

✔ 学習のポイント

資料をもとにした計算問題が多く出題されるので，落ちついて取り組めるよう解答の時間配分に注意したい。様々な形式の問題にあたることでパターンに慣れ，初見の問題でうろたえることのないようにしておこう。

2024年度
★★★★★★★★★★★★★★★★★★★★★

入 試 問 題

2024
年
度

2024年度

県立平塚・相模原中等教育学校入試問題

【適性検査Ⅰ】 （45分） ＜満点：300点＞

【注意】 字数の指定がある問題は，指定された字数や条件を守り，ていねいな文字で書きましょう。次の〔例〕のように，横書きで，最初のマスから書き始めます。段落をかえたり，マスの間をあけたりしないで書きます。文字や数字は1マスに1字ずつ書き，文の終わりには句点〔。〕を書きます。句読点〔 。, 〕やかっこなども1字に数え，1マスに1字ずつ書きます。

〔例〕

1	2	月	の	詩	の	テ	ー	マ	は
,	「	冬	の	朝	」	だ	っ	た	。

問1 たろうさんたちは，道路で見つけた標示をもとに，調べたことについて話しています。次の〔会話文〕を読んで，あとの(1), (2)の各問いに答えましょう。

〔会話文〕

> たろう 「校外学習で相模野基線中間点（さがみの きせん）と書いてある〔標示〕を見つけました。」
>
> かなこ 「中間点を示していることは〔標示〕を見てわかりましたが，相模野基線（さがみの きせん）が何かわからなかったので，2人で調べました。」
>
> たろう 「調べたところ，相模野基線（さがみの きせん）は，〔標石1〕の中心と〔標石2〕の中心を結んだ直線だということがわかり，〔調べたこと1〕としてまとめました。」
>
> かなこ 「次に，5209.9697mという長さを今から100年以上前に，どうやって測ったのかを知りたくなったので，〔調べたこと2〕としてまとめました。」

〔標示〕

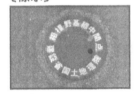

〔標石1〕

〔標石2〕

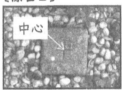

〔調べたこと1〕

> 相模野基線（さがみの きせん）とは，相模原市（さがみはら）にある〔標石1〕の中心と座間市（ざ ま）にある〔標石2〕の中心を結んだ直線です。1882年にこの基線の長さを測り，長さが5209.9697mであることがわかりました。そして，この長さをもとにして，日本全土の正確な地図が作成されました。〔標示〕，〔標石1〕，〔標石2〕の位置関係は，〔地図〕にかきこんで，示しました。

〔地図〕

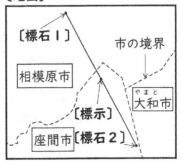

〔調べたこと２〕

〔やぐら〕

標石

　長さを測るときの目印とするため，〔標石１〕と〔標石２〕の真上に，それぞれ〔やぐら〕が建てられました。あわせて，相模野基線（さがみのきせん）上とその周辺の木や草が取り除かれたので，この２つの〔やぐら〕は，相模野基線（さがみのきせん）上のどの地点からでも見えました。長さを測るときは，〔部品〕を組み合わせた〔装置〕を，〔装置の使い方〕のように使いました。〔装置〕で測った長さをもとに計算した結果，相模野基線（さがみのきせん）の長さが5209.9697ｍだとわかりました。

〔部品〕

○　鉄製で長さ４ｍのものさし　←4 m→

○　ものさしより少し短い木箱

○　三きゃく

〔装置〕

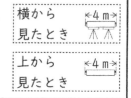

　ものさしを，その両はしが少し出るようにして木箱へ入れ，三きゃくで支える。

| 横から見たとき | ←4 m→ |
| 上から見たとき | ←4 m→ |

〔装置の使い方〕標石あと標石いの中心を結んだ直線の長さを測るときの例

　３個の〔装置〕A，B，Cを用意して，次の１〜４のように使います。１，２，４の図は，上から見たときの様子を表しています。

１　標石あの中心に〔装置〕Aのものさしのはしを合わせます。また，このあとの２〜４も含（ふく）め，３個の〔装置〕は，上から見たときも，横から見たときも３個が一直線になるようにつなげ，次の図のように，すべての〔装置〕が標石あといの中心を結んだ直線の上にくるよう設置します。

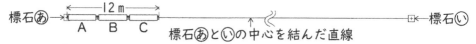

標石あ　←12 m→　A　B　C　標石あといの中心を結んだ直線　標石い

２　標石あに最も近い〔装置〕を，標石いに最も近い〔装置〕のとなりに移動させます。このとき，標石あに最も近い〔装置〕以外は動かしません。また，このような〔装置〕の移動を，〔装置〕を１回動かした，として数えます。１の図の状態から，〔装置〕を１回動かすと，次の図のようになります。

標石あ　←12 m→　B　C　A　標石い

３　〔装置〕のものさしが標石いの中心に達するまで，２と同じように，標石あに最も近い〔装置〕を標石いに最も近い〔装置〕のとなりに移動させるということをくり返します。

４　次の図のように，標石いの中心に〔装置〕のものさしが達したら，くわしく調べて長さを決めます。例えば，〔装置〕を10回動かしたときに，標石いの中心に〔装置〕のものさしのはしが達したとすると，標石あといの中心を結んだ直線の長さは，52ｍちょうどであることが

わかります。

標石あ→ ┅┅┅┅┅┅┅┅┅┅〜〜┅┅┤←|12 m|→├┅←標石い

(1) 〔会話文〕，〔調べたこと1〕，〔調べたこと2〕の内容としてあてはまるものを次の①〜⑤の中からすべて選び，その番号を書きましょう。

① 1882年に測られた〔標石1〕から〔標示〕までの長さは，5209.9697mである。

② たろうさんたちが校外学習で見つけた〔標示〕は，座間市にある。

③ 相模野基線の長さをもとにして，日本全土の正確な地図が作成された。

④ 相模野基線の長さを測るとき，〔標石1〕と〔標石2〕の真上にそれぞれ建てた〔やぐら〕を目印とした。

⑤ 〔部品〕のものさしの長さは，4mより少し短い。

(2) たろうさんたちは，〔装置の使い方〕で，〔装置〕を125回動かしたときに，標石いの中心に〔装置〕のものさしのはしが達したとすると，標石あといの中心を結んだ直線の長さは何mちょうどであるかを考えました。このとき，標石あといの中心を結んだ直線の長さは何mちょうどであるか，書きましょう。

問2 かなこさんたちは，算数の授業で，直方体と立方体の箱をどのように積み上げるかについて話しています。次の〔会話文1〕，〔会話文2〕を読んで，あとの(1)，(2)の各問いに答えましょう。

〔会話文1〕

> かなこ 「〔表1〕の箱を4人で分け合い，〔ルール〕に従って，〔積み上げた高さ〕が最も高くなるように積み上げるときについて考えましょう。」
>
> たろう 「〔積み上げた高さ〕を考えるために，〔表1〕の14個の箱を積み上げてできる，高さが最も高い直方体を考えるのはどうですか。この直方体の高さは あ cmなので，あ cmを4等分した い cmを，最も高くなるように積み上げるときの〔積み上げた高さ〕として考えます。」
>
> ひかり 「なるほど。あとは，〔ルール〕に従って，〔積み上げた高さ〕が4人とも い cmとなるように箱を積み上げられるのかを考えればよいですね。」
>
> じろう 「〔積み上げた高さ〕が4人とも い cmとなるように積み上げることはできます。このとき，1番多く箱を使う人は，箱を う 個使います。」
>
> かなこ 「そうですね。考えたとおりになるか，箱を積み上げて確かめましょう。」

〔表1〕箱（合計14個）

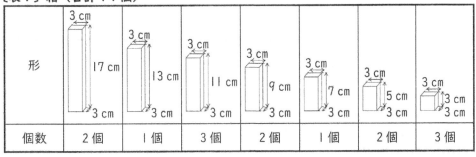

形							
個数	2個	1個	3個	2個	1個	2個	3個

（形の欄：3cm×3cm×17cm，3cm×3cm×13cm，3cm×3cm×11cm，3cm×3cm×9cm，3cm×3cm×7cm，3cm×3cm×5cm，3cm×3cm×3cm）

〔ルール〕

- ○　４人が４か所に分かれて，それぞれの場所で箱を積み上げる。
- ○　箱は，いずれかの面を下にして１個ずつ置き，積み上げる。箱を置くときは〔例１〕のように置き，〔例２〕のように斜（なな）めに置いてはいけない。
- ○　最初に箱を置いたあとは，直前に置いた箱の上に箱を置き，積み上げる。
- ○　〔**積み上げた高さ**〕が４人とも同じとなるように箱を積み上げる。
- ○　14個の箱はすべて使い，全員が積み上げ終えたときに，余っていてはいけない。
- ○　使う箱の個数は，４人それぞれ違（ちが）っていても構わない。
- ○　自分が積み上げた箱と，他の人が積み上げた箱が，ふれないようにする。

〔例１〕　〔例２〕　〔**積み上げた高さ**〕　　〔例３〕

　１番下に置いた箱の下の面から，１番上に置いた箱の上の面までの長さのこと。〔例３〕のように積み上げたときは，９cmとなる。

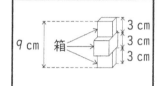

〔会話文２〕

たろう　「次は，〔**表２**〕の箱を４人で分け合い，箱を積み上げます。」

かなこ　「〔ルール〕に従って，〔**積み上げた高さ**〕が最も低くなるように積み上げるときと，最も高くなるように積み上げるときについて，考えましょう。」

じろう　「そうすると，〔**積み上げた高さ**〕が４人とも　え　cmとなるように積み上げるときが，最も低くなるように積み上げるときですね。」

ひかり　「また，〔**積み上げた高さ**〕が４人とも　お　cmとなるように積み上げるときが，最も高くなるように積み上げるときです。」

たろう　「それでは，実際に箱を積み上げ，考えたことが正しいか確かめましょう。」

〔**表２**〕箱（合計14個）

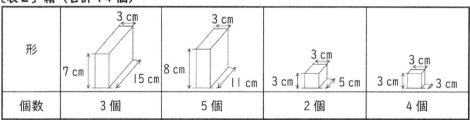

形				
個数	3個	5個	2個	4個

(1)　次の**ア**，**イ**の各問いに答えましょう。

　ア　〔**会話文１**〕の　あ　，　い　のうち，　い　にあてはまる数を，次の①～⑦の中から１つ選び，その番号を答えましょう。

　　①　26　　②　27　　③　28　　④　29　　⑤　30　　⑥　31　　⑦　32

イ 〔会話文1〕の う にあてはまる数を，次の①～⑧の中から1つ選び，その番号を答えましょう。

① 1 ② 2 ③ 3 ④ 4 ⑤ 5 ⑥ 6 ⑦ 7 ⑧ 8

(2) 次の**ア，イ**の各問いに答えましょう。

ア 〔会話文2〕の え にあてはまる数を，次の①～⑦の中から1つ選び，その番号を答えましょう。

① 12 ② 13 ③ 14 ④ 15 ⑤ 16 ⑥ 17 ⑦ 18

イ 〔会話文2〕の お にあてはまる数を，次の①～⑦の中から1つ選び，その番号を答えましょう。

① 25 ② 26 ③ 27 ④ 28 ⑤ 29 ⑥ 30 ⑦ 31

問3 たろうさんたちは，家庭科の授業で，たんぱく質を含む食品について話しています。次の〔会話文〕を読んで，あとの(1)，(2)の各問いに答えましょう。

〔会話文〕

たろう	「栄養素は，エネルギーになる，体をつくる，体の調子を整えるという働きをすることを学習しました。また，たんぱく質は栄養素の1つで，この3つの働きのうち，主に体をつくる働きをすることも学習しました。」
かなこ	「そこで，たんぱく質を多く含む食品と，その食品に含まれるたんぱく質の割合を調べ，〔表1〕にしました。」
じろう	「学習した日の給食1食分には，〔表1〕にあるぶた肉が30ｇ，大豆が35ｇ含まれていることも確認しました。」
ひかり	「ぶた肉30ｇと大豆35ｇに含まれるたんぱく質の量を合わせると，1人が1日に必要とするたんぱく質の量の何％になるかも求めましたね。」
たろう	「はい。そのために，1人が1日に必要とするたんぱく質の量を調べました。わたしたちの年齢では55ｇから60ｇが目安でした。」
かなこ	「〔表1〕の4つの食品については，どれも生産するのに水が必要なので，生産に必要な水の量を調べ，〔表2〕にしました。」
じろう	「〔表2〕の牛肉，ぶた肉，とり肉の生産に必要な水の量には，餌となるとうもろこしなどの穀物の生産に必要な水の量も含んでいるので，牛肉，ぶた肉，とり肉の生産に必要な穀物の量も調べ，〔表3〕にしました。」
ひかり	「次に，1人が1日に必要とするたんぱく質の量を60ｇとし，その量を含む食品の量について考えました。」
たろう	「〔表1〕の割合を使い，たんぱく質60ｇを含む牛肉，ぶた肉，とり肉，大豆の量を，それぞれ求めました。」
かなこ	「求めたところ，牛肉は300ｇ，ぶた肉は286ｇ，とり肉は353ｇ，大豆は あ ｇでした。ぶた肉，とり肉の量は，小数第1位を切り上げて求めた量です。」
じろう	「続いて，牛肉300ｇ，ぶた肉286ｇ，とり肉353ｇ，大豆 あ ｇの生産に必要な水の量をそれぞれ求めました。」

ひかり　「求めた結果，牛肉300gの生産には　い　L，ぶた肉286gの生産には1687.4L，とり肉353gの生産には1588.5L，大豆　あ　gの生産には　う　Lの水が必要であることがわかりました。」

たろう　「1人が1日に必要とするたんぱく質の量をもとにして考えたので，必要な食品の量やその食品の生産に必要な水の量を実感できましたね。」

〔表1〕たんぱく質を多く含む食品と，その食品に含まれるたんぱく質の割合

食品名	牛肉	ぶた肉	とり肉	大豆
たんぱく質の割合（％）	20	21	17	15

（文部科学省「日本食品標準成分表（八訂）増補2023年」より作成）

〔表2〕食品100gの生産に必要な水の量

食品名	牛肉	ぶた肉	とり肉	大豆
生産に必要な水の量（L）	2060	590	450	250

（環境省「仮想水計算機」より作成）

〔表3〕肉1kgの生産に必要な穀物の量

肉の種類	牛肉	ぶた肉	とり肉
生産に必要な穀物の量（kg）	11	5	3

（農林水産省「知ってる？日本の食料事情2022」より作成）

(1)　〔会話文〕，〔表1〕～〔表3〕から読み取れる内容として，あてはまるものを次のA～Eの中からすべて選ぶとき，その組み合わせとして適切なものを，あとの①～⑧の中から1つ選び，その番号を答えましょう。

A　たんぱく質は，主に体の調子を整える働きをする。

B　ぶた肉170gに含まれるたんぱく質の量と，とり肉210gに含まれるたんぱく質の量は同じである。

C　とり肉10kgを生産するのに必要な水の量は，5000Lより少ない。

D　〔表2〕の牛肉，ぶた肉，とり肉の生産に必要な水の量は，餌となる穀物の生産に必要な水の量を含んでいる。

E　牛肉1kgの生産に必要な穀物の量は，とり肉1kgの生産に必要な穀物の量の4倍以上である。

①　A，B　　②　A，E　　③　B，C　　④　B，D
⑤　C，D　　⑥　A，C，D　　⑦　B，D，E　　⑧　C，D，E

(2)　次のア，イの各問いに答えましょう。

ア　1人が1日に必要とするたんぱく質の量を55gとすると，ぶた肉30gに含まれるたんぱく質の量と大豆35gに含まれるたんぱく質の量を合わせた，たんぱく質の量は，1人が1日に必要とするたんぱく質の量の何％になるか，次の①～⑤の中から1つ選び，その番号を答えましょう。

①　12％　　②　21％　　③　33％　　④　54％　　⑤　64％

イ 〔**会話文**〕の あ ～ う のうち， い にあてはまる数は， う にあてはまる数の何倍と
なるか，次の①～⑤の中から１つ選び，その番号を答えましょう。

① 0.12倍　　② 0.16倍　　③ 5.49倍　　④ 6.18倍　　⑤ 8.24倍

問4 かなこさんとたろうさんは，カードを使ったゲームについて話しています。次の〔**会話文**〕
を読んで，あとの(1)，(2)の各問いに答えましょう。

〔**会話文**〕

かなこ	「わたしが考えた〔**ゲーム**〕を２人でしましたね。」
たろう	「はい。〔**ゲーム**〕は２回行い，１回めは解説してもらいながら行いました。」
かなこ	「解説のため，１回めは，わたし，たろうさんの順でひいた〔**カード**〕を，〔**図**〕の a から e の位置に，左から 1 2 3 4 5 の順で並べました。」
たろう	「そのあと，〔**カードの取り方**〕に従って，お互いに〔**カード**〕を２枚ずつ取ったら， あ の〔**カード**〕が取られずに残りました。また，わたしが取った〔**カード**〕に書かれていた数は い と う で，その和は え でした。」
かなこ	「そうでしたね。そのあと，得点と最終得点について解説をしました。」
たろう	「２回めの〔**ゲーム**〕では，わたし，かなこさんの順で，〔**カード**〕をひいて，並べました。最初にわたしが 4 をひき， お の位置に並べました。」
かなこ	「わたしが最初にひいたのは 5 で， e の位置に並べました。」
たろう	「その次に，わたしが 2 をひいて か の位置に並べ，そのあとかなこさんが 3 をひいて き の位置に並べましたね。」
かなこ	「最後は，たろうさんが 1 をひいて く の位置に並べ，５枚の〔**カード**〕を並べ終えました。」
たろう	「並べ終えたので，わたし，かなこさん，わたし，かなこさんの順で〔**カード**〕を取り，最終得点を求めたところ，わたしの勝ちとなりましたね。」

〔**ゲーム**〕

○ ２人で次のⒶ～Ⓓを順に行い，最終得点が多い方を勝ち，最終得点が同じときは，引き分けとするゲームです。

Ⓐ ２人のうちのどちらかが，５枚の〔**カード**〕を，書かれている数が見えないように重ねて置きます。

Ⓑ Ⓐで置いた〔**カード**〕の１番上にある〔**カード**〕を１枚ひき，〔**図**〕の a ～ e のいずれかの位置に，書かれている数が見えるようにして並べます。

※ Ⓑは，自分と相手が１回ずつ交互に行い，Ⓐで置いた５枚の〔**カード**〕をすべて並べ終えるまで続けます。ただし，〔**カード**〕を並べることができる位置は，まだ〔**カード**〕が並べられていない位置のみとします。

Ⓒ ５枚の〔**カード**〕が並んだら，交互に〔**カードの取り方**〕に従って〔**カード**〕を取ります。〔**カード**〕は，Ⓑで〔**カード**〕を先にひいた人，あとでひいた人の順で１枚ずつ取ります。お互いに合計２枚ずつ〔**カード**〕を取ったら，取られずに残った１枚の〔**カード**〕

は並べたままにします。

　　例　Ⓑで自分が先に〔カード〕をひいたときの〔カード〕を取る順
　　　　自分が１枚取る⇒相手が１枚取る⇒自分が１枚取る⇒相手が１枚取る

Ⓓ　Ⓒで取った２枚の〔カード〕に書かれている数の和を求め，得点とします。さらに，〔条件〕のどちらかにあてはまる場合は，残った〔カード〕に書かれている数を得点に加え，その和を最終得点とします。〔条件〕にあてはまらない場合は，Ⓒで取った２枚の〔カード〕に書かれている数の和をそのまま最終得点とします。

　　例１　[3]と[4]の〔カード〕を取り，残った〔カード〕が[5]のとき
　　　　　得点は７で，最終得点は12。このとき相手の得点は３で，最終得点は８。

　　例２　[1]と[5]の〔カード〕を取り，残った〔カード〕が[2]のとき
　　　　　得点は６で，最終得点は８。このとき相手の得点は７で，最終得点も７。

〔カード〕

[1][2][3][4][5]　｜それぞれ１枚ずつあり，数は片面だけに書かれています。｜

〔図〕

左[a][b][c][d][e]右

〔カードの取り方〕

まず，１番左に並べられている〔カード〕を１番右に移動させます。次に，１番左に並べられている〔カード〕を取ります。

　　例　左から[1][2][3][4][5]の順で並んでいるときは，まず，[1]を[5]の右に移動させてから，[2]を取る。　[1][2][3][4][5]⇒[a][2][3][4][5][1]⇒[a][b][3][4][5][1]

〔条件〕

○　得点が奇数で，残った１枚の〔カード〕に書かれている数も奇数である。
○　得点が偶数で，残った１枚の〔カード〕に書かれている数も偶数である。

(1)　次の**ア**，**イ**の各問いに答えましょう。

　ア　〔会話文〕の [あ] にあてはまる〔カード〕を，次の①〜⑤の中から１つ選び，その番号を答えましょう。

　　①[1]　　②[2]　　③[3]　　④[4]　　⑤[5]

　イ　〔会話文〕の [い] 〜 [え] のうち，[え] にあてはまる数を，次の①〜⑦の中から１つ選び，その番号を答えましょう。

　　①　３　　②　４　　③　５　　④　６　　⑤　７　　⑥　８　　⑦　９

(2)　〔会話文〕の [お] 〜 [く] に，たろうさんが〔ゲーム〕で勝ちとなるよう [a] 〜 [d] をあてはめるとき，そのあてはめ方は何通りあるか，次の①〜⑤の中から１つ選び，その番号を答えましょう。

　　①　１通り　　②　２通り　　③　３通り　　④　４通り　　⑤　６通り

問5 たろうさんたちは，児童会活動で取り組むことについて話し合っています。次の〔**会話文**〕
を読んで，あとの（問い）に答えましょう。

〔**会話文**〕

たろう	「児童会活動で，全校児童集会に取り組むことになりましたね。」
かなこ	「全校児童集会は，すべての児童が参加するので，学年ごとに楽しむのではなく，他学年の児童と交流をして楽しむことが目的になっています。」
じろう	「そのため，全校児童集会では，この目的にあった遊び，またはゲームなどの活動をすることにしましたね。」
ひかり	「どのような活動をするかは，わたしたち6年生が考えて決めることになっていますが，どうやって決めますか。」
あらた	「まずは，個人で活動を考えて提案し，お互いの提案を聞いてから，どの活動がよいかを話し合って決めるのはどうでしょうか。」
こころ	「よいと思います。提案するときは，遊びやゲームなどの名前だけでは，どのような活動なのかがわかりづらいので，具体的な活動とその活動の中で他学年の児童と交流する場面がわかるように提案しましょう。」

（問い）あなたの学校でも，〔**会話文**〕のように，他学年の児童と交流をして楽しむことを目的とした全校児童集会をすることになったとします。このとき，あなたはどのような活動を提案しますか。具体的な活動とその活動の中で他学年の児童と交流する場面がわかるように，70字以上80字以内で書きましょう。

【適性検査Ⅱ】 （45分） ＜満点：300点＞

【注意】 字数の指定がある問題は，指定された字数や条件を守り，ていねいな文字で書きましょう。次の〔例〕のように，横書きで，最初のマスから書き始めます。段落をかえたり，マスの間をあけたりしないで書きます。文字や数字は１マスに１字ずつ書き，文の終わりには句点〔。〕を書きます。句読点〔 。，〕やかっこなども１字に数え，１マスに１字ずつ書きます。

〔例〕

１	２	月	の	詩	の	テ	ー	マ	は
，	「	冬	の	朝	」	だ	っ	た	。

問1　かなこさんとたろうさんは，国語の授業で学習したローマ字について話しています。次の〔会話文〕を読んで，あとの(1)，(2)の各問いに答えましょう。

〔会話文〕

> かなこ　「国語の授業で，ローマ字について学習しましたね。」
>
> たろう　「『ち』や『つ』のように，２つの書き表し方を学んだ文字もありました。」
>
> かなこ　「〔資料１〕を読んで，『ち』をtiと書き表すのが訓令式，chiと書き表すのがヘボン式ということがわかりました。」
>
> たろう　「〔資料２〕を読み，さらに訓令式とヘボン式のことがわかりました。」
>
> かなこ　「そうですね。また，〔資料３〕を読んで，ヘボン式のローマ字表記についての理解が深まりました。」

〔資料１〕

> 　学校で習うように，ローマ字には１つの音に２つの書き方があるものがあります。例えば，「ち」は「ti」と「chi」，「つ」は「tu」と「tsu」とそれぞれ２とおりの書き方ができます。「ti」「tu」のように子音（k・s・tなど）と母音（a・i・u・e・o）の組み合わせが規則的なほうを訓令式，「chi」「tsu」のほうをヘボン式といいます。
>
> 　「訓令式」と「ヘボン式」は，どちらで書いても正しいですが，駅の名前や地名などは，英語の表記により近いヘボン式で書かれていることが多いです。ただ，ローマ字入力では，「ち」と打ちたいときに「chi」より「ti」のほうが，キーをおす回数が少なくてすみます。

（『楽しいローマ字』田中博史監修より　※一部表記を改めたところがある。）

〔資料２〕

> 　主なローマ字表記の伝統的な形式は主に２つあり，それぞれ訓令式とヘボン式と呼ばれています。（中略）
>
> 　訓令式は日本語のかなと英語の文字とが，より注1）厳密な一対一対応になっています。たとえば，た，ち，つ，て，と，という「た行」の音は，ta, ti, tu, te, toのように，すべてtの文字で表されており，日本語の注2）母語注3）話者にとって覚えやすくなっています。一方，

日本語を知らない英語話者にとっては，ヘボン式のローマ字表記（ta，chi，tsu，te，to）のほうが，実際の音を正確に推測しやすいのです。「ちかてつ」という言葉が訓令式でtikatetuと表記された場合，大抵の英語話者はすべての t の音を英語の" t "のように発音してしまい，「ち」や「つ」の音を再現できません。

（『日本語のローマ字表記の推奨形式』東京大学教養学部英語部会／教養教育開発機構より

※一部表記を改めたところがある。）

注1）厳密：細かなところまでよく注意して，行き届いている様子。

注2）母語：最初に自然に身に付けた言語のこと。

注3）話者：話す人のこと。

〔資料3〕

注1）日本式，訓令式のローマ字の書き方では「hi」「hu」と子音が共通しているが，ヘボン式では「hi」「fu」となって子音が共通しません。（中略）

ちょっと脱線気味になりますが，日本式，訓令式は日本語がわかっている人が考えたものなんですね。だから，そのローマ字をみて，「ふうん。こう発音すればいいのかな」と考えるわけではないのです。それに対して，ヘボン式は，ジェームス・カーティス・ヘボンが『和英語林集成』という和英辞書の，明治19（1886）年に出版された第3版で使われていた「方式」で，アメリカ人であるヘボンが，その注2）つづりから日本語の発音が導き出せるように工夫したものです。アメリカ人ということは言い換えれば，英語を使う人ということです。

（『学校では教えてくれないゆかいな日本語』今野真二著より　※一部表記を改めたところがある。）

注1）日本式：ここでは，日本式ローマ字のこと。日本の学者が考案したもので，訓令式のローマ字表記は日本式のローマ字表記をもとにつくられた。

注2）つづり：文字の並びのこと。

(1) 〔資料1〕～〔資料3〕から読み取れる内容として，あてはまるものを次の①～⑤の中からすべて選び，その番号を書きましょう。

① 「つ」の訓令式のローマ字表記である「tu」は，「t」が母音で，「u」が子音である。

② 「ち」をローマ字で書くとき，「ti」と「chi」のどちらで書いても正しい。

③ 訓令式のローマ字表記と比べると，ヘボン式のローマ字表記は，日本語のかなと英語の文字とが，より厳密な一対一対応になっている。

④ 訓令式のローマ字表記だと，「た行」の音は，ta，ti，tu，te，toのように，すべて t の文字で表されている。

⑤ 訓令式のローマ字表記は，日本語がわかっている人が考えたものである。

(2) ヘボン式のローマ字表記は，どの言語の表記に近い表記ですか。また，どのように工夫したことで，誰にとって，何をしやすい表記となっていますか。〔資料1〕～〔資料3〕の内容をふまえ，70字以上90字以内で書きましょう。

問2 たろうさんとかなこさんは，畑で育てる野菜について話し合っています。次の〔会話文〕
を読んで，あとの(1)，(2)の各問いに答えましょう。

〔会話文〕

> たろう 「〔栽培計画〕に従って，〔表1〕の野菜を育てることにしましたね。」
>
> かなこ 「はい。1年間で〔表1〕の8つの野菜をすべて育てます。」
>
> たろう 「これから，〔注意点〕をふまえて，どの野菜を，どちらの期間に，どの区画で育てる
> か，それぞれ案を考えましょう。」
>
> かなこ 「わたしは，カブを育てた区画で　あ　を，　い　を育てた区画でダイコンを，
> う　を育てた区画でネギを，　え　を育てた区画でニンジンを育てる案を考えて
> います。」
>
> たろう 「なるほど。野菜の組み合わせを先に考えたのですね。その組み合わせは，〔注意点〕を
> ふまえているので，どの区画で育ててもよいですね。」
>
> かなこ 「はい。このあと，組み合わせた野菜をAからDのどの区画で育てるかを考えます。た
> ろうさんは，どのように案を考えていますか。」
>
> たろう 「わたしは，各区画で前期に育てる野菜を考えてから，後期に育てる野菜を考え，案に
> します。前期に育てる野菜を〔表2〕のように考えたので，このあと，〔表2〕の後
> 期の欄に，どの野菜をあてはめるかを考えます。」
>
> かなこ 「そうすると，　お　通りの案が考えられますね。」
>
> たろう 「そうです。　お　通りの案の中から1つ選びたいと思います。」

〔栽培計画〕

> ○　4月〜3月の1年間を，前期（4月〜9月）と後期（10月〜3月）の2つの期間に分け，
> それぞれの期間内に野菜を育て，収穫する。
> ○　野菜を育てる〔畑〕は，〔分け方〕に従って4つの区画に分ける。
> ○　前期と後期のどちらも，〔畑〕の1つの区画で育てる野菜は1つとする。

〔畑〕

縦16m，横10m
の長方形

〔分け方〕

> ○　4つの区画に分けるために，〔畑〕の中に幅1mの通路を2つつく
> る。1つの通路は〔畑〕の縦の辺と平行に，もう1つの通路は〔畑〕
> の横の辺と平行になるようにつくる。
> ○　4つの区画の形はすべて長方形とし，正方形にはしない。
> ○　4つの区画の縦の長さと横の長さは，1m，2m，3m，…のよう
> に，1mごとの長さとなるようにする。
> ○　4つの区画のうち，北西の位置にある区画をA，北東の位置にあ
> る区画をB，南西の位置にある区画をC，南東の位置にある区画を
> Dとする。
> ○　4つの区画に分けるときは，Aの面積が1番小さく，Bの面積が
> 2番め，Cの面積が3番め，Dの面積が4番めに小さくなるように
> 分ける。

〔表1〕野菜と育てられる期間

野菜	育てられる期間
キュウリ	前期のみ
カブ，キャベツ，ジャガイモ，ダイコン，ニンジン	前期または後期
タマネギ，ネギ	後期のみ

〔表2〕

区画	育てる野菜	
	前期	後期
A	ジャガイモ	
B	キュウリ	
C	カブ	
D	ニンジン	

〔注意点〕

> 病気などを防ぐため，次のことに注意する。
> ○ 前期にキュウリを育てた区画で，後期にダイコン，ニンジンは育てない。
> ○ 前期にカブを育てた区画で，後期にキャベツ，ダイコンは育てない。
> ○ 前期にキャベツを育てた区画で，後期にカブ，ダイコンは育てない。
> ○ 前期にダイコンを育てた区画で，後期にカブ，キャベツは育てない。

(1) 〔畑〕を〔分け方〕に従って分けるとき，次のア，イの各問いに答えましょう。

　ア　Aの縦の長さと横の長さが，それぞれ最も短くなるように分けると，Bの面積は何m²になるか，次の①〜⑥の中から1つ選び，その番号を答えましょう。

　　① 7m²　② 8m²　③ 10m²　④ 12m²　⑤ 14m²　⑥ 16m²

　イ　Aの面積とDの面積の差が最も小さくなるように分けると，その差は何m²になるか，次の①〜⑥の中から1つ選び，その番号を答えましょう。

　　① 12m²　② 21m²　③ 27m²　④ 30m²　⑤ 36m²　⑥ 42m²

(2) ア，イの各問いに答えましょう。

　ア　〔会話文〕の　あ　〜　え　のうち，　え　にあてはまる野菜を，次の①〜④の中から1つ選び，その番号を答えましょう。

　　① キュウリ　② キャベツ　③ ジャガイモ　④ タマネギ

　イ　〔会話文〕の　お　にあてはまる数を，次の①〜⑦の中から1つ選び，その番号を答えましょう。

　　① 4　② 6　③ 8　④ 10　⑤ 12　⑥ 16　⑦ 18

問3　かなこさんたちは，学年で行う球技大会について話し合っています。次の〔会話文1〕，〔会話文2〕を読んで，あとの(1)，(2)の各問いに答えましょう。

〔会話文1〕

> かなこ「球技大会は，1組から6組の全員が参加して行います。」
> たろう「球技大会で行うサッカー，バスケットボール，ドッジボールの3種目のうち，わたしたちは，サッカーの実行委員となりましたね。」
> ひかり「はい。かなこさんは1組，たろうさんは2組，わたしは3組，じろうさんは4組，こ

> ころさんは５組，あらたさんは６組の実行委員です。」

じろう 「サッカーは各組から１チームずつ参加します。どのように優勝チームを決めたらよい
でしょうか。」

こころ 「６チームを１つのグループにした〔リーグ戦〕にすると全体で15試合行う必要がある
し，〔トーナメント戦〕にすると試合の数は少なくなりますが，いくつかのチームは
１試合しかできませんね。」

あらた 「そうですね。それと，〔トーナメント戦〕は，〔図〕の囲から困に配置するチームをど
のように決めるか，考えなければいけません。」

かなこ 「それなら，〔メモ〕のように，〔リーグ戦〕を行って〔図〕の囲から困にチームを配置
してから，〔トーナメント戦〕を行うのはどうですか。」

たろう 「なるほど。かなこさんの考え方だと，行われる試合の数は全体で ［ あ ］ 試合です
ね。６チームを１つのグループにした〔リーグ戦〕にするより試合の数は少なくなる
し，１試合しかできないチームもありません。」

ひかり 「いいですね。かなこさんの考え方で優勝チームを決めましょう。」

〔リーグ戦〕

> 同じグループの，どのチームとも１回ずつ試合を行い，１試合ごとに試合結果に応じたポイントを獲得できる。すべての試合が終わったときに，各チームが獲得したポイントの合計を比べて順位を決める。

〔トーナメント戦〕

〔図〕のトーナメント表を用いて，次の①～⑤の順で試合
を行い，決勝で勝ったチームを優勝とする。また，必ず勝敗
を決め，負けたチームはそのあとの試合が無い。

〔図〕

アイウエオカ

① １回戦第１試合　囲に配置されたチーム　対　囲に配置されたチーム
② １回戦第２試合　囲に配置されたチーム　対　囲に配置されたチーム
③ 準決勝第１試合　囲に配置されたチーム　対　①の勝利チーム
④ 準決勝第２試合　②の勝利チーム　対　囲に配置されたチーム
⑤ 決勝　　　　　　③の勝利チーム　対　④の勝利チーム
※　どの試合も必ず，トーナメント表の左に配置されたチーム　対　トーナメント
表の右に配置されたチームの順で書き表し，この順で伝えることとする。

〔メモ〕

> ○　６チームを３チームずつ２つのグループに分け，一方をグループA，もう一方をグループ
> Bとする。
> ○　どちらのグループも〔リーグ戦〕を行い，それぞれのグループでの順位によって，〔トーナメント戦〕の〔図〕の囲から困に配置するチームを決める。

○ 〔図〕の㋐から㋔には，次の順位のチームを配置する。

㋐⇒グループＡで１位のチーム	㋑⇒グループＢで２位のチーム
㋒⇒グループＡで３位のチーム	㋓⇒グループＡで２位のチーム
㋔⇒グループＢで３位のチーム	㋕⇒グループＢで１位のチーム

〔会話文２〕

たろう 「球技大会が終わりましたね。サッカーの試合はどうでしたか。」

あらた 「６組は，〔トーナメント戦〕の１回戦第１試合に出場したので，みんなとても緊張(きんちょう)していました。」

ひかり 「３組と４組は，〔リーグ戦〕と〔トーナメント戦〕で試合をしましたね。」

じろう 「はい。４組より３組のほうが〔リーグ戦〕での順位は上でしたが，〔トーナメント戦〕では，４組が勝利しました。」

こころ 「５組と２組が試合をしたのは，〔トーナメント戦〕だけでしたね。」

たろう 「そうでしたね。また，２組は〔リーグ戦〕で試合をした１組とも〔トーナメント戦〕で試合をしました。」

かなこ 「１組は，その試合を含(ふく)めた〔トーナメント戦〕の全試合で勝利しました。」

(1) 〔**会話文１**〕の **あ** にあてはまる数を，次の①～⑦の中から１つ選び，その番号を答えましょう。

① 8　　② 9　　③ 10　　④ 11　　⑤ 12　　⑥ 13　　⑦ 14

(2) 球技大会で行われたサッカーについて，次の**ア**，**イ**の各問いに答えましょう。

ア 〔**リーグ戦**〕を行った結果，グループＡで２位となったのは，どの組のチームか，次の①～⑥の中から１つ選び，その番号を答えましょう。

① １組　　② ２組　　③ ３組　　④ ４組　　⑤ ５組　　⑥ ６組

イ 〔**トーナメント戦**〕の準決勝第２試合は，次の①～⑨のうち，どの試合か。あてはまるものを①～⑨の中から１つ選び，その番号を答えましょう。

① １組対２組　　② １組対５組　　③ ２組対１組
④ ２組対４組　　⑤ ３組対４組　　⑥ ３組対６組
⑦ ４組対３組　　⑧ ５組対１組　　⑨ ６組対３組

問４ たろうさんとかなこさんは，文字や絵を数字に置(か)き換える仕組みについて話しています。次の〔**会話文**〕を読んで，あとの(1)，(2)の各問いに答えましょう。

〔会話文〕

たろう 「コンピュータには，文字や絵を数字に置(か)き換える仕組みが使われています。その仕組みを簡単にしたものを調べたので，これから，縦６マス，横６マスで合計36マスの方眼紙のマスをいくつかぬって表した〔図〕の文字を，数字に置(か)き換えていきましょう。」

かなこ 「〔図〕は，ひらがなの『**か**』を表したものですか。」

たろう 「そうです。■がぬったマス，□がぬっていないマスです。これから，〔図〕の１行め

を〔**置き換え方**〕に従い，数字に置き換えます。まずは，〔**置き換え方**〕の⑧まで行います。そうすると，1行めは，左から010010という6個の数字のまとまりとなります。」

かなこ 「010010は，©で〔**圧縮**〕すると，左から11211となりますね。」

たろう 「そのとおりです。最後に⑩で，11211に〔**パリティ**〕を付け，左から011211としたら，1行めの置き換えは完了です。」

かなこ 「1行めは，6個の数字に置き換わりましたね。同じようにすれば，残りの行も，それぞれ何個の数字に置き換わるかがわかりますね。」

たろう 「はい。そして，それぞれの行を置き換えた数字の個数を合計すると，〔**図**〕の文字が何個の数字で表されるのか求められます。」

かなこ 「なるほど。そうすると，〔**置き換え方**〕に従って置き換えられた数字があれば，その数字をもとに文字や絵を作成することもできますよね。」

たろう 「できます。〔**置き換え方**〕に従い置き換えた〔**表**〕の数字をもとに，縦6マス，横6マスで合計36マスの方眼紙のマスをぬってみてください。」

かなこ 「わかりました。〔**表**〕の数字をもとに，方眼紙のマスをぬります。」

〔**図**〕

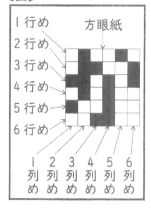

〔**置き換え方**〕縦6マス，横6マスの方眼紙のとき

○ 〔**図**〕のように，方眼紙の行は上から下に向かって1行め，2行め，3行め，…とし，列は左から右に向かって1列め，2列め，3列め，…とします。

○ 方眼紙の1行めから6行めそれぞれで，次のⒶ〜⑩をこの順で行い，それぞれの行を数字に置き換えます。

Ⓐ 1〜6列めのマスのうち，■のマスを1，□のマスを0で表します。

⑧ 1〜6列めのマスを表す数字を，列と同じ順で並べ，6個の数字のまとまりにします。

© ⑧の6個の数字のまとまりを〔**圧縮**〕して，新たなひとまとまりの数字にします。

⑩ ©の新たなひとまとまりの数字に〔**パリティ**〕を付けます。

〔**圧縮**〕

まず，0が何個続くか，次に1が何個続くかを交互に数え，数字で表します。例えば〔**置き換え方**〕の⑧で100011とした6個の数字のまとまりは，左から見ると，まず0が0個，次に1が1個，さらに0が3個続き，1が2個続くので，左から0132と，4個の数字が並ぶ新たなひとまとまりの数字にします。

〔パリティ〕

　方眼紙のそれぞれの行の■のマスの個数が奇数なのか偶数なのかを表す数字です。その行の■のマスの個数が奇数であれば1を，偶数であれば0を，〔圧縮〕してできた新たなひとまとまりの数字の1番左に付けます。この数字は，コンピュータがまちがいをチェックするときに役立っています。

〔表〕

方眼紙の行	数字
1行め	1 1 1 4
2行め	0 0 4 2
3行め	1 1 1 4
4行め	1 1 1 1 2 1
5行め	1 0 1 5
6行め	0 0 1 2 3

(1) 〔置き換え方〕について，次のア，イの各問いに答えましょう。

　ア　Ⓑの6個の数字のまとまりが010100となるのは，〔図〕の何行めか，次の①～⑤の中から1つ選び，その番号を答えましょう。

　　①　2行め　　②　3行め　　③　4行め　　④　5行め　　⑤　6行め

　イ　Ⓑで110100とした6個の数字のまとまりに，ⒸとⒹを行うと，次の①～④のどの数字に置き換わるか。あてはまるものを①～④の中から1つ選び，その番号を答えましょう。

　　①　02112　　②　12112　　③　002112　　④　102112

(2) 次のア，イの各問いに答えましよう。

　ア　〔置き換え方〕に従い，〔図〕を数字に置き換えると，この〔図〕は合計何個の数字で表されるか，次の①～⑥の中から1つ選び，その番号を答えましょう。

　　①　30個　　②　31個　　③　32個　　④　33個　　⑤　34個　　⑥　35個

　イ　かなこさんは，〔表〕をもとに，縦6マス，横6マスで合計36マスの方眼紙のマスをぬり，各列の■のマスの個数を数えました。このとき，何列めの■のマスの個数が最も多かったか，次の①～⑥の中から1つ選び，その番号を答えましょう。

　　①　1列め　　②　2列め　　③　3列め　　④　4列め　　⑤　5列め　　⑥　6列め

大切なことはメモしておこうネ！

2024 年 度

解 答 と 解 説

＜適性検査Ⅰ解答例＞

|問1| (1) ②，③，④

(2) 512（mちょうどである。）

|問2| (1) ア ⑥   イ ⑤

(2) ア ①   イ ⑤

|問3| (1) ④

(2) ア ②   イ ④

|問4| (1) ア ③   イ ⑦

(2) ②

|問5| わたしは，クイズ大会を提案します。提案するクイズ大会は，他学年の児童とチームを
作って参加し，チームで相談してからクイズに答えることにより，交流を楽しむ大会です。

○配点○

|問1| (1) 20点 (2) 20点

|問2| (1) ア 10点 イ 20点 (2) ア・イ 各20点×2

|問3| (1) 20点 (2) ア 20点 イ 30点

|問4| (1) ア 20点 イ 30点 (2) 30点

|問5| 40点   計300点

＜適性問題Ⅰ解説＞

|問1| （社会・算数：地図，資料の読み取り，長さの計算）

(1) ① 〔調べたこと１〕より，1882年に測られた〔標石１〕から〔標石２〕までの長さが5209.9697
mである。〔標示〕は，〔標石１〕と〔標石２〕の中間点にあたる。よって，誤り。

② 〔地図〕を見ると，〔標示〕が座間市にあることがわかる。よって，正しい。

③ 〔調べたこと１〕は，相摸野基線について説明しており，「この長さをもとにして，日本全
土の正確な地図が作成されました。」とあるので，正しい。

④ 〔調べたこと２〕には，「長さを測るときの目印にするため，〔標石１〕と〔標石２〕の真上に，
それぞれ〔やぐら〕が建てられました。」とあるので，正しい。

⑤ 〔部品〕によると，ものさしの長さは４mなので，誤り。

(2) 〔装置の使い方〕によると，ものさしの長さは４mなので，〔装置〕は１回動かすごとに４m標
石⑭に近づく。125回動かしたときに標石⑭の中心にものさしのはしが達したことから，４×
125＝500m進んだことがわかる。〔装置の使い方〕|1|で示された，〔装置〕を動かし始める前の，
３個の〔装置〕の長さ12mを加える必要があるので，500＋12＝512（m）である。よって，標石
⑬と⑭の中心を結んだ直線の長さは，512mちょうどである。

問2 （算数：立体図形，規則性，組み合わせ）

(1) **ア** 〔会話文１〕でたろうさんが説明している内容にしたがって，〔表１〕の14個の箱をすべて使って，高さが最も高くなるように積み上げる。それぞれの箱の最も長い辺が高さになるように積み上げるため，最も高くなるときの高さの合計は，$17×2+13×1+11×3+9×2+7×1+5×2+3×3＝124$（cm）である。

〔積み上げた高さ〕 い は あ を４等分した数なので，$124÷4＝31$（cm）である。

イ 〔表１〕と〔ルール〕を確認し，〔積み上げた高さ〕が４人とも31cmになる場合に１番多く箱を使う人がいくつ箱を使うか求める。〔ルール〕と〔表１〕より箱の組み合わせを考えると，〔積み上げた高さ〕が31cmになる４人の高さの組み合わせは，（17cm，11cm，3cm），（17cm，11cm，3cm），（13cm，11cm，7cm），（9cm，9cm，5cm，5cm，3cm），または，（17cm，11cm，3cm），（17cm，11cm，3cm），（13cm，9cm，9cm），（11cm，7cm，5cm，5cm，3cm）である。よって，１番多く箱を使う人は，箱を5個使う。

やや難

(2) **ア** (1)と同じように，〔表２〕の14個の箱をすべて使って，高さが最も低くなるように積み上げ，その高さを４等分して求める。したがって，高さの合計が４の倍数になるように考える必要がある。それぞれの箱の最も短い辺が高さになるように積み上げたときの高さは，$3×3+3×5+3×2+3×4＝42$（cm）であり，４等分することができない。このことから，高さの合計は42cmより高い４の倍数になることがわかる。42より大きい最小の４の倍数は44だが，１人の高さが，$44÷4＝11$（km）となるような４人の箱の積み方の組み合わせがない。次にこの条件を満たす，高さが最も低くなるときの高さの合計は48cmである。よって，〔積み上げた高さ〕は，$48÷4＝12$（cm）となる。

イ アと同じように，〔表２〕の14個の箱をすべて使って，高さが最も高くなるように積み上げ，高さの合計が４の倍数になるように考える。それぞれの箱の最も長い辺が高さになるように積み上げたときの高さの合計は，$15×3+11×5+5×2+3×4＝122$（cm）である。122cm未満で122cmに最も近い４の倍数は120cmであるが，４人全員の〔積み上げた高さ〕が$120÷4＝30$（cm）になる組み合わせは存在しない。その次に大きい４の倍数は116cmで，４等分すると$116÷4＝29$（cm）である。このとき，（15cm，11cm，3cm），（15cm，11cm，3cm），（15cm，11cm，3cm），（8cm，8cm，5cm，5cm，3cm）の高さの組み合わせが存在するので，〔積み上げた高さ〕は，29cmである。

問3 （家庭科・算数：栄養素，資料の読み取り，割合の計算）

(1) それぞれの内容を読み取っていく。

A 〔会話文〕のたろうさんの１回めの発言を見ると，たんぱく質は「主に体をつくる働き」をすることがわかり，「体の調子を整える働き」ではないため，誤り。

B 〔表１〕より，ぶた肉に含まれるたんぱく質の割合は21%なので，ぶた肉170gに含まれるたんぱく質の量は，$170×0.21＝35.7$（g）である。とり肉に含まれるたんぱく質の割合は17%なので，とり肉210gに含まれるたんぱく質の量は，$210×0.17＝35.7$（g）である。よって，ぶた肉170gととり肉210gに含まれるたんぱく質の量が同じになっているため，正しい。

C 〔表２〕より，とり肉100gの生産に必要な水の量は450Lであることがわかる。よって，とり肉10kg＝10000gを生産するのに必要な水の量は，$450×(10000÷100)＝45000$（L）であるため，誤り。

D 〔会話文〕のじろうさんの２回めの発言に，「〔表２〕の牛肉，ぶた肉，とり肉の生産に必

要な水の量には，餌となるとうもろこしなどの穀物の生産に必要な水の量も含んでいる」
とあるので，正しい。

　　E　〔表3〕より，牛肉1kgの生産に必要な穀物の量は11kg，とり肉1kgの生産に必要な穀
　　　物の量は3kgである。11÷3=3.6666……より，牛肉の生産に必要な穀物の量はとり肉
　　　の生産に必要な穀物の量の4倍以上ではないため，誤り。

　　A～Eの内容をふまえると，正しい文章の組み合わせとしてふさわしいものは④の「B，D」
である。

⑵　ア　まず，ぶた肉30gに含まれるたんぱく質の量と大豆35gに含まれるたんぱく質の量を計算
　　　する。〔表1〕より，ぶた肉に含まれるたんぱく質の割合は21%，大豆に含まれるたんぱく
　　　質の割合は15%である。よって，ぶた肉30gに含まれるたんぱく質の量は，30×0.21=6.3
　　　（g）である。また，大豆35gに含まれるたんぱく質の量は，35×0.15=5.25（g）である。つ
　　　まり，これらを合わせたたんぱく質の量は，6.3+5.25=11.55（g）となる。ぶた肉と大豆
　　　に含まれるたんぱく質の量11.55gが，1人が1日に必要とするたんぱく質の量55gの何%
　　　になるかを求めると，11.55÷55=0.21より，21%である。

　　イ　〔表1〕と〔会話文〕をふまえると，たんぱく質60gを含む大豆の量は，60÷0.15=400
　　　（g）であるため，　あ　にあてはまる数は400である。続いて，〔表2〕をふまえると，牛
　　　肉300gの生産に必要な水の量は，2060×3=6180（L）であるため，　い　にあてはまる
　　　数は，6180である。大豆400gの生産に必要な水の量は，250×4=1000（L）であるため，
　　　　う　にあてはまる数は，1000である。　い　にあてはまる数は　う　にあてはまる数の
　　　何倍であるか答える必要があるため，6180÷1000=6.18（倍）となる。

問4　（算数：規則性，場合の数）

⑴　ア　〔会話文〕と〔カードの取り方〕をふまえると，〔カード〕を下に示した順で取ることがわかる。

・かなこさん（1枚目を取る）

1 2 3 4 5 → a 2 3 4 5 1 → a b 3 4 5 1

・たろうさん（2枚目を取る）

a b c 4 5 1 3 → a b c d 5 1 3

・かなこさん（3枚目を取る）

a b c d e 1 3 5 → a b c d e 3 5

・たろうさん（4枚目を取る）

a b c d e □ 5 3 → a b c d e □ □ 3

終わり

　　　よって，取られずに残った〔カード〕は 3 であるため，　あ　は③である。

　　イ　〔ゲーム〕の手順◎より，〔カード〕を先にひいた人，あとでひいた人の順で〔カード〕を1
　　　枚ずつ取る。〔会話文〕のかなこさんの2回めの発言より，1回めの〔ゲーム〕では，かなこ
　　　さん，たろうさんの順で〔カード〕をひいたため，〔カード〕を取るときもかなこさん，たろ
　　　うさんの順番だったことがわかる。⑴アの図で示したように，たろうさんはまず 4 を取

り，その次に 5 を取ったため，その和は9である。したがって， え は⑦である。

やや難

(2) 2回めの〔ゲーム〕では，たろうさん，かなこさんの順で〔カード〕を取る。(1)より，
a b c d e の順番で置かれた〔カード〕を，先に取る人が b →あとに取る人が d →
先に取る人が a →あとに取る人が e の順で取り， c に置かれた〔カード〕が最後に残ることが
わかる。つまり， a b に置かれた〔カード〕は先に取る人の得点， d e に置かれた〔カー
ド〕はあとに取る人の得点になる。〔会話文〕のかなこさんの4回めの発言をふまえると， 5 は
e に置かれたため，あとに取るかなこさんの得点になることに注意する。

2回めの〔ゲーム〕の結果について，たろうさんが取る〔カード〕によって場合分けする。ここ
ではたろうさんが〔カード〕をどの順番で取るかは考えなくてよい。〔ゲーム〕と〔条件〕の内容を
ふまえて，それぞれの勝敗についてまとめると以下のようになる。

① たろうさんが 1 と 2 を取る場合

(A) かなこさんが 3 と 5 を取ると，最後に 4 が残る。たろうさんの得点は，1+2=3で最
終得点も3である。かなこさんの得点は，3+5=8と偶数(ぐうすう)で，残った〔カード〕も 4 と偶
数なので，〔条件〕より最終得点は，8+4=12となる。よって，かなこさんの勝ち。

(B) かなこさんが 4 と 5 を取ると，最後に 3 が残る。たろうさんの得点は3で，最終得
点は6である。かなこさんの得点は9で，最終得点は12となる。よって，かなこさんの
勝ち。

② たろうさんが 1 と 3 を取る場合

(A) かなこさんが 2 と 5 を取ると，最後に 4 が残る。たろうさんの得点は4で，最終得
点は8である。かなこさんの得点は7で，最終得点も7となる。よって，たろうさんの
勝ち。

(B) かなこさんが 4 と 5 を取ると，最後に 2 が残る。たろうさんの得点は4で，最終得
点は6である。かなこさんの得点は9で，最終得点も9となる。よって，かなこさんの
勝ち。

③ たろうさんが 1 と 4 を取る場合

(A) かなこさんが 2 と 5 を取ると，最後に 3 が残る。たろうさんの得点は5で，最終得
点は8である。かなこさんの得点は7で，最終得点は10となる。よって，かなこさんの
勝ち。

(B) かなこさんが 3 と 5 を取ると，最後に 2 が残る。たろうさんの得点は5で，最終得
点も5である。かなこさんの得点は8で，最終得点は10となる。よって，かなこさんの
勝ち。

④ たろうさんが 2 と 3 を取る場合

(A) かなこさんが 4 と 5 を取ると，最後に 1 が残る。たろうさんの得点は5で，最終得
点は6である。かなこさんの得点は9で，最終得点は10となる。よって，かなこさんの

　　勝ち。

　　⒝　かなこさんが[1]と[5]を取ると，最後に[4]が残る。たろうさんの得点は5で，最終得

　　　点も5である。かなこさんの得点は6で，最終得点は10となる。よって，かなこさんの

　　　勝ち。

　⑤　たろうさんが[2]と[4]を取る場合

　　⒜　かなこさんが[1]と[5]を取ると，最後に[3]が残る。たろうさんの得点は6で，最終得

　　　点も6である。かなこさんの得点は6で，最終得点も6となる。よって，引き分け。

　　⒝　かなこさんが[3]と[5]を取ると，最後に[1]が残る。たろうさんの得点は6で，最終

　　　点も6である。かなこさんの得点は8で，最終得点も8となる。よって，かなこさんの

　　　勝ち。

　⑥　たろうさんが[3]と[4]を取る場合

　　⒜　かなこさんが[2]と[5]を取ると，最後に[1]が残る。たろうさんの得点は7で，最終得

　　　点は8である。かなこさんの得点は7で，最終得点は8となる。よって，引き分け。

　　⒝　かなこさんが[1]と[5]を取ると，最後に[2]が残る。たろうさんの得点は7で，最終

　　　点も7である。かなこさんの得点は6で，最終得点は8となる。よって，かなこさんの

　　　勝ち。

　このように，２回めの〔ゲーム〕の結果は12通り存在する。その中でたろうさんが勝ちとな

るのは，②⒜たろうさんが[1]と[3]を取り，かなこさんが[2]と[5]を取り，[4]が残る場合の

みである。この場合，[お]にc，[か]にdがあてはまる。たろうさんの得点になるのは

[a][b]であるため，[1]と[3]はそれぞれ[a][b]のいずれかに置かれていればよい。よって，

　　　・[き]にa，[く]にbの場合

　　　・[き]にb，[く]にaの場合

の２通り存在する。したがって，たろうさんが〔ゲーム〕で勝ちとなる[a]～[d]のあてはめ方は

２通りである。

[問5]　（生活・国語：資料の読み取り，提案する文章）

　〔会話文〕より，他学年の児童と交流をして楽しむという全校児童集会の目的に合った遊びやゲー

ムなどの活動を提案することをおさえる。また，（問い）にあるとおり，具体的な活動と，その

活動の中で他学年の児童と交流する場面がわかるように書くことに注意する。この条件にあては

まる内容を70字以上80字以内で答えればよい。実際に人に提案するときのように，伝わりやすい

ようていねいに書こう。

　　　　★ワンポイントアドバイス★

　　複数の会話文と資料を読み取る問題が多いため，必要な情報を見落とさないよう

　丁ねいに解き進めよう。立体図形やカードを使ったゲームの問題はやや複雑だが，

　それぞれの場合を図や表にかき出し，わかりやすく整理すると考えやすい。

＜適性検査Ⅱ解答例＞

問1 (1) ②，④，⑤

(2) ヘボン式のローマ字表記は，英語の表記に近い表記です。また，つづりから日本語の発音が導き出せるように工夫したことで，英語話者にとって，実際の音を正確に推測しやすい表記となっています。

問2 (1) ア ① イ ②

(2) ア ② イ ③

問3 (1) ④

(2) ア ⑤ イ ③

問4 (1) ア ③ イ ④

(2) ア ⑤ イ ②

○配点○

問1 (1) 30点 (2) 40点

問2 (1) ア・イ (2) ア・イ 各20点×4

問3 (1)・(2) ア 各20点×2 (2) イ 30点

問4 (1) ア・イ (2) ア・イ 各20点×4 計300点

＜適性検査Ⅱ解説＞

問1 （国語：資料の読み取り，ローマ字）

(1) ① 〔資料1〕より，「tu」の「t」が子音で，「u」が母音であるため，誤り。

② 〔資料1〕に「ち」は「ti」と「chi」の「2とおりの書き方ができます」，「どちらで書いても正しい」と書かれているため，正しい。

③ 〔資料2〕の2段落めの最初に，「訓令式は日本語のかなと英語の文字とが，より厳密な一対一対応になっています」と書かれているため，誤り。

④ 〔資料2〕の2段落めに，訓令式の表記において，「『た行』の音は，ta，ti，tu，te，to のように全てtの文字で表されて」いると書かれているため，正しい。

⑤ 〔資料3〕の2段落めに，「訓令式は日本語がわかっている人が考えたもの」とあるため，正しい。

よって，あてはまる選たくしは②・④・⑤の3つである。

(2) 問題文より，Ⓐヘボン式のローマ字表記は，どの言語の表記に近いか，Ⓑヘボン式のローマ字はどのように工夫したことで，誰にとって，何をしやすい表記となっているか，の2点をおさえればよい。Ⓐについては，〔資料1〕の2段落めを読むと，ヘボン式は英語の表記に近いことがわかる。Ⓑについては，〔資料3〕の中で「つづりから日本語の発音が導き出せるように工夫した」とある。また，〔資料2〕には，日本語を知らない英語話者にとって，ヘボン式のローマ字表記は，実際の音を正確に推測しやすいことが書かれている。これらの内容を70字以上90字以内でまとめればよい。

問2 （算数：面積，条件整理，場合の数）

(1) ア： 〔畑〕と〔分け方〕に従って，区画の分け方を考える。〔畑〕は縦16m，横10mであるが，〔分け方〕より，〔畑〕の中に縦の辺と平行な幅1mの通路と横の辺に平行な幅1mの通路をつくるとわかる。区画の面積はAが最も小さく，A，B，C，Dの順番で大きくなる

ように分ける。また，4つの区画は，すべて長方形になる。これらの条件を満たし，A
の縦の長さと横の長さがそれぞれ最も短くなるのは，Aの縦の長さが1m，横の長さが
2mになるように通路をつくって分けるときである。縦の長さが2m，横の長さが1m
のときは，〔分け方〕の面積の大きさの条件を満たさない（A→C→B→Dの順になる）。
このとき，Bの面積は，$1×(10-2-1)=7(m^2)$となる。

イ： Aの面積の差とDの面積の差が最も小さくなるように分けるには，それぞれの区画の
縦の長さと横の長さの差が小さくなるように分ければよい。

〔畑〕の縦を7mと8m，横を4mと5mに分けるとする。このとき，Aの面積は，$7×4=28(m^2)$，Bの面積は，$7×5=35(m^2)$，Cの面積は，$8×4=32(m^2)$，Dの面積は，$8×5=40(m^2)$である。しかし，Cの面積がBの面積より大きくなってしまい，〔分け方〕の条件を満たさない。〔畑〕の縦を7mと8m，横を3mと6mに分けたときも同じように〔分け方〕の条件を満たさない。

そこで，〔畑〕の縦を6mと9m，横を4mと5mに分ける。このとき，Aの面積は$6×4=24(m^2)$，Bの面積は，$6×5=30(m^2)$，Cの面積は，$9×4=36(m^2)$である。Dの面積は，$9×5=45(m^2)$となり，〔分け方〕の条件を満たしている。したがって，Dの面積とAの面積の差が最も小さくなるように分けたときの差は，$45-24=21(m^2)$である。

(2) **ア：** 〔表1〕と〔注意点〕をもとに，〔会話文〕の え にあてはまる野菜を考える。〔会話文〕
の最初のかなこさんの発言から，1年間で〔表1〕の8つの野菜をすべて育てるとわかる。
〔表1〕より， あ ～ え には，キュウリ，キャベツ，ジャガイモ，タマネギのどれ
かがあてはまる。

 あ には，〔表1〕で後期のみ育てられる野菜に分類されているタマネギがあてはま
る。

かなこさんは， い を育てた区画でダイコンを育てると話している。〔注意点〕より，
前期にキュウリ・キャベツを育てた区画では後期にダイコンを育てないため， い に
はジャガイモがあてはまる。

 う にはキュウリとキャベツのどちらかがあてはまるが，前期にキュウリを育てた
区画で，後期にニンジンは育てないため，キュウリは え にはあてはまらない。よっ
て， う にキュウリ， え にキャベツがあてはまる。

イ： 〔表2〕と〔注意点〕をもとに，たろうさんの案が何通りあるか考える。〔表2〕の後期の
欄(らん)には，キャベツ，ダイコン，タマネギ，ネギの4つのどれかがあてはまる。まず，〔注
意点〕より，前期にキュウリを育てた区画では，ダイコン，ニンジンは育てない。よっ
て，Bの後期には，キャベツ，タマネギ，ネギのどれかがあてはまる。また，前期にカ
ブを育てた区画では，後期にキャベツ，ダイコンは育てないため，Cの後期には，タマ
ネギ，ネギのどちらかがあてはまる。AとDの後期は4つの野菜をどれでも育てること
ができる。

以上の情報をもとに，Cの後期に育てる野菜に注目して場合分けする。

  ① Cの後期にタマネギを育てる場合

    (X) Bの後期にキャベツを育てる。残ったネギとダイコンはAとDのどちらの区画
      で育ててもよいため，2通りである。

    (Y) Bの後期にネギを育てる。残ったキャベツとダイコンはAとDのどちらの区画
      で育ててもよいため，2通りである。

  ② Cの後期にネギを育てる場合

(X)　Ｂの後期にキャベツを育てる。残ったタマネギとダイコンはＡとＤのどちらの区画で育ててもよいため，２通りである。

(Y)　Ｂの後期にタマネギを育てる。残ったキャベツとダイコンはＡとＤのどちらの区画で育ててもよいため，２通りである。

よって，たろうさんの案は８通りあるため，　え　は③である。

問3　（算数：リーグ戦・トーナメント戦）

(1)　〔リーグ戦〕と〔トーナメント戦〕の試合数をそれぞれ求め，合計すればよい。〔会話文１〕のかなこさんの２回めの発言より，〔リーグ戦〕は，〔メモ〕のように６チームを３チームずつグループＡとグループＢに分けて行うことがわかる。〔リーグ戦〕は，同じグループの，どのチームとも１回ずつ試合を行うため，グループＡで３試合，グループＢで３試合行われることになる。よって，〔リーグ戦〕の試合数は全体で６試合行うことになる。

また，〔トーナメント戦〕は〔図〕のように行い，①～⑤まで試合があることがわかるため，試合数は５。つまり，〔リーグ戦〕と〔トーナメント戦〕を合わせた全体の試合数は5＋6＝11。したがって，　あ　は④である。

やや難　(2)　ア：〔会話文２〕を読み，〔リーグ戦〕と〔トーナメント戦〕，〔メモ〕から〔リーグ戦〕のグループＡで２位になったチームを考える。〔メモ〕より，グループＡで２位のチームは〔トーナメント戦〕の〔図〕で，エに配置されたチームである。

〔会話文２〕のあらたさんの発言より，６組は〔トーナメント戦〕の１回戦第１試合に出場していたことがわかる。〔トーナメント戦〕の説明より，１回戦第１試合は，〔図〕のイに配置されたチームとウに配置されたチームの試合である。〔メモ〕より，イはグループＢで２位のチーム，ウはグループＡで３位のチームである。よって，６組はグループＢで２位かグループＡで３位だったことがわかる。

ひかりさんとじろうさんの発言より，３組と４組は〔リーグ戦〕で試合をしているため，同じグループであったことがわかる。つまり，１回戦第２試合は３組と４組の試合ではない。また，かなこさんの発言より，決勝は１組が参加しており，〔トーナメント戦〕の全試合で勝利したとあることから，１組が優勝したことがわかる。よって，３組と４組が〔トーナメント戦〕で試合をしたのは，準決勝第１試合か準決勝第２試合のどちらかである。

また，じろうさんの発言に，４組より３組のほうが〔リーグ戦〕での順位は上だったが，〔トーナメント戦〕では４組が勝利した，とあるので，４組が１組と決勝で試合をしたことになる。これらのことから，X：アが３組でウが４組の場合，Y：オが４組でカが３組の場合のどちらかであることがわかる。

【Xの場合】

アが３組，イが６組，ウが４組である。

また，こころさんの発言より，５組と２組が試合をしたのは〔トーナメント戦〕だけなので，〔リーグ戦〕ではちがうグループであった。つまり，エとオにはそれぞれ２組か５組があてはまる。よって，カに１組があてはまり，〔リーグ戦〕はＢグループであったことがわかる。また，たろうさんの発言より，２組は１組と〔リーグ戦〕で試合をしているため，同じグループであった。つまり，１組と同じグループＢで３位のオが２組となる。残りのエに，５組があてはまる。このとき，グループＡは，１位３組，２位５組，３位４組，グループＢは，１位１組，２位６組，３位２組で

ある。

【Ｙの場合】

　　オ が４組で カ が３組である。

　　１組は全試合で勝利しているので，〔リーグ戦〕でグループ１位である ア にあてはまる。たろうさんの発言より，１組と２組は〔リーグ戦〕でも〔トーナメント戦〕でも試合をしているので， ウ は２組である。よって， イ は６組となり，残った エ には５組があてはまるが，この場合，５組と２組が〔トーナメント戦〕で試合をすることはないため，こころさんの発言に合わない。

　　よって，Ｘの場合が正しい。〔リーグ戦〕を行なった結果，グループＡで２位になったのは エ の５組のチームである。

イ：　〔トーナメント戦〕の説明より，準決勝第２試合は，１回戦第２試合の勝利チーム対 カ の試合である。アより，〔トーナメント戦〕１回戦第２試合は５組対２組， カ には１組があてはまる。〔会話文２〕のたろうさんの発言より，２組は１組と〔トーナメント戦〕で試合をしたことがわかるので，準決勝第２試合は２組対１組の試合である。よって，答えは③である。組み合わせの順序によって答えがちがうので，正しく試合の組み合わせを求め，特に①に間違えないよう注意する必要がある。

問4 （算数：規則性）

(1) **ア：**　〔置き換え方〕から Ⓐ で１～６列めのマスのうち，■のマスを１，□のマスを０で表した後，Ⓑ にあるように，列と同じ順で並べて６個の数字のまとまりにする。よって，Ⓑで０１０１００となるのは，「白黒白黒白白」となっている行である。つまり〔図〕の４行めである。

イ：　まず，Ⓑで１１０１００とした６個の数字のまとまりに，Ⓒで〔圧縮〕を行う。〔圧縮〕は，まず０が何個続くか，次に１が何個続くかを交互に数え，数字に表す。よって，１１０１００は，左から見ると，まず０が０個，次に１が２個，次に０が１個，さらに１が１個，そして０が２個続くため，左から０２１１２と，新たなひとまとまりの数になる。

　　次にⒹでは，Ⓒの数字のまとまりに〔パリティ〕を付ける。〔パリティ〕は，それぞれの行の■のマスの個数が奇数であれば１，偶数であれば０をⒸの数字のまとまりの１番左に付ける。Ⓑで１１０１００とした６個の数字のまとまりには，■のマスが３個あるので，１を０２１１２の一番左に付け，１０２１１２となる。よって，答えは④である。

(2) **ア：**　〔会話文〕のたろうさんの３回めの発言より，〔図〕の１行めを置き換えると０１１２１１となり，６個の数字が並ぶ。２行め～６行めも〔置き換え方〕に従って置き換える。

　　２行めは，Ⓑで０１１００１となる。Ⓒで〔圧縮〕すると，１２２１。最後にⒹで〔パリティ〕を付けると，１１２２１となり，５個の数字が並ぶ。

　　３行めは，Ⓑで１１０１０１となる。Ⓒで〔圧縮〕すると，０２１１１１。最後にⒹで〔パリティ〕を付けると，００２１１１１となり，７個の数字が並ぶ。

　　４行めは，Ⓑで０１０１００となる。Ⓒで〔圧縮〕すると，１１１１２。最後にⒹで〔パリティ〕を付けると，０１１１１２となり，６個の数字が並ぶ。

　　５行めは，Ⓑで１００１００となる。Ⓒで〔圧縮〕すると，０１２１２。最後にⒹで〔パリティ〕を付けると，００１２１２となり，６個の数字が並ぶ。

　　６行めは，Ⓑで００１１００となる。Ⓒで〔圧縮〕すると，２２２。最後にⒹで〔パリテ

イ）を付けると，０２２２となり，４個の数字が並ぶ。

よって，〔図〕を数字に置き換えると，合計で6＋5＋7＋6＋6＋4＝34（個）の数字で表される。

イ： 〔置き換え方〕に従って置き換えた〔表〕の数をもとに，方眼紙のマスをぬるため，〔表〕の数字を©で〔圧縮〕する前の®の状態にもどす必要がある。

〔表〕の数字は１番左に〔パリティ〕が付いているが，これは〔表〕の数字を〔圧縮〕する前の状態にもどすときには必要ないため，〔パリティ〕を除いた数字について考える。

１行めは，〔パリティ〕を除くと，１１４。これは，〔圧縮〕の説明をふまえると，０が１個，次に１が１個，さらに０が４個続く数字のまとまりであることを示す。したがって，©で〔圧縮〕する前の®で，０１００００という６個の数字のまとまりであったことがわかる。つまり，１行めは，２列めのマスだけがぬられている。２行め～６行めも同じように®の６個の数字を求める。

２行めは，〔パリティ〕を除くと，０４２。©で〔圧縮〕する前の®では，１１１１００という６個の数字のまとまりである。

３行めは，１行めと同じなので，©で〔圧縮〕する前の®では，０１００００という６個の数字のまとまりである。

４行めは，〔パリティ〕を除くと，１１１２１。©で〔圧縮〕する前の®では，０１０１１０という６個の数字のまとまりである。

５行めは，〔パリティ〕を除くと，０１５。©で〔圧縮〕する前の®では，１００００００という６個の数字のまとまりである。

６行めは，〔パリティ〕を除くと，０１２３。©で〔圧縮〕する前の®では，１００１１１という６個の数字のまとまりである。

１～６行めの６個の数字のまとまりの中で，１で表されているマスをぬるため，〔表〕をもとに方眼紙のマスをぬると下の図のようになる。このとき，■のマスが最も多い列は，４マスぬられている２列めである。

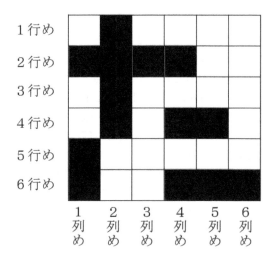

★ワンポイントアドバイス★

記述問題では，何を答えるのか要点を整理した後，複数の資料から必要な情報を適切にぬき出してまとめよう。

算数ではリーグ戦とトーナメント戦についてや，規則性など，複雑な問題が多いため，会話文や条件を丁ねいに読み，自分で表や図をかきながら解くことが重要である。また，マークのぬりまちがいに注意しよう。

大切なことはメモしておこうネ！

2023年度
★★★★★★★★★★★★★★★★★★★★★★

入　試　問　題

2023年度

県立平塚・相模原中等教育学校入試問題

【適性検査Ⅰ】 （45分）　　＜満点：300点＞

【注意】　字数の指定がある問題は，指定された字数や条件を守り，ていねいな文字で書きましょう。
次の〔例〕のように，横書きで，最初のマスから書き始めます。段落をかえたり，マスの間
をあけたりしないで書きます。文字や数字は１マスに１字ずつ書き，文の終わりには句点
〔。〕を書きます。句読点〔。，〕やかっこなども１字に数え，１マスに１字ずつ書きます。

〔例〕

１	２	月	の	詩	の	テ	ー	マ	は
，	「	冬	の	朝	」	だ	っ	た	。

問１　かなこさんとたろうさんは，総合的な学習の時間に取り組んでいます。次の(1)，(2)の各問い
に答えましょう。

(1)　かなこさんとたろうさんは，総合的な学習の時間で，神奈川県の水力発電について話していま
す。次の〔会話文１〕，次のページの〔会話文２〕の内容として，あてはまるものをあとの①～
⑥の中からすべて選び，その番号を書きましょう。

（〔写真１〕，〔写真２〕，〔図〕は次のページにあります。）

〔会話文１〕

かなこ	「神奈川県の水力発電を調べていたら，発電のために〔写真１〕の城山湖が〔写真２〕の津久井湖より高い場所につくられたことがわかりました。」
たろう	「城山湖をつくったことで，どのような発電ができるのですか。」
かなこ	「〔図〕で説明します。まず，津久井湖から城山湖に水をくみあげます。次に，城山湖から津久井湖へ水を流し，流れる水の力で水車を回します。水車と発電機はつながっているので，発電機も回り発電ができます。このように，くみあげた水を利用する水力発電を揚水式発電といいます。」
たろう	「水は高い所から低い所に流れるので，城山湖から津久井湖に流れるしくみはわかりますが，水をくみあげるしくみはどうなっているのですか。」
かなこ	「発電機は，電気を流すとモーターとなってはたらき，水をくみあげる向きで水車を回します。このしくみにより，水がくみあげられます。」
たろう	「水をくみあげたり，その水を使って発電したりするのは，いつですか。」
かなこ	「夜に水をくみあげます。昼と比べ，夜は電気の使用量が減るのですが，火力発電所や原子力発電所は発電を簡単に止められないため，夜は電気が余ります。この余る電気を利用して，水をくみあげています。そして，くみあげた水を電気の使用量が多いときに流して発電します。」

〔写真１〕城山湖

〔図〕城山湖と津久井湖を利用した水力発電のしくみ

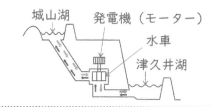

○　水の流れ
　⇨：発電するとき　　➡：くみあげるとき
○　流れる水の量
　　発電するときは，津久井湖へ最大で１秒あたり
192㎥，くみあげるときは，城山湖へ最大で１秒
あたり180㎥の水が流れます。

〔写真２〕津久井湖

（神奈川県企業庁「城山発電所」より作成）

〔会話文２〕

> たろう　「わたしは，水力発電だけでなく，そのほかの発電も合わせた全国の電力会社10社の
> 年間の発電電力量を〔表〕に，その発電電力量に対する水力発電の割合を〔グラフ〕
> にしました。〔表〕にあるkWhは，キロワットアワーという単位で，ここでは，発
> 電電力量を表しています。」
> かなこ　「〔表〕と〔グラフ〕を見ると，水力発電による発電電力量を求めることができます。」

〔表〕年間の発電電力量

年度	1980	1985	1990	1995	2000	2005	2010	2015
発電電力量（億kWh）	4850	5840	7376	8557	9396	9889	10064	8850

（電気事業連合会「電気事業のデータベース」より作成）

〔グラフ〕

（電気事業連合会「電気事業のデータベース」より作成）

① 津久井湖よりも城山湖の方が高い場所にある。

② 城山湖から津久井湖へ1秒あたり192m³の水を1時間流し続けたときの水の量を，津久井湖から城山湖へくみあげるには，1秒あたり180m³ずつくみあげると1時間4分かかる。

③ 城山湖と津久井湖を利用した水力発電では，発電機に電気を流して，モーターとして動かすときに発電している。

④ 電気が余る夜に津久井湖から城山湖に水をくみあげておき，電気の使用量が多いときに，その水を城山湖から津久井湖に流して発電している。

⑤ 水力発電による発電電力量は，2010年度より1980年度の方が多い。

⑥ 年間の発電電力量を比べると，2015年度は2000年度より少ないにもかかわらず，年間の発電電力量に対する水力発電の割合が2015年度と2000年度で同じなのは，水力発電による発電電力量が2000年度より2015年度の方が多いからである。

(2) かなこさんとたろうさんは，総合的な学習の時間で，これからどのように学んでいくかについて話しています。次の〔会話文3〕を読み，あなたは，**社会がかかえているどのような問題を解決したいと考えますか。また，問題の解決方法を考えるための思考力を，どのような方法で身に付けますか。**これら2つのことについて，60字以上80字以内で書きましょう。

〔会話文3〕

かなこ	「わたしたちは，神奈川県の水力発電のことや，全国の電力会社10社の年間の発電電力量などを調べ，おたがいに話し合いましたね。」
たろう	「興味や関心をもったことについて調べる学習や，調べたことを発表し，そのことについて話し合う学習では，どのような力が身に付くのか，〔資料〕を読んで確かめましょう。」
かなこ	「〔資料〕には，思考力が生まれたり，思考力を育てたりすることについて書かれていますね。」
たろう	「そうですね。〔資料〕には，知識・技能に加えて未来の変化を想定して未知の状 況にも対応できる能力が重視され，思考力が問われていることも書かれています。」
かなこ	「わたしは，日常生活のさまざまな出来事に興味・関心をもち，社会がかかえている問題の解決方法を考えるための思考力を身に付けたいと思います。」

〔資料〕

　社会から必要とされる力は，時代とともに移り変わる。これまでは「働くために（生きていくために）必要な知識・技能」の習得が主に重視されてきた。しかし，注1)グローバル化や注2)IT化が進み，変化のスピードが以前よりも高速化している現代においては，知識・技能に加えて「（未来の変化を想定して）未知の状況にも対応できる能力」が，特に重視される方向に変わってきている。社会がかかえている問題点は何かを分析し，その解決方法を注3)模索できる「思考力」が問われている。（中略）

　感性はリアルな体験によって磨かれる。体験が感性を育て，感性が豊かになると，生活の中で出合う「なぜ？」を調べるようになる。このくり返しこそが思考力を育てる。（中略）日々出合うさまざまな出来事に対して興味・関心をもち，「これは何なのか？」「なぜそうなって

いるのか？」と自分自身に問いかけ、「なるほど、そういうことなのか」と納得がいくまで調べよう。知的好奇心を高め、考える日々を送ること。思考力はそこから生まれる。(中略)

　会話することは思考することでもあり、思考力を育てる立派なトレーニングになることを知っておこう。(中略)自分の考えだけを一方的に述べるのではなく、友だちや家族の意見を聞いてから、自分の意見を相手に説明する。「何を」「どの順番で」「どういう風に」話をしたら、相手の人にきちんと伝わるのかを考えることで、思考力は育つ。(中略)

　考えたことを整理するために、思考の内容を紙に書いたり、パソコンにまとめよう。頭の中で考えたことは注4)アウトプットする。この習慣が大事だ。書くことで考えがより明確になり、そこから次の新しい発想が生まれてくることもある。

（『これからの新しい勉強法』吉川厚監修　小林実編集協力より　※一部表記を改めたところがある。）

注1)グローバル化：世界的な規模に広がること。

注2)IT化：インターネットなどの情報通信技術の活用が暮らしの中で広がること。

注3)模索：手がかりがないまま、いろいろとためすこと。

注4)アウトプット：考えを文字にしたり、言葉にしたりして表現すること。

問2　たろうさんとかなこさんは、算数の学習で自分たちが考えた問題に取り組んでいます。あとの(1)、(2)の各問いに答えましょう。

(1)　次の〔会話文1〕を読んで、次のページのア、イの各問いに答えましょう。

（〔しきつめ方〕、〔図〕は次のページにあります。）

〔会話文1〕

たろう　「わたしの問題は、〔枠〕の内側に、〔板〕を〔しきつめ方〕に従ってしきつめて作る模様について考える問題です。1問めは、最も多く■の板を使って作る模様では、■の板を何枚使うかを考えます。」

かなこ　「最も多く■の板を使って作る模様には、■の板を　あ　枚使いますね。」

たろう　「そうです。2問めは、1問めの模様も含めて、全部で何種類の模様を作ることができるかを考えます。」

かなこ　「できた模様の中には、それぞれちがうように見えても、〔枠〕ごと回転させると同じ模様になるものがありますね。その模様は、同じ模様と考え、1種類として数えると、　い　種類の模様ができますね。」

〔枠〕真上から見たとき

12 cm　　〔枠〕の内側は1辺が12 cmの正方形です。

〔板〕

■と▨の2種類の板があり、どちらも1辺が4 cmの正方形です。模様を作るときに使い、必要な分だけあります。

〔しきつめ方〕

○ 〔枠〕の内側に〔板〕を9枚しきつめて模様を作ります。ただし，■と▨の，どちらも，必ず1枚以上使うこととします。また，〔板〕を重ねてはいけません。

○ 〔図〕の☆の線（………）と，★の線（－－－－）のそれぞれで線対称となるよう，模様を作ります。

〔図〕

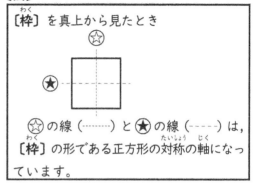

〔枠〕を真上から見たとき

☆の線（………）と★の線（－－－－）は，〔枠〕の形である正方形の対称の軸になっています。

ア 〔会話文1〕の あ にあてはまる数を，次の①～⑦の中から1つ選び，その番号を答えましょう。

① 3　② 4　③ 5　④ 6　⑤ 7　⑥ 8　⑦ 9

イ 〔会話文1〕の い にあてはまる数を，次の①～⑦の中から1つ選び，その番号を答えましょう。

① 4　② 6　③ 8　④ 10　⑤ 12　⑥ 14　⑦ 16

(2) 次の〔会話文2〕を読んで，次のページのア，イの各問いに答えましょう。

〔会話文2〕

かなこ 「わたしの問題は，〔展開図〕を組み立ててできるさいころを2個使います。2個のさいころを，〔並べ方〕に従って〔図1〕の直方体となるように並べます。その直方体の面にある，さいころの目の数がいくつになるかや，条件を満たす並べ方は何通りあるかを考える問題です。」

たろう 「1問めは，〔図2〕のように並べたときについて考えるのですか。」

かなこ 「そうです。Aの面の目の数とBの面の目の数がいくつになるか考え，その2つの数の和を求めます。2問めは，⚃が〔図3〕の位置となる並べ方は，〔図2〕の並べ方も含めて，全部で何通りあるかを考えます。」

〔展開図〕

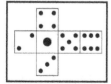

〔並べ方〕

○ 〔展開図〕を組み立ててできるさいころ2個を〔図1〕のように，ぴったりと合わせて直方体となるように並べます。このように並べると，〔図1〕の直方体には，正方形の面▨が2つ，正方形が2つ並んで長方形となる面▨が4つできます。

○ 面▨は，どちらも目の数が奇数となるようにします。

○ 面▨は，4つの面それぞれで，2個のさいころの面の目の数をたし，その和が奇数となるようにします。

〔**図１**〕さいころ２個を合わせた直方体　　〔**図２**〕　　　　　〔**図３**〕

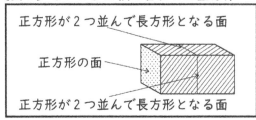

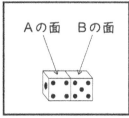

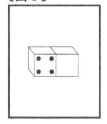

ア 〔**展開図**〕を組み立ててできるさいころ２個を〔**並べ方**〕に従い，〔**図２**〕のように並べたとき，Ａの面の目の数とＢの面の目の数の和はいくつになるか，次の①〜⑤の中から１つ選び，その番号を答えましょう。

① 　3　　　　　② 　5　　　　　③ 　7　　　　　④ 　9　　　　　⑤ 　11

イ 〔**展開図**〕を組み立ててできるさいころ２個を〔**並べ方**〕に従い， が〔**図３**〕の位置となるように並べるとき，〔**図２**〕の並べ方も含めて，並べ方は何通りあるか，次の①〜⑨の中から１つ選び，その番号を答えましょう。

① 　4通り　　　② 　5通り　　　③ 　6通り　　　④ 　7通り　　　⑤ 　8通り

⑥ 　9通り　　　⑦ 　12通り　　　⑧ 　15通り　　　⑨ 　18通り

問3 かなこさんたちは，社会科の授業で，地球温暖化について調べたことを話し合っています。次の〔**会話文**〕を読んで，次のページの(1)，(2)の各問いに答えましょう。

〔**会話文**〕　　　　　　　　　　　　　　　　　　　　　　　（〔**表１**〕〜〔**表３**〕は次のページにあります。）

かなこ	「地球温暖化の原因の１つとして，温室効果ガスの問題があります。わたしは，日本の温室効果ガス総排出量を調べ，〔**表１**〕にしました。」
たろう	「温室効果ガスの大部分は二酸化炭素で，2019年の世界の二酸化炭素排出量は，約335億トンです。〔**表２**〕は，その排出量における日本，アメリカ，中国の排出割合などをまとめたものです。年間１人あたりの排出量は，各国の排出量をそれぞれの国の人口でわって求めました。」
ひかり	「2020年度の日本の家庭１世帯あたりの二酸化炭素排出量は，約3.9トンです。わたしは，2020年度の日本の家庭で，どんなときに二酸化炭素を排出しているかを調べ，その割合を〔**表３**〕にしました。」
たろう	「照明をこまめに消したり，暖房や冷房の設定温度に気を付けたりして，二酸化炭素排出量を減らしていきたいですね。」
かなこ	「日本は，目標とする温室効果ガス総排出量を，〔**表１**〕の2013年度の温室効果ガス総排出量から46％減らした量としています。目標を達成するには，2019年度の温室効果ガス総排出量と比べて，あと約 **あ** トン減らす必要があります。」

〔表１〕 日本の温室効果ガス総排出量の推移

年度	2013	2014	2015	2016	2017	2018	2019
温室効果ガス総排出量（トン）	14億900万	13億6000万	13億2200万	13億500万	12億9200万	12億4800万	12億1200万

（国立環境研究所「日本国温室効果ガスインベントリ報告書」より作成）

〔表２〕 世界の二酸化炭素排出量における国別排出割合と
年間１人あたりの二酸化炭素排出量（2019年）

国名	日本	アメリカ	中国
排出割合（％）	3.2	14.1	29.5
１人あたりの排出量（トン）	8.4	14.5	7.1

（JCCCA「地球温暖化防止ハンドブック」より作成）

〔表３〕 日本の家庭１世帯あたりの二酸化炭素排出量における注)用途別排出割合

用途	照明・家電製品	暖房	給湯	ごみ	冷房	その他
排出割合（％）	32.4	15.9	15	3.8	2.6	30.3

（JCCCAホームページより作成）

注)用途：使いみち。

(1) 〔会話文〕，〔表１〕～〔表３〕から読み取れる内容として，あてはまるものを次のＡ～Ｅからすべて選ぶとき，その組み合わせとして適切なものを，あとの①～⑧の中から１つ選び，その番号を答えましょう。

Ａ 日本の温室効果ガス総排出量は，2013年度から2019年度まで減少し続けている。

Ｂ 2019年の日本，アメリカ，中国の二酸化炭素排出量を合わせると，世界全体の５割以上になる。

Ｃ 日本とアメリカの2019年の年間１人あたりの二酸化炭素排出量を比べると，アメリカは日本の２倍以上である。

Ｄ 2019年の年間１人あたりの二酸化炭素排出量は日本の方が中国より多いが，国全体の二酸化炭素排出量は日本の方が中国より少ない。

Ｅ 2020年度の日本の家庭１世帯における照明・家電製品，暖房，冷房による二酸化炭素排出量の合計は，1.5トン以上である。

① Ａ，Ｂ　　　　② Ａ，Ｄ　　　　③ Ａ，Ｅ　　　　④ Ｃ，Ｅ
⑤ Ａ，Ｂ，Ｅ　　⑥ Ａ，Ｃ，Ｄ　　⑦ Ａ，Ｄ，Ｅ　　⑧ Ｂ，Ｄ，Ｅ

(2) あとのア，イの各問いに答えましょう。

ア 2019年の日本の二酸化炭素排出量は，日本の温室効果ガス総排出量の約何％にあたるか，あてはまるものを，次の①～⑧の中から１つ選び，その番号を答えましょう。なお，〔表１〕の2019年度の日本の温室効果ガス総排出量を2019年のものと考えて計算するものとします。また，計算中の割合が小数になる場合は，小数第３位を四捨五入し，小数第２位までのがい数にしてから

百分率で表すものとします。

① 62%	② 65%	③ 70%	④ 77%
⑤ 81%	⑥ 88%	⑦ 93%	⑧ 98%

イ 〔会話文〕の あ にあてはまる数を，次の①〜⑧の中から１つ選び，その番号を答えましょう。なお， あ にあてはまる数は，百万の位で四捨五入して千万の位までのがい数で表すものとします。

① 2億6000万	② 3億1000万	③ 4億1000万	④ 4億5000万
⑤ 5億3000万	⑥ 5億6000万	⑦ 6億8000万	⑧ 7億1000万

問4 たろうさんの班では，校外学習の計画について話し合っています。次の〔会話文〕を読んで，次のページの(1)，(2)の各問いに答えましょう。

〔会話文〕

たろう	「わたしたちが校外学習に行く日は，〔表１〕を見ると，どの施設も見学でき，すべての施設で花が見られる日ですね。」
かなこ	「どの施設へ行くのにも電車を使うので，調べて〔路線情報〕にしました。」
じろう	「わたしは，施設に近い駅と，移動にかかる時間を〔表２〕にしました。」
ひかり	「では，話し合って決めた〔計画の立て方〕に従って，考えましょう。」
たろう	「見学する施設の選び方ですが，昼食場所のスイレン庭園以外の１か所だけを選ぶのは あ 通り，２か所を選ぶのは い 通り，３か所すべてを選ぶのは１通りなので，全部で う 通りが考えられます。」
かなこ	「施設に行く順番をうまく考えれば，すべての施設に行けますね。」
じろう	「見学にかかる時間を〔表１〕のとおりにとって，それぞれの施設の開園時間にも気を付けて計画を立てましょう。」

〔表１〕見学できる施設

施設名	休業日	開園時間	見学にかかる時間	花が見られる期間
バラガーデン	月曜日	10 時〜16 時	50 分	5 月 1 日〜6 月 20 日
アジサイ広場	水曜日	10 時〜17 時	15 分	5 月 21 日〜7 月 10 日
サツキ公園	なし	9 時〜17 時	30 分	5 月 21 日〜6 月 10 日
スイレン庭園	月曜日	9 時〜17 時	20 分	5 月 11 日〜7 月 31 日

〔路線情報〕

○ 〔路線図〕は，A駅からH駅までを結ぶ路線を表しています。A駅を出発してH駅に向かう下り電車と，H駅を出発してA駅に向かう上り電車があり，いずれもすべての駅に停車します。下り電車は，H駅に到着した5分後に上り電車として，上り電車は，A駅に到着した5分後に下り電車として，それぞれ出発します。

○ 下り電車は，7時から16時までのすべての時間帯で，A駅を0分，12分，24分，36分，48分

に出発します。

例　8時台はA駅を8時，8時12分，8時24分，8時36分，8時48分に出発

〔路線図〕

A駅	5分	B駅	3分	C駅	4分	D駅	3分	E駅	4分	F駅	4分	G駅	2分	H駅

○　駅と駅の間に書いてある時間は，電車が駅を出発し，次の駅に到着するまでの時間です。電車は駅に到着した1分後に次の駅に向けて出発します。

例　A駅を8時に出発⇒B駅に8時5分に到着⇒B駅を8時6分に出発

〔表2〕施設に最も近い駅

施設名	施設に最も近い駅	施設と駅の間の移動方法とかかる時間
バラガーデン	B駅	徒歩で10分
アジサイ広場	D駅	徒歩で9分
サツキ公園	F駅	徒歩で7分
スイレン庭園	H駅	徒歩で11分

〔計画の立て方〕

○　9時に学校を出発し，学校には15時15分までにもどる。

○　〔路線情報〕の電車を使って移動し，駅と施設，駅と学校の間は徒歩で移動する。学校に最も近い駅はA駅で，学校とA駅の間は徒歩で10分かかる。

○　スイレン庭園には，11時30分から12時30分までの間に到着するように計画し，先に昼食時間を40分とってから，庭園を見学する。

○　〔表1〕の中から，昼食場所のスイレン庭園以外に，行きたい施設を1か所以上選ぶ。

(1)　次のア，イの各問いに答えましょう。

ア　たろうさんの班が校外学習に行く日を，次の①～⑥の中から1つ選び，その番号を答えましょう。

①　5月16日（火）　　②　5月26日（金）　　③　6月7日（水）

④　6月22日（木）　　⑤　7月3日（月）　　⑥　7月11日（火）

イ　〔会話文〕の あ ～ う のうち， う にあてはまる数を，次の①～⑥の中から1つ選び，その番号を答えましょう。

①　7　　②　8　　③　9　　④　10　　⑤　11　　⑥　12

(2)　あとのア，イの各問いに答えましょう。

ア　A駅を9時48分に出発した下り電車がH駅に到着する予定時刻を，次の①～④の中から1つ選び，その番号を答えましょう。

①　10時13分　　②　10時14分　　③　10時19分　　④　10時20分

イ すべての施設を見学し，最も早く学校へもどる計画を立てるとき，学校へもどる予定時刻を，
次の①～⑧の中から１つ選び，その番号を答えましょう。

①　14時24分　　②　14時29分　　③　14時36分　　④　14時41分

⑤　14時48分　　⑥　14時53分　　⑦　15時　　　　⑧　15時５分

【適性検査Ⅱ】 （45分）　＜満点：300点＞

【注意】　字数の指定がある問題は，指定された字数や条件を守り，ていねいな文字で書きましょう。
　　　　　次の〔例〕のように，横書きで，最初のマスから書き始めます。段落をかえたり，マスの間
　　　　　をあけたりしないで書きます。文字や数字は１マスに１字ずつ書き，文の終わりには句点
　　　　　〔。〕を書きます。句読点〔 。，〕やかっこなども１字に数え，１マスに１字ずつ書きます。

〔例〕

１	２	月	の	詩	の	テ	ー	マ	は
，	「	冬	の	朝	」	だ	っ	た	。

問1　たろうさんとかなこさんは，国語の授業で学習した漢字の成り立ちについて話しています。
　　　次の〔会話文〕を読んで，あとの(1)，(2)の各問いに答えましょう。

〔会話文〕

> たろう　「国語の授業で，漢字の成り立ちについて学びましたね。」
> かなこ　「〔資料１〕では，六書という漢字の成り立ちを６つに分類したもののうち，象形文字，
> 　　　　指事文字，会意文字，形声文字の４つを学習しました。」
> たろう　「日，月という漢字は象形文字，上，下という漢字は指事文字，林，森という漢字は
> 　　　　会意文字，持，時という漢字は形声文字に分類されます。」
> かなこ　「〔資料２〕では，日本でつくられた漢字について学びましたね。」
> たろう　「畑，働という漢字は国字でしたね。日本でつくられた漢字と中国でつくられた漢字
> 　　　　のちがいについては，〔資料３〕を読み，くわしく知ることができました。」
> かなこ　「これらの資料をもとに，日本でつくられた国字について考えましょう。」

〔資料１〕

> 漢字の成り立ちを示す「六書」（中略）
> ・象形文字……物の形をかたどることで，それを指し表す。（中略）
> ・指事文字……図や記号を用いたり文字を変形させたりして注）抽象性の高い概念を表現する。
> 　　　　　　　（中略）
> ・会意文字……象形文字や指事文字などを意味に着目して組み合わせ，別の新たな意味を表
> 　　　　　　　す。（中略）
> ・形声文字……象形文字や指事文字などを意味と発音に着目し組み合わせ，別の新たな意味を
> 　　　　　　　表す。

（『漢字の歴史』笹原宏之著より　※一部表記を改めたところがある。）

注）抽象性の高い概念：具体的な形に表しにくい事がら。

〔資料２〕

> 　漢字は中国で生まれた文字です。中国の暮らしの中で，中国にあるものごとを表すためにつ
> くられました。

　日本は，その漢字を受け入れましたが，中国と日本では，気候や[注]風土，暮らしや文化がちがいます。そのため，中国にないものごとや，中国とはとらえ方のちがうものごとが，日本にはたくさんありました。

　それらの日本特有のものごとは，中国生まれの漢字では書き表すことができません。そこで日本人は，それらを表す新しい漢字を，中国の漢字にならってつくりだしました。こうして日本で独自につくられた漢字を，「国字」といいます。

（『漢字が日本にやってきた！』阿辻哲次　髙木まさき　棚橋尚子監修

青山由紀　岸田薫　鈴木一史編集より　※一部表記を改めたところがある。）

[注]風土：その土地の地形などの自然の様子。

〔資料３〕

　国字は，漢字とどのようなちがいがあるのでしょう。

　漢字は中国語を表す文字だったので，中国語つまり音読みしかもっていませんでした。音読みを示すためには，成り立ちを分類した六書の中では，形声文字が有利でした。（中略）そのため，漢字の八割ほどが形声文字でつくられています。そうすると，偏が意味の範囲をおおまかに示し，旁の部分がその単語の発音を示す，ということになります。（中略）

　韓国や[注1]ベトナムでも，日本に[注2]相前後して漢字にならって漢字をつくったのですが，やはり形声文字が大半を占めています。[注3]漢字文化圏においては，漢字は旁が音を表すというのが[注4]大原則なのです。それに対して国字は，基本的に漢字で書けない固有の[注5]大和言葉を書き表そうとしてつくられたものでした。そこには音読みは原則として必要がなかったので，意味を表せば十分でした。そのためには，六書でいえば会意文字の方法がふさわしく，たくさんの[注6]造字に際して会意の方法が選ばれたのです。

（『「国字」字典』世界文化社発行より　※一部表記を改めたところがある。）

[注1]ベトナム：中国のとなりにある，アジアの国。

[注2]相前後して：続いて，もしくは少し前の時期に。

[注3]漢字文化圏：漢字を使う地域。

[注4]大原則：ここでは，最も多くの漢字に共通する原則。

[注5]大和言葉：漢語や外来語ではない，日本人が昔から使ってきた言葉。

[注6]造字：ここでは，国字をつくること。

(1)　〔資料１〕～〔資料３〕から読み取れる内容として，あてはまるものを次の①～⑤の中からすべて選び，その番号を書きましょう。

①　物の形をかたどることにより，その物を表した文字は，形声文字である。

②　図や記号を用いたり，文字を変形させたりして表現した文字は，指事文字である。

③　中国で生まれた漢字は，日本に受け入れられた。

④　中国と日本以外の国で，漢字がつくられることはなかった。

⑤　漢字を成り立ちで分類すると，形声文字が最も多い。

(2)　次のページの２つのことについて，〔資料１〕～〔資料３〕の内容をふまえ，全体で40字以上60字以内で書きましょう。

・　日本の国字の多くは，**どのようなこと**を表した漢字ですか。**ものごと**という言葉を使い，書きましょう。

・　日本の国字の多くは，組み合わせる文字の何に着目してつくられたか書きましょう。

問2　　かなこさんたちは，運動会にむけた準備について話しています。次の(1)，(2)の各問いに答えましょう。

(1)　次の〔**会話文１**〕を読んで，あとの**ア，イ**の各問いに答えましょう。

〔**会話文１**〕

> かなこ　「先生からもらった〔**図**〕にある，点Ａ，点Ｂ，点Ｃ，点Ｄを結んでできる四角形ＡＢＣＤは正方形，点Ｅ，点Ｆ，点Ｇ，点Ｈを結んでできる四角形ＥＦＧＨは長方形ですね。」
>
> たろう　「はい。正方形ＡＢＣＤ，長方形ＥＦＧＨの左側と右側には，円をちょうど半分にした形をそれぞれあわせてあります。それでは，〔**図**〕をもとに，実際のグラウンドにひく線の長さを考えましょう。」
>
> かなこ　「実際のグラウンドにひく線の長さは，点Ａから点Ｂまでの直線が　**あ**　ｍ，点Ｅを通る最も内側の線（━━）１周が約　**い**　ｍですね。」
>
> たろう　「そのとおりですね。」

〔**図**〕**運動会のグラウンドの線**

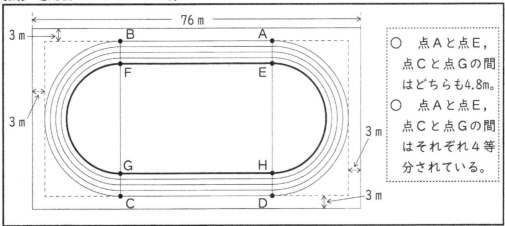

ア　〔**会話文１**〕の　**あ**　にあてはまる数を，次の①～⑥の中から１つ選び，その番号を答えましょう。

①　35　　②　35.5　　③　36　　④　36.5　　⑤　38　　⑥　38.5

イ　〔**会話文１**〕の　**い**　にあてはまる数を，次の①～⑥の中から１つ選び，その番号を答えましょう。ただし，円周率は3.14として計算し，線の幅は考えないものとします。また，計算して求めた数は，小数第１位で四捨五入して整数で表すものとします。

①　145　　②　150　　③　157　　④　165　　⑤　173　　⑥　180

(2) 次の〔会話文2〕を読んで，あとのア，イの各問いに答えましょう。

〔会話文2〕

> たろう 「つな引きは，4・5・6年生が参加し，赤組と白組をそれぞれ2チームに分けて行いますね。赤組は4年生46人，5年生36人，6年生50人，白組は4年生45人，5年生38人，6年生49人ですが，〔チームの分け方〕に従い，各組はどのようにチーム分けをしましたか。」
>
> かなこ 「赤組は〔表1〕，白組は〔表2〕のようにチーム分けをしました。」
>
> じろう 「赤組は，AチームとBチームの人数が同じになるようにチーム分けをしました。AチームとBチームの〔チームポイント〕の差は あ です。」
>
> ひかり 「白組は，5年生全員をCチームに入れる作戦を立ててから，チーム分けをしました。その結果，Cチームが，4年生 い 人，5年生38人，6年生 う 人で合計70人，Dチームが，4年生 え 人，5年生0人，6年生 お 人で合計62人となりました。」
>
> たろう 「なるほど。CチームとDチームの合計人数はちがいますが，CチームとDチームの〔チームポイント〕は同じになっていますね。」

〔チームの分け方〕

> ○ 赤組をAチームとBチーム，白組をCチームとDチームに分ける。ただし，チームの力ができるだけ同じになるように，〔チームポイント〕の差がAチームとBチームの間，CチームとDチームの間で，それぞれ2以下となるようにする。
>
> 〔チームポイント〕
>
> > チームの4年生の人数を2倍，5年生の人数を2.5倍，6年生の人数を3倍した数をそれぞれ求め，さらに，求めた3つの数をすべてたした数のこと。

〔表1〕赤組のチーム分け

学年	Aチーム	Bチーム
4年生	24人	22人
5年生	17人	19人
6年生	25人	25人
合計	66人	66人

〔表2〕白組のチーム分け

学年	Cチーム	Dチーム
4年生	い 人	え 人
5年生	38人	0人
6年生	う 人	お 人
合計	70人	62人

ア 〔会話文2〕の あ にあてはまる数を，次の①～⑤の中から1つ選び，その番号を答えましょう。

　① 0　　② 0.5　　③ 1　　④ 1.5　　⑤ 2

イ 〔会話文2〕の い ～ お のうち， い にあてはまる数を書きましょう。

問 3   たろうさんの班では，学校行事で作る迷路について話しています。次の〔会話文1〕，次のページの〔会話文2〕を読んで，あとの(1)，(2)の各問いに答えましょう。

〔会話文1〕

たろう 「迷路の中は暗いので，電球で照らすことにしましたね。そこで，わたしは，電球が照らす範囲を調べました。調べたことを〔図1〕～〔図3〕で説明し，電球が照らす範囲のちがいを〔図4〕で考えます。〔図1〕～〔図4〕では，電球の光はどの方向にもまっすぐ進み，遠くまで届くということ，それぞれの図形のまわりの辺を壁として考え，電球の光は壁を通りぬけず，壁で反射しないということを条件とします。また，〔図1〕～〔図3〕の▒は，電球の光が照らす範囲を示しています。」

かなこ 「条件はわかりました。〔図1〕の説明からお願いします。」

たろう 「〔図1〕は，正方形の頂点Aに置いた電球が照らす範囲を示しています。照らす範囲を調べるためには，電球を置いた頂点Aと頂点B，頂点C，頂点Dをそれぞれ結ぶ直線をひきます。そうすると〔図1〕の図形の中に，三角形ABCと三角形ACDの2つの三角形ができます。この頂点Aを含む三角形2つが，頂点Aに置いた電球が照らす範囲です。」

かなこ 「わかりました。次に，〔図2〕の説明をお願いします。」

たろう 「〔図2〕の図形は，〔図1〕の正方形を重ねずに3つ組み合わせた図形です。その図形の頂点Jに置いた電球が照らす範囲を説明します。〔図1〕のときと同じように，頂点Jと他の頂点をそれぞれ結ぶ直線をひきます。ただし，頂点Jと結ぶ直線が図形の外側を通る頂点Hと頂点Gには，ひきません。また，光はまっすぐ進み，遠くまで照らすので，頂点Jと頂点Iを結ぶ直線は，頂点Iを通過し，壁と接するまでひきます。」

かなこ 「そのように線をひいて三角形をつくり，調べたのですね。続いて，〔図3〕の説明をお願いします。」

たろう 「〔図3〕と〔図2〕の図形は同じで，〔図3〕は，図形の頂点Iに置いた電球が照らす範囲を示しています。また，〔図3〕と〔図2〕を比べると，電球を置く頂点によって照らす範囲がちがうことがわかります。それでは，〔図1〕の正方形を重ねずに4つ組み合わせた〔図4〕の図形で，電球を置く頂点によって照らす範囲がどのくらいちがうかを考えます。〔図4〕の図形は，辺KLと辺NOの長さが等しい図形なので，そのことに気を付けて，照らす範囲を面積として考えてください。」

かなこ 「なるほど。照らす範囲を面積としてとらえ，面積で比べるのですね。」

〔図1〕   〔図2〕 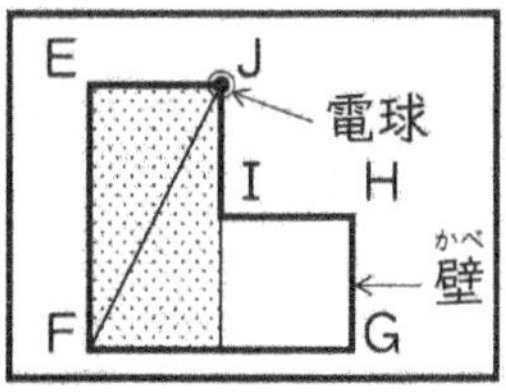   〔図3〕 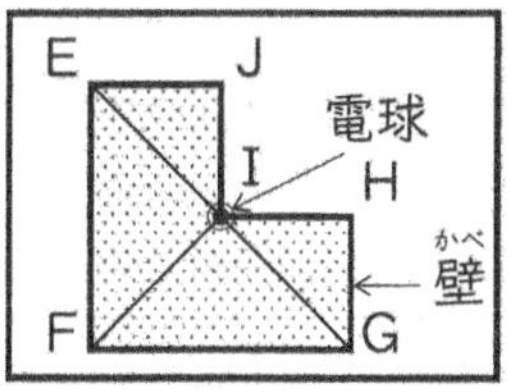   〔図4〕

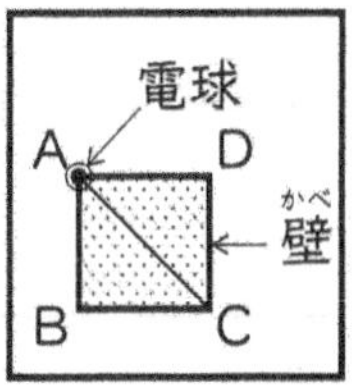

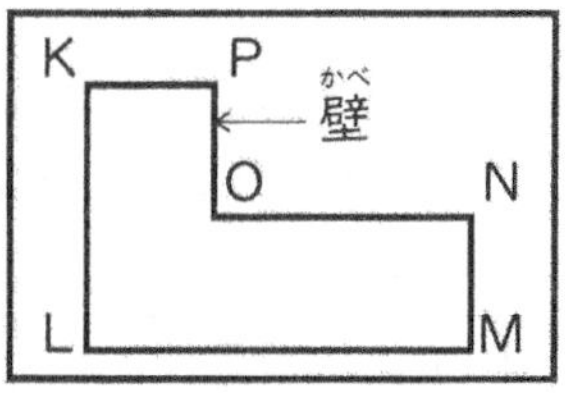

〔会話文2〕

> たろう 「〔図5〕は，方眼紙にかいた迷路の設計図です。〔図6〕は，〔図5〕に電球を置く場所をかき加えた図で，必ず電球を置く場所を●，迷路の中を照らすために電球を置くことができる場所を○で表しています。」
>
> かなこ 「〔図6〕を使い，迷路のどこに電球を置けば，入り口から出口までの迷路の中すべてを照らせるか，たろうさんが〔図1〕～〔図3〕の説明をしたときの条件と同じ条件で考えてみましょう。」
>
> たろう 「51か所ある○のうち， あ か所に電球を置くと，迷路の中すべてを照らすことができ，電球の数が最も少なくてすみますね。」

〔図5〕迷路の設計図　　　　〔図6〕

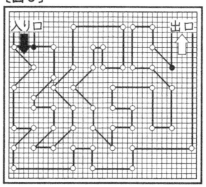

(1) 〔図4〕の図形について，次のア，イの各問いに答えましょう。

　ア 頂点K，頂点L，頂点M，頂点N，頂点O，頂点Pの6つの頂点の中から，1つの頂点を選んで電球を置くとき，図形全体を照らすことができる頂点はいくつあるか，次の①～⑥の中から1つ選び，その番号を答えましょう。

　　① 1つ　　② 2つ　　③ 3つ　　④ 4つ　　⑤ 5つ　　⑥ 6つ

　イ 頂点Oに置いた電球が照らす範囲の面積は，頂点Kに置いた電球が照らす範囲の面積の何倍になっているか，次の①～⑥の中から1つ選び，その番号を答えましょう。

　　① 1.5倍　　② 1.6倍　　③ 1.7倍　　④ 1.8倍　　⑤ 1.9倍　　⑥ 2倍

(2) 〔会話文2〕の あ にあてはまる数を，次の①～⑥の中から1つ選び，その番号を答えましょう。

　　① 4　　② 5　　③ 6　　④ 7　　⑤ 8　　⑥ 9

問4　かなこさんとたろうさんは，算数の授業でゲームをしています。次の〔会話文1〕，次のページの〔会話文2〕を読んで，あとの(1)，(2)の各問いに答えましょう。

〔会話文1〕

> かなこ 「今日の算数の授業では，計算をしながら〔ゲーム〕をしますね。」
>
> たろう 「こまをシートの上で，どのように動かすか，考えましょう。」

〔ゲーム〕

○ 〔使うもの〕は，シート１枚，こま１つ，１〜６の目が出るさいころ１つです。

○ こまは，シートのマス（□，■）の上を動かします。そのとき，さいころをふって出た目の数と，こまを動かすマスの個数が必ず同じになるようにします。

○ さいころは，３回ふります。さいころを１回ふるたびに，こまを〔こまの動かし方〕に従って動かします。こまを動かし終えたら，再びさいころをふります。

○ こまを S に置き，そこから１回めを始めます。動かし終えたこまは，マスの上に置いたままにし，２回め，３回めは，前の回で動かし終えたマスから始めます。

○ こまが通ったマスや，それぞれの回でこまを動かし終えたマスにかいてある数字や記号をもとに〔得点の計算〕をしながら，最後の得点を求めます。

〔使うもの〕

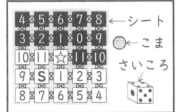

←シート
←こま
さいころ

〔こまの動かし方〕

○ 通路（▨▨▨▨）を通って動かします。

○ S には動かせません。S 以外のマスは，何度も通ったり，置いたりすることができます。

○ 〔動かすときの注意〕に従い動かします。〔動かすことができなくなるとき〕は，ゲーム終了です。

〔動かすときの注意〕

○ 〔もどる方向〕には動かせません。

　〔もどる方向〕の例

・ ⑪から❷へ動かしたときのもどる方向は⑪がある方向です。そのあと，❷から❶へ動かすと，もどる方向は❷がある方向となります。

・ ２回めを始めるときのもどる方向，３回めを始めるときのもどる方向は，それぞれこまが置いてあるマスの直前に通ったマスがある方向です。

○ さいころの１の目が出たときは，１マスだけ動かします。２〜６の目が出たときは，〔例〕のように，動かす途中で１度だけ進む方向を曲げます。

〔例〕１回めにさいころの３の目が出て，こまを S から⑪方向に動かしたいとき

できる動き
例　S⇒⑪⇒☆⇒❶，S⇒⑪⇒❷⇒❶，S⇒⑪⇒❷⇒3

できない動き
例　S⇒⑪⇒❷⇒5（１度も曲げていない），S⇒⑪⇒10⇒3（２度曲げている）

〔動かすことができなくなるとき〕

　　　　　さいころをふって出た目の数とこまを動かすマスの個数は必ず同じでなければいけませんが，例えば，こまが☆に置いてあるときに，さいころの5や6の目が出ると，どの方向に動かしても4マスまでしか動かすことができません。このようなときは，そこでゲーム終了とし，その前の回が終わったときの得点を最後の得点とします。

〔得点の計算〕

○　1回めを始めるときの得点は100点です。
○　③，❸，⑥，❻，⑨，❾では，得点からマスにかかれている数をひきます。
○　③，❸，⑥，❻，⑨，❾，☆以外では，得点にマスにかかれている数をたします。
○　☆でこまを動かし終わるときは12をたし，通るだけのときは12をひきます。
　　例　さいころの2の目が出て⑤から⑪⇒☆と動かすとき100＋11＋12
　　例　さいころの3の目が出て⑤から⑪⇒☆⇒❶❶と動かすとき100＋11－12＋11
○　2回め，3回めは，その前の回までの得点を始めるときの得点とし計算します。
　　例　1回めの得点が114点で2回めに❶❶から⑩⇒③と動かすとき114＋10－3

〔会話文2〕

かなこ　「1回めにさいころの2の目が出て⑤から⑪，☆の順でこまを動かし，2回めのさいころをふると，3の目が出ました。今から3マス動かします。」
たろう　「2回め終了後の得点が最も高くなる動かし方は何通りかあります。この中の，どの動かし方が，最後の得点も最も高くなるか考えましょう。」
かなこ　「まず，2回め終了後の得点が最も高くなる動かし方の中で，　あ　のマスへ動かす動かし方を選びます。そして，3回めでさいころの　い　の目が出れば，最後の得点は　う　点となり，最も高い得点になります。」

(1)　次のア，イの各問いに答えましょう。

ア　〔こまの動かし方〕に従って，こまを⑤から4マス動かす動かし方は何通りあるか，次の①〜⑤の中から1つ選び，その番号を答えましょう。

①　8通り　　②　9通り　　③　10通り　　④　12通り　　⑤　16通り

イ　この〔ゲーム〕には，2回めを始めることができるマスが20マスあります。そのうち，2回めにさいころの6の目が出たとき，そこから6マスこまを動かすことができるマスは何マスあるか，次の①〜⑤の中から1つ選び，その番号を答えましょう。

①　13マス　　②　14マス　　③　15マス　　④　16マス　　⑤　17マス

(2)　〔会話文2〕の　あ　〜　う　のうち，　う　にあてはまる数を書きましょう。

2023 年 度

解 答 と 解 説

<適性検査Ⅰ解答例>

| 問1 | (1) | ①，②，④ |

(2) わたしは，ごみ問題を解決したいと考えます。問題の解決方法を考えるための思考力を，ごみ問題に関する自分の意見が，友だちに伝わるか考えながら話すことで身に付けます。

問2	(1)	ア ⑥ イ ④
	(2)	ア ② イ ③
問3	(1)	⑦
	(2)	ア ⑥ イ ④
問4	(1)	ア ② イ ①
	(2)	ア ③ イ ④

○配点○

問1	(1) 30点 (2) 40点
問2	(1) ア・イ 各20点×2 (2) ア・イ 各20点×2
問3	(1) 20点 (2) ア 20点 イ 30点
問4	(1) ア 10点 イ 20点 (2) ア 20点 イ 30点　　　　計300点

<適性問題Ⅰ解説>

問1 （社会：資料の読み取り，水力発電，身近な社会問題）

(1) ① 〔会話文Ⅰ〕のかなこさんの発言の中に，「発電のために〔写真1〕の城山湖が〔写真2〕の津久井湖より高い場所につくられたことがわかりました。」とあることから，城山湖のほうが津久井湖よりも高いところにあるとわかる。よって，適切である。

② 1時間は秒数に変かんすると3600秒なので，1秒あたり192m³の水を1時間流し続けたとき，1時間で流れる水は全部で192×3600＝691200（m³）である。これを1秒あたり180m³ずつくみあげるので，くみあげるのにかかる時間は691200÷180＝3840（秒）となる。これを分単位に変かんすると，3840÷60＝64（分），つまり1時間4分となる。よって，適切である。

③ 水力発電の方法については，〔会話文Ⅰ〕のかなこさんの発言の中に「流れる水の力で水車を回します。水車と発電機はつながっているので，発電機も回り発電ができます。」とある。このように，水力発電は流れる水の力を利用して発電しているので，③は誤り。

④ 〔会話文Ⅰ〕でかなこさんが最後に話している内容と合うため，適切である。

⑤ 〔表〕と〔グラフ〕から，1980年度の水力発電による発電電力量は，4850×0.174＝843.9（億kWh），2010年度は，10064×0.085＝855.44（億kWh）であるとわかる。よって，2010年度の方が水力発電による発電量が多いため，誤り。

⑥　〔**表**〕と〔**グラフ**〕を見ると，2000年度と2015年度の年間の発電電力量や水力発電の割合に関する記述は適切である。しかし，異なる発電電力量に対して水力発電の割合が同じということは，全体の発電量が少ない年度，つまり2015年度のほうが水力発電の発電量も少なくなっているはずである。よって，後半部分の記述が適切でないため，⑥は誤り。

(2)　問題文にあるとおり，①社会がかかえているどのような問題を解決したいと考えるか，②思考力をどのような方法で身に付けるか，の2点を含めた解答を作成する。

　　　1点めの社会がかかえている問題については，自分が関心を持っている社会問題を1つ取り上げればよい。解答例にはごみ問題が挙げられているが，地球温暖化や大気汚染などの環境問題，少子高齢化の問題など，社会がかかえている問題としてふさわしいものが挙げられればよい。

　　　2点めの思考力の身に付け方については，〔**資料**〕の内容をふまえて自分ができる方法を1つ挙げるとよい。解答例では相手に伝わっているか考えながら話すことを挙げている。そのほかにも，さまざまな出来事に対して興味・関心をもち，納得がいくまで調べることや，考えたことを紙など書き起こしてアウトプットする習慣をつけることも思考力の身に付け方として〔**資料**〕中に書かれているため，これらについて書いてもよい。

問2　（算数：組み合わせ，規則性）

(1)　ア　〔**会話文1**〕でたろうさんが説明している内容に従うと，〔**枠**〕は1辺が12cmの正方形で，〔**板**〕は1辺が4cmの正方形の形をしているため，枠の中には一方向に12÷4＝3(枚)ずつ，つまり3×3＝9(枚)の板をしきつめることができる。しかし，〔**しきつめ方**〕を見ると「■と▨の，どちらも，必ず1枚以上使うこと」と指定があるため，▨も少なくとも1枚は使用しなければならない。また，☆の線と★の線に線対称になるようなしきつめ方にしなくてはならない。よって，▨を真ん中に1枚置き，その周りを■8枚でしきつめる方法が，すべての条件にあてはまり，かつ■を最も多く使用できる並べ方である。よって答えは8枚である。

　　イ　〔**しきつめ方**〕の条件を確認し，どちらの板も使ったうえで，★の線でも☆の線でも線対称になるしきつめ方を考える。すると，下に示した10通りのしきつめ方が考えられる。回転して同じ模様になるしきつめ方は1種類とすることをふまえると，全部でこの10通りのしきつめ方しかないことがわかる。

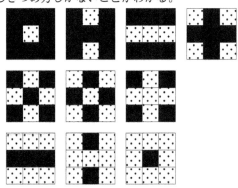

(2)　ア　左側のさいころから考える。〔**展開図**〕と，手前の面が4，左の面が1の目という置き方であることから，Aの面は必ず2の目になる。次に右のさいころについて考える。手前の面が5の目であるということと，〔**並べ方**〕にある，正方形の面は目の数が奇数となるよう

にするという条件から，右側のさいころの正方形の面は1もしくは3の目になるので，Bの面の目についてそれぞれの場合について考えると，

  ・正方形の面が1の目の場合：Bの面は3の目
  ・正方形の面が3の目の場合：Bの面は6の目

の2通りとなる。また，〔並べ方〕から，長方形の面は2つのさいころの目の数の和が奇数となるようにさいころを置かなければならない。Aの面は2であるから，Bの面が3でないと条件を満たさない。Aの面とBの面の目の数の和を答えればよいので，2＋3＝5が答えとなる。

イ 〔並べ方〕の，長方形の面の2つの目の数の和は必ず奇数になるという条件をふまえると，手前の面の左側の目が4であることから，手前の面の右側に入る数として考えられるのは「1・3・5」のいずれかの目であるとわかる。それぞれの場合について順番に考える。また，いずれの場合においても，左のさいころの手前の面が4であることと，正方形の面の目の数は奇数となることをふまえると，左側のさいころの正方形の面は1もしくは5の目になる。3の目の面は4の目の面の真裏にある面なので，正方形の面にはならないことに注意する。

  ① 手前の面の右側の目が1の場合
   （あ）Aの面の目が2，B面の目が5になる
   （い）Aの面の目が1，Bの面の目が4になる
  ② 手前の面の右側の目が3の場合
   （あ）Aの面の目が2，Bの面の目が1になる
   （い）Aの面の目が1，Bの面の目が2になる
  ③ 手前の面の右側の目が5の場合
   （あ）Aの面の目が2，Bの面の目が3になる（〔図2〕と同じ並べ方）
   （い）Aの面の目が1，Bの面の目が6になる

の6通りの並べ方が考えられる。〔並べ方〕の条件をよく確認し，条件を満たせていない並び方はないかどうかを適切に判断しながらパターンを考える必要がある。

問3 （算数・社会：割合の計算，資料の読み取り，地球温暖化）

(1) それぞれの内容を読み取っていく。

A 〔表1〕を見ると，2013年度から2019年度にかけて，日本の温室効果ガス総排出量は年々減少している。よって，正しい。

B 〔表2〕より，日本，アメリカ，中国の2019年度の排出割合を合計すると3.2＋14.1＋29.5＝46.8（％）であり，これは「世界全体の5割以上」ではない。よって，誤り。

C 〔表2〕をみると，2019年度の1人あたりの排出量は，日本が8.4トン，アメリカが14.5トンである。アメリカの排出量は日本の「2倍以上」ではないため，誤り。

D 〔表2〕をみると，2019年度の1人あたりの排出量は日本が8.4トン，中国が7.1トンであり，たしかに日本の方が多い。しかし，世界における国別の排出割合を比べてみると，日本が3.2％，中国が29.5％とある。よって，国全体での排出量は日本の方が中国よりも少ないとわかる。よって，正しい。

E 〔会話文〕より，2020年度の日本の家庭1世帯あたりの二酸化炭素排出量は，約3.9トンである。続いて〔表3〕より，「照明・家電製品，暖房，冷房」の排出割合を合計すると，32.4＋15.9＋2.6＝50.9（％）であるとわかる。この排出割合を排出量にかけて考えると，

「照明・家電製品，暖房，冷房」における二酸化炭素排出量は$3.9 \times 0.509 = 1.9851$（トン），これは1.5トン以上であるため，Eの内容は正しい。

A～Eの内容をふまえると，正しいものの組み合わせとしてふさわしいのは⑦の「A，D，E」である。

(2) ア　まず〔会話文〕より，2019年度の世界の二酸化炭素排出量は約335億トンである。〔表2〕より，日本の国別排出割合は3.2％であるため，日本の二酸化炭素の排出量は$335 \times 0.032 = 10.72$（億トン）である。さらに〔表1〕より，2019年度の日本の温室効果ガス総排出量は12.12億トンである。これらの数値から，日本が排出している温室効果ガスのうち二酸化炭素の割合は，$10.72 \div 12.12 = 0.884\cdots$（％），つまり約88％である。よって，⑥の88％が最もふさわしい答えである。

イ　〔表1〕と〔会話文〕をふまえると，日本が目標とする温室効果ガスの排出量は2013年度から46％減らした，2013年の排出量の$100 - 46 = 54$（％）の排出量であるとわかる。その値を計算すると，$14.09 \times 0.54 = 7.6086$（トン），つまり約7.6億トンである。2019年度の排出量は12.12億トンであるため，これらを引くと，$12.12 - 7.6 = 4.52$（億トン）となり，百万の位で四捨五入して約4億5000万トンを減らす必要があると求められる。

問4　（算数：時間の計算）

(1) ア　〔会話文〕より，たろうさんの班が校外学習に行く日は，〔表1〕にあるすべての施設で花が見られる期間かつ，どの施設も見学できる日だとわかる。4つの施設すべてで花が見られる期間は5月21日から6月10日までの期間のみであるため，この期間に含まれる日を選たくしから探すと②③があてはまる。また，施設によっては曜日で休業日を設けていることがわかる。③6月7日（水）では，水曜日が休業日の「アジサイ広場」を見学することができないため，②5月26日（金）が答えとなる。日付・曜日の両方をふまえて適切な答えを選ばなければならない点に注意が必要である。

イ　見学できる施設は全部で4か所あり，スイレン庭園は昼食場所なので全員が行くことが決まっている。その他の3か所から1か所のみを選ぶ方法は3通りである。また，3か所のうち2か所を選ぶ方法は，「バラガーデン・アジサイ広場」「バラガーデン・サツキ公園」「アジサイ広場・サツキ公園」の3通りである。3か所すべてを回る方法は1通りであるため，これらをたすと，$3+3+1 = 7$（通り）の選び方があるとわかる。

(2) ア　〔路線情報〕より，各駅の間の所要時間がわかる。また，〔路線図〕には「電車は駅に到着した1分後に次の駅に向けて出発します」とあることから，駅での停車時間も考える必要がある。A駅を出発してからH駅に着くまでに6つの駅を通ることから，$6 \times 1 = 6$（分）が停車時間となる。よって，A駅を出発してからH駅に到着するまでの所要時間は$5+3+4+3+4+4+2+6 = 31$（分）である。9時48分にA駅を出発した場合，31分後の10時19分にH駅に着くとわかる。

やや難

イ　出発駅であるA駅と，4つの施設に最も近い4つの駅について，下り電車と上り電車の到着時刻と出発時刻をそれぞれ表にまとめると次のようになる。

【A駅を0分に出発する下り電車の，各駅での到着時刻と出発時刻】

	A駅	B駅	D駅	F駅	H駅
到着(分)		5	14	23	31
出発(分)	0	6	15	24	

【H駅を0分に出発する上り電車の，各駅での到着時刻と出発時刻】

	H駅	F駅	D駅	B駅	A駅
到着(分)		7	16	25	31
出発(分)	0	8	17	26	

　この表の各駅の出発時刻に12分，24分，36分，48分をたした時刻が，下り電車の場合はA駅，上り電車の場合はH駅を12分，24分，36分，48分に出発する電車の，各駅での出発時刻である。

　学校からA駅まで徒歩で10分かかるので，9時に学校を出発したとき，9時12分の下り電車に乗ることができる。

《1番めに見学する場所》

　最初にバラガーデンを見学する場合を考える。A駅からバラガーデンまでは，A駅からB駅までの乗車時間が5分，B駅からバラガーデンまで徒歩で10分，合計5＋10＝15（分）かかるので，バラガーデンには9時27分に着くが，バラガーデンの開園時間は10時なので，開園していない。また，最初にアジサイ広場を見学する場合も同じように計算すると，アジサイ広場には9時35分に着くが，アジサイ広場の開園時間は10時なので，開園していない。

　また，最初にスイレン庭園を見学する場合も同じように計算すると，スイレン庭園には9時54分に着くが，〔計画の立て方〕の三つめの条件を満たさない。

　よって，バラガーデン，アジサイ広場，スイレン庭園のどれかを最初に見学するのは，すべての施設を見学し最も早く学校へもどる計画としてふさわしくなく，最初に見学すべきなのはサツキ公園であるとわかる。

　A駅を9時12分に出発し，サツキ公園を見学して再びF駅までもどるのに，A駅からF駅まで23分，F駅からサツキ公園まで7分，見学にかかる時間が30分，サツキ公園からF駅まで7分の，合計23＋7＋30＋7＝67（分）かかるので，F駅には10時19分に着く。

《2番めに見学する場所》

　2番めにスイレン庭園を見学する場合を考えると，F駅を10時24分に出発する下り電車に乗ることができ，F駅からスイレン庭園まで7＋11＝18（分）かかるので，スイレン庭園には10時42分に着くが，これは〔計画の立て方〕の三つめの条件を満たさない。

　2番めにバラガーデンを見学する場合を考えると，F駅を10時20分に出発する上り電車に乗ることができ，F駅を出発してからバラガーデンを見学して再びB駅まで戻るのに，17＋10＋50＋10＝87（分）かかるので，B駅には11時47分に着く。

　2番めにアジサイ広場を見学する場合を考えると，F駅を10時20分に出発する上り電車に乗ることができ，F駅を出発してからアジサイ広場を見学して再びD駅まで戻るのに，8＋9＋15＋9＝41（分）かかるので，D駅には11時01分に着く。

《3，4番めに見学する場所（2番めがバラガーデンの場合）》

　サツキ公園，バラガーデンの順で見学し，3番めにアジサイ広場を見学する場合を考える。B駅には11時47分に着くので，11時54分に出発する下り電車に乗ることができ，B駅を出発してからアジサイ広場を見学して再びD駅までもどるのに，8＋9＋15＋9＝41（分）かかるので，D駅には12時35分に着く。このあとスイレン庭園を見学するとなると，12時30分を過ぎており，〔計画の立て方〕の三つめの条件を満たさないので，この順番は適さない。

　サツキ公園，バラガーデンの順で見学し，3番めにスイレン庭園を見学する場合を考える。B駅には11時47分に着くので，11時54分に出発する下り電車に乗ることができ，B駅を出発してからスイレン庭園に着くまでに，25＋11＝36（分）かかるので，スイレン庭園には12時30分に着く。これは，〔計画の立て方〕の三つめの条件を満たす。ここで昼食時間を40分とり，スイレン庭園を見学して再びH駅までもどるのに，40＋20＋11＝71（分）かかるので，H駅には13時41分に着く。最後に残ったアジサイ広場を見学するので，13時48分の上り電車に乗ることができ，H駅を出発してからアジサイ広場を見学して再びD駅までもどるのに，16＋9＋15＋9＝49（分）かかるので，D駅には14時37分に着く。このあと14時41分の上り電車に乗りA駅までもどり，学校に着くまでに14＋10＝24（分）かかるので，学校には15時05分に着く。これは，15時15分よりも早いので，〔計画の立て方〕の一つめの条件を満たす。

《3，4番めに見学する場所（2番めがアジサイ広場の場合）》

　サツキ公園，アジサイ広場の順で見学し，3番めにバラガーデンを見学する場合を考える。D駅には11時01分に着くので，11時05分に出発する上り電車に乗ることができ，D駅を出発してからバラガーデンを見学して再びB駅までもどるのに，8＋10＋50＋10＝78（分）かかるのでB駅には12時23分に着く。このあとスイレン庭園を見学するとなると，12時30分の下り電車に乗ることになり，スイレン庭園に着くのは12時30分以降で，〔計画の立て方〕の三つめの条件を満たさないので，この順番は適さない。

　サツキ公園，アジサイ広場の順で見学し，3番めにスイレン庭園を見学する場合を考える。D駅には11時01分に着くので，11時03分に出発する下り電車に乗ることができ，D駅を出発してからスイレン庭園に着くまでに，16＋11＝27（分）かかるため，スイレン庭園には11時30分に着く。これは，〔計画の立て方〕の三つめの条件を満たす。ここで昼食時間を40分とり，スイレン庭園を見学して再びH駅までもどるのに，40＋20＋11＝71（分）かかるので，H駅には12時41分に着く。最後に残ったバラガーデンを見学するので，12時48分の上り電車に乗ることができ，H駅を出発してからバラガーデンを見学して再びB駅までもどるのに，25＋10＋50＋10＝95（分）かかるので，B駅には14時23分に着く。このあと14時26分の上り電車に乗りA駅までもどり，学校に着くまでに5＋10＝15（分）かかるので，学校には14時41分に着く。これは，15時15分よりも早いので，〔計画の立て方〕の一つめの条件を満たす。

　よって，すべての施設を見学し，〔計画の立て方〕の条件を満たす計画は，（サツキ公園→バラガーデン→スイレン庭園→アジサイ広場）の順番と，（サツキ公園→アジサイ広場→スイレン庭園→バラガーデン）の順番の2通りである。この2通りのうち，より早く学校へもどることができるのは（サツキ公園→アジサイ広場→スイレン庭園→バラガーデン）の順番

で，学校へもどる予定時刻は14時41分である。

★ワンポイントアドバイス★

わかっている情報を短い言葉でまとめておいたり，図表の形に整理したりして，論理的（ろんり）に考えることが大切である。それぞれの問題に対して会話文と図表が複数あるので，問題文中の小さな情報も見落とさないように注意しながら解き進めるとよい。

＜適性検査Ⅱ解答例＞

問1 (1) ②，③，⑤
(2) 日本の国字の多くは，日本特有のものごとを表した漢字です。つくるときには，組み合わせる文字の意味に着目してつくられました。

問2 (1) ア ①　　イ ②
(2) ア ③　　イ 25

問3 (1) ア ②　　イ ②
(2) ④

問4 (1) ア ③　　イ ③
(2) 161

○配点○
問1 (1) 30点　(2) 40点
問2 (1) ア・イ 各20点×2　(2) ア・イ 各20点×2
問3 (1) ア・イ 各20点×2　(2) 30点
問4 (1) ア 20点　イ 30点　(2) 30点　　　計300点

＜適性検査Ⅱ解説＞

問1 （国語：資料の読み取り，漢字の成り立ち）

(1) ① 〔資料１〕より，「物の形をかたどることで，それを指し表す」のは象形文字であり，形声文字ではないため，適切でない。

② 〔資料１〕にある指事文字の説明と内容が合うので，適切である。

③ 〔資料２〕の最初の部分に「漢字は中国で生まれた文字です」「日本は，その漢字を受け入れました」などとあるため，適切である。

④ 〔資料３〕に，韓国（かんこく）やベトナムでも漢字がつくられたことがあるということが書かれているため，適切でない。

⑤ 〔資料３〕に「漢字の八割（わり）ほどが形声文字でつくられています」とあるため，適切である。

よって，あてはまる選たくしは②・③・⑤の３つである。

(2) ①日本の国字はどのようなことを表した漢字か，②日本の国字の多くは組み合わせる文字の何に着目してつくられたか，の２点をおさえることに注意しながら解答を考える。１点目については，〔資料２〕〔資料３〕を読むと，日本の国字は，大和言葉（やまと）など日本特有の言葉やものごと

を表すためにつくられた文字であることがわかる。「ものごと」という言葉を使うことに注意して，内容を簡潔にまとめる。2点目については，〔資料3〕の中で「音読みは原則として必要がなかったので，意味を表せば十分でした」とあることから，意味に着目してつくられたとわかる。これらの内容を40字以上60字以内でまとめればよい。

問2 （算数：単位量あたりの大きさ，規則性，図形，長さの計算）

(1) ア： 〔図〕を見て，直線ABの長さを考える。グラウンドの横方向の長さは76mであり，両端には3mずつのゆとりがあるため，点線で囲われた長方形の横方向の1辺の長さは76－3×2＝70(m)である。これは直線ABの両端に，直線BCあるいはADを直径とする円の半径2つ分の長さを足したもの，つまり直線ABと円の直径を合わせた長さである。ここで，〔会話文Ⅰ〕の中で四角形ABCDは正方形であると書かれているため，ABの長さは円の直径であるBCやADの長さと等しいことがわかる。したがって，ABを2倍した長さが70mであるとわかるため，ABの長さは70÷2＝35(m)と求められる。

   イ： 点Eを通る最も内側の線1周は，同じ長さの直線EF，直線GHと半円状の弧FG，弧EHの4つの部分からなる。

   直線EFは直線ABと，直線GHは直線CDと同じ長さであるため，どちらも正方形ABCDの一辺と同じ長さである。つまり，アで求めた ┃ あ ┃ の長さと同じ35mである。

   弧FG・弧EHはどちらもFGあるいはEHの長さを直径としてかかれた半円の弧である。FGの長さは，BCの長さからBFとCGの長さを引いたものであり，BF，CGの長さはどちらも4.8mであるため，35－4.8×2＝25.4(m)である。これを直径とした半円の弧2つ分，つまり円の周の長さを求めればよいので，25.4×3.14＝79.756(m)となる。

   弧の部分と直線部分の長さをたすと，35×2＋79.756＝149.756(m)となり，小数第一位を四捨五入すると150mになる。

(2) ア： 〔チームの分け方〕と〔表1〕をもとに，赤組の各チームの〔チームポイント〕を求める。
   Aチーム：24×2＋17×2.5＋25×3＝165.5
   Bチーム：22×2＋19×2.5＋25×3＝166.5
   これらのポイントの差は，166.5－165.5＝1である。

やや難

   イ： 〔会話文2〕の2回目のたろうさんの発言から，CチームとDチームの〔チームポイント〕が同じであるとわかるので，これを利用する。白組全体の〔チームポイント〕は，4年生が45×2＝90，5年生が38×2.5＝95，6年生が49×3＝147であるから，これらをたして90＋95＋147＝332である。この半分の数である166が，Cチーム，Dチームそれぞれの〔チームポイント〕となる。

   Cチームには5年生が38人いるため，4年生と6年生の〔チームポイント〕が，166－95＝71になるようにする。また，Cチームの4年生と6年生は，あわせて70－38＝32(人)である。32×2＝64より，38人全員が4年生でも〔チームポイント〕が足りないため，38人の4年生を6年生に一人ずつ置きかえて考えていく。このとき，4年生の〔チームポイント〕は，4年生の人数を2倍するため，必ず偶数になる。71は奇数なので，6年生の〔チームポイント〕が奇数になる必要がある。よって，6年生は奇数人ずつ置きかえていく。

   4年生31人　6年生1人　〔チームポイント〕31×2＋1×3＝65
   4年生29人　6年生3人　〔チームポイント〕29×2＋3×3＝67
   4年生27人　6年生5人　〔チームポイント〕27×2＋5×3＝69

　　　　４年生25人　　６年生７人　〔**チームポイント**〕25×2＋7×3＝71

　　　　よって，４年生25人，６年生７人とわかるので，　い　にあてはまるのは25である。

重要 問3 （算数：図形，面積，計算）

(1) **ア：** 〔**会話文１**〕で説明されている方法に従って，電球を置く頂点から他の頂点へ線をひき，照らすことができる範囲を考えていく。

　　　　　 K： L・O・Pへは直線をひいて照らすことができるが，光は壁を通りぬけないので，NやMのほうまでは照らすことができない。

　　　　　 L： Lからは，他のどの頂点へも直線をひくことができ，図形全体を照らすことができる。

　　　　　 M： L・N・Oへは直線をひいて照らすことができるが，光は壁を通りぬけないので，KやPのほうまでは照らすことができない。

　　　　　 N： L・M・Oへは直線をひいて照らすことができるが，光は壁を通りぬけないので，KやPのほうまでは照らすことができない。

　　　　　 O： Oからは，他のどの頂点へも直線をひくことができ，図形全体を照らすことができる。

　　　　　 P： K・L・Oへは直線をひいて照らすことができるが，光は壁を通りぬけないので，MやNのほうまでは照らすことができない。

　　　　　 よって，図形全体を照らすことができるのはLとOに電球を置いたときである。

　　　 イ： アからもわかるとおり，頂点Oに電球を置いたときは図形全体を照らすことができる。頂点Kに置いたときは，KからL・O・Pに向かって直線をひくことができる。Oに向かってひいた直線はそのまま壁と接するまで延長するため，辺LMを2:1に分ける点（Qとする）まで直線をひく。つまり，Kから照らすことができる範囲は，三角形KOPと，三角形KLQの面積を合計した範囲だとわかる。また，〔**図４**〕は〔**図１**〕の正方形が４つ組み合わさった形の図形である。そこで，〔**図１**〕の正方形の面積を１とすると，〔**図４**〕全体の面積は1×4＝4であるといえる。つまり，Oから照らせる範囲の面積は４である。一方，Kから照らせる範囲の面積について考える。三角形KOPは〔**図１**〕の正方形を対角線で半分にした形であるため，面積は0.5である。三角形KLQは，正方形１つ分に，面積0.5の三角形を２つ組み合わせた形であるため，面積は1＋0.5×2＝2である。つまり，Kから照らせる範囲の面積の合計は0.5＋2＝2.5である。これをOから照らせる範囲と比べると，4÷2.5＝1.6（倍）と求められる。

(2) 〔**会話文２**〕のかなこさんの発言のとおり，〔**図１**〕～〔**図３**〕のときと同じ条件で考える。電球を置く場所から，周辺の頂点である○（電球を置くことができる場所）に線をひき，照らされている空間を確かめていく。まず，必ず電球を置く●が，どこを照らしているのかを表すと次の図（左）のようになる。そこから，できるだけ１つの○が広い範囲を照らせるように電球を配置していくことを考えると，例えば次の図（右）のような７か所に電球を置けばよい。

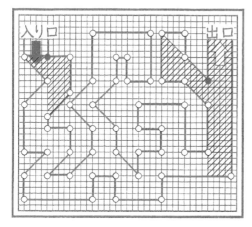 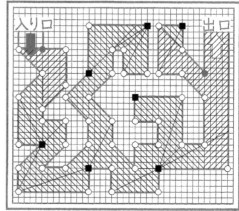

問4 （算数：組み合わせ，パズル）

(1) ア： 〔こまの動かし方〕，〔動かすときの注意〕をふまえると，通路を通って，もどる方向には進まずに，かつ一度だけ進む方向を曲げて進めばよいとわかる。この条件を満たすこまの進め方は，

S→9→10→3→4　　S→11→2→5→4　　S→11→2→5→6

S→11→2→1→0　　S→11→☆→11→10　　S→1→2→3→4

S→1→2→3→10　　S→1→2→11→0　　S→1→☆→1→6

S→7→6→5→4

の10通りである。

イ： まず，2回めを始めることができないマスについて考える。〔動かすときの注意〕に従って動かすとき，2～6の目が出たときには1度だけ進む方向を曲げなければならないので，1回めが終了したときに 2 ， 3 ， 2 ， 5 のマスには止まることはできない。また，〔こまの動かし方〕より， S のマスにも止まることはできない。したがって，これらの5マスを除いた20マスが，2回めを始めることができるマスである。

次に，6マスこまを動かすことができるマスについて考える。シートの一番外側のマスにこまがあるときは，どこのマスでもそこから6マス動かすことができる。また， S ， 2 ， 2 ， 0 のマスにこまがあるときも，そこから6マス動かすことができる。しかし，それ以外のマスにこまがあるときは，必ず2度以上進む方向を曲げなければならないため，適さない。

以上をまとめると，2回めを始めることができるマスのうち，そこから6マスこまを動かすことができるマスは， 4 ， 5 ， 6 ， 7 ， 8 ， 9 ， 10 ， 3 ， 4 ， 6 ， 7 ， 8 ， 9 ， 10 ， 0 の15マスである。

(2) 〔得点の計算〕より，1回めの得点は，100＋11＋12＝123（点）である。 ☆ から3マス動かすとき，2回め終了後の得点が最も高くなる動かし方は，

☆→11→2→5　：123＋11＋2＋5＝141（点）　…①

☆→11→0→7 ：123＋11＋0＋7＝141（点）…②

☆→11→10→3 ：123＋11＋10－3＝141（点）…③

の3通りである。それぞれの場合について，3回めで最も高い得点になる場合を考える。

① 5→6→7→8→9→10 または 5→4→3→10→9→8 のように

5マス動かしたとき，141－6＋7＋8－9＋10＝151（点）となる。

② 7→6→5→2→11 のように4マス動かしたとき，141－6＋5＋2＋11＝

153（点）となる。

③ 3→2→11→0→7 のように4マス動かしたとき，141＋2＋11＋0＋7＝

161（点）となる。

以上から， あ には3， い には4， う には161があてはまる。

★ワンポイントアドバイス★

記述問題では，聞かれていることの要点を確認しながら必要な内容を簡潔にまとめる力が必要である。

算数ではパズルや規則性の問題が多く，問題設定も複雑であるため，会話文や条件をよく読み，法則を見つけ出すことが重要である。

見たことがないような問題も，落ち着いて手順と条件を整理しながら解き進めよう。

大切なことはメモしておこうネ！

2022年度
★★★★★★★★★★★★★★★★★★★★★★

入 試 問 題

2022
年
度

2022年度

県立平塚・相模原中等教育学校入試問題

【適性検査Ⅰ】　（45分）　　＜満点：300点＞

【注意】　字数の指定がある問題は，指定された字数や条件を守り，ていねいな文字で書きましょう。次の〔例〕のように，横書きで，最初のマスから書き始めます。段落をかえたり，マスの間をあけたりしないで書きます。文字や数字は１マスに１字ずつ書き，文の終わりには句点〔。〕を書きます。句読点〔。, 〕やかっこなども１字に数え，１マスに１字ずつ書きます。

〔例〕

１	２	月	の	詩	の	テ	ー	マ	は
,	「	冬	の	朝	」	だ	っ	た	。

問1　たろうさんとかなこさんは，総合的な学習の時間の授業で，神奈川県の橋と道路について調べました。次の〔**会話文**〕を読んで，あとの(1), (2)の各問いに答えましょう。

〔**会話文**〕

> たろう　「わたしは神奈川県にある〔**写真１**〕の横浜（よこはま）ベイブリッジと，〔**写真２**〕の風のつり橋について調べました。」
>
> かなこ　「どちらの橋も形が美しいですね。」
>
> たろう　「そうですね。横浜ベイブリッジは長さ860mの橋です。風のつり橋は長さ267mの橋で，景色がよく，マラソンのコースにもなっています。」
>
> かなこ　「わたしが用意した〔**写真３**〕の鶴見（つるみ）つばさ橋も見てください。」
>
> たろう　「横浜ベイブリッジは，斜張橋（しゃちょうきょう）といわれています。鶴見つばさ橋も注）塔（とう）からすべてのケーブルがななめに張られていますね。風のつり橋は，つり橋といわれています。それらのちがいを次のページの〔**特ちょう**〕にまとめました。」
>
> かなこ　「次は，わたしが発表します。神奈川県周辺の道路を調べ，その一部として，横浜駅から羽田（はねだ）空港までを，次のページの〔**図**〕のようにかきました。」
>
> たろう　「〔**図**〕を見ると，横浜ベイブリッジと鶴見つばさ橋ができたおかげで，いろいろな行き方を選べるようになったことがわかります。」

注）塔（とう）：細長くたつ建造物。

〔写真１〕横浜ベイブリッジ　　〔写真２〕風のつり橋　　〔写真３〕鶴見つばさ橋

  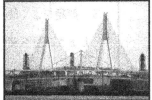

〔特ちょう〕たろうさんがまとめたこと

> ○ 〔斜張橋〕と〔つり橋〕は，どちらも道路になる部分をケーブルでつるという
> 構造は同じですが，道路になる部分を直接つるのかどうかで異なります。

〔斜張橋〕

> ○ 塔からななめに張られている④のケーブルで，道路になる部分を直接つっています。

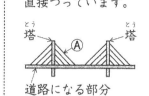

〔つり橋〕

> ○ 塔と塔の間に⑧のメインケーブルがなめらかな曲線となるように張られ，そこから垂らした⑥のハンガーロープで道路になる部分をつっています。
> ○ ⑧の両はしを⑩のアンカレイジというコンクリートのブロックで，つなぎとめています。

〔図〕かなこさんがかいた横浜駅から羽田空港までの道路の一部

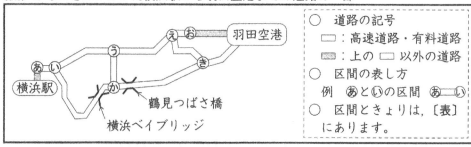

> ○ 道路の記号
> □：高速道路・有料道路
> ▨：上の □ 以外の道路
> ○ 区間の表し方
> 例　あといの区間　あ━━い
> ○ 区間ときょりは，〔表〕にあります。

〔表〕かなこさんがかいた〔図〕における道路の区間ときょり

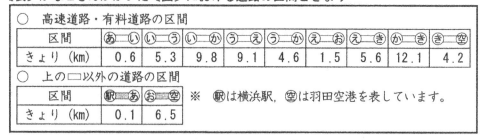

○ 高速道路・有料道路の区間

区間	あ━い	い━う	い━か	う━え	う━か	え━お	え━き	か━き	き━空
きょり (km)	0.6	5.3	9.8	9.1	4.6	1.5	5.6	12.1	4.2

○ 上の □ 以外の道路の区間

区間	駅━あ	お━空
きょり (km)	0.1	6.5

※　駅は横浜駅，空は羽田空港を表しています。

(首都高速道路株式会社「首都高ドライバーズサイト」より作成)

(1) 前のページの〔会話文〕，〔写真1〕～〔写真3〕，〔特ちょう〕の内容としてあてはまるものを次の①～⑤の中からすべて選び，その番号を書きましょう。

① 横浜ベイブリッジと鶴見つばさ橋は，斜張橋である。

② 風のつり橋は，道路になる部分を塔からケーブルで直接つっている橋である。

③ 鶴見つばさ橋は，塔と塔の間にメインケーブルがなめらかな曲線となるように張られている橋である。

④ 横浜ベイブリッジと風のつり橋には，どちらにも塔がある。

⑤ マラソンの選手が分速300mで走って，風のつり橋をわたりきる時間は，自動車が時速80kmで走行して，横浜ベイブリッジをわたりきる時間よりも長くかかる。

(2) かなこさんとたろうさんは，前のページの〔図〕にある道路について，横浜駅から羽田空港まで
での行き方を考え，それぞれのきょりは前のページの〔表〕を使って，求めました。このとき，
次のア，イの各問いに答えましょう。ただし，1回通った道路の区間は通行できないものとし，
⑧から②を通り⑤までの通行はできないものとします。

ア 横浜駅から横浜ベイブリッジを通って羽田空港まで行くとき，その行き方は何通りか，書き
ましょう。

イ 横浜駅から⑤の地点を通らないで羽田空港まで行くとき，その行き方のうち，きょりが1番
長い方から1番短い方をひいたきょりの差は何kmか，書きましょう。

問2 かなこさんの班では，理科の授業で，重さを調べる方法について話しています。次の〔会
話文〕を読んで，あとの(1)，(2)の各問いに答えましょう。

〔会話文〕

先生	「実験で，3つの立方体A，立方体B，立方体Cの重さをはかります。どの立方体も1g～17gの間で，1gきざみのどれかの重さであることがわかっています。」
かなこ	「〔説明〕を読み，てんびんと〔ねんどのおもり〕を使い，〔はかり方の手順〕に従って，重さをはかった実験の結果は次のページの〔表〕のようになりました。」
たろう	「立方体Bの重さは，〔はかり方の手順〕に従っても求められなかったので，〔表〕の1回め～4回めの結果をもとに，重さを考えました。」
かなこ	「このとき，立方体Bの重さを求められなかったのは，9g，5g，2g，1gという，〔ねんどのおもり〕のおもりの重さの組み合わせが原因です。」
たろう	「〔ねんどのおもり〕の4個の組み合わせでは，1g～17gの間の，1gきざみの重さの中に，はかることができない重さがあるので，新しいおもりの重さと個数を考えましょう。」
かなこ	「新しいおもりの個数を5個にして，1gからはじめて，2g，3gと，1gきざみで，できるだけ重い重さまではかることができるようにしましょう。」
たろう	「新しいおもりの重さを重い方から あ g， い g， う g， え g，1gの5個にすると，それらの組み合わせ方によって，1gから1gきざみで お g の重さまでを，はかることができます。」
かなこ	「たろうさんが考えた5個のおもりをもとに，1gから1gきざみで，できるだけ重い重さまではかることができる，7個のおもりを考えました。それらの組み合わせ方によって，1gから1gきざみで か g の重さまでをはかることができます。」

〔説明〕てんびんの左の皿に立方体，右の皿におもりを，順にのせたときの針の状態

右の皿にのせたものの方が重ければ，針はめもりの中心より右側へ動き，右側にかたむいたままになります。

　　左の皿にのせたものの方が重ければ，針はめもりの中心より左側にかたむいたままになります。

　　右の皿にのせたものと左の皿にのせたものの重さが等しければ，はじめに針は，めもりの中心から左右同じはばで動きますが，針の動くはばは，だんだんせまくなり，やがて針はめもりの中心をさして止まります。

〔ねんどのおもり〕

○　9g，5g，2g，1gのねんどのおもりがそれぞれ1個ずつ用意してあります。
9g　　　　5g　　　　2g　　1g

〔はかり方の手順〕

※　①～③を順番に行ったあと，最後に⑥を行い，立方体の重さを求めます。
①　てんびんの左の皿に，重さを調べる立方体だけをのせます。
②　てんびんの右の皿に，1番重いおもりをのせます。
③　てんびんの針の状態に合わせて，☆か★に進みます。

☆　針が左右どちらかにかたむくとき
※　④か⑤のどちらかを行ったあと，再び③を行います。
④　針が右側にかたむくとき，その直前に，右の皿にのせたおもりを，その次に重いおもりと入れかえます。
⑤　針が左側にかたむくとき，右の皿にのせたおもりはそのままとし，その次に重いおもりを，右の皿に加えます。

★　針が左右に同じはばで動くとき
⑥　右の皿にのせたおもりの重さの合計から，立方体の重さを求めます。

〔表〕おもりをのせたときの，てんびんの針の状態

	1回め	2回め	3回め	4回め
立方体A	右側にかたむく	左側にかたむく	右側にかたむく	左右に同じはばで動く
立方体B	左側にかたむく	右側にかたむく	左側にかたむく	左側にかたむく
立方体C	左側にかたむく	右側にかたむく	左右に同じはばで動く	

(1) 次の**ア**，**イ**の各問いについて答えましょう。

　ア　1ｇ～17ｇの間の，1ｇきざみの重さの中には，〔ねんどのおもり〕をどのように組み合わせ
　　ても，はかることができない重さがあります。その中で1番軽い重さは何ｇか，書きましょう。

　イ　立方体Ａと立方体Ｂの重さは何ｇか，それぞれ書きましょう。

(2) 次の**ア**，**イ**の各問いについて答えましょう。

　ア　3ページの〔会話文〕の あ ～ お のうち， お にあてはまる数を書きましょう。

　イ　〔会話文〕の か にあてはまる数を書きましょう。

問3　たろうさんたちは，実行委員として球技大会について話しています。次の(1)，(2)の各問い
　　　に答えましょう。

(1) 次の〔**会話文1**〕を読んで，あとの**ア**，**イ**の各問いに答えましょう。

〔**会話文1**〕

たろう	「12月の球技大会で行うサッカー，ドッジボール，バスケットボールの昼休みの練習について，12月7日から11日までの計画を〔**練習日の決め方**〕に従って決めましたが，この期間には雨の日があり，その日はどの組も運動場が使えませんでしたね。」
じろう	「みんなの組は，計画通りに練習ができましたか。」
かなこ	「Ａ組は，運動場での練習が7日と10日，体育館での練習が11日と決めましたが，雨で運動場は1回しか使えませんでした。」
ひかり	「Ｄ組は，運動場での練習が8日と11日，体育館での練習が7日と決めましたが，運動場は雨のためまったく使えませんでした。」
たろう	「Ｂ組は，運動場と体育館で3日連続して練習する計画でしたが，10日と11日は雨で運動場が使えませんでした。」
じろう	「Ｃ組は，運動場と体育館での練習を，3日連続にはならないように決めました。そして，運動場は2回とも使えました。」

〔**練習日の決め方**〕

○　運動場は1日に2組まで，体育館は1日に1組だけ使えます。

○　1つの組が，同じ日に運動場と体育館の両方を使うことはできません。

○　雨の場合，運動場は使えませんが，体育館は使えます。

ア　12月7日から11日までの期間で，**Ｃ組**が運動場を使った日はいつか，次の①～⑤の中から2
　　つ選び，その番号を書きましょう。

　　①　7日　　②　8日　　③　9日　　④　10日　　⑤　11日

イ　12月7日から11日までの期間で，**Ｃ組**が体育館を使った日はいつか，次の①～⑤の中から1
　　つ選び，その番号を書きましょう。

　　①　7日　　②　8日　　③　9日　　④　10日　　⑤　11日

(2) 次の〔会話文2〕を読んで，あとのア，イの各問いに答えましょう。

〔会話文2〕

> ひかり 「3種目ともA組〜D組で，どの組とも1回ずつ試合をしましたね。」
>
> かなこ 「〔順位のつけ方〕に従って，各種目と総合の順位をつけましょう。」
>
> たろう 「わたしは，〔表〕の①，②のように結果をメモしてきました。」
>
> ひかり 「〔表〕の②から，D組はドッジボールが　あ　位だとわかります。」
>
> じろう 「〔表〕の①，②を見ると，C組はがんばっていると思います。バスケットボールの試合結果で総合の順位はどうなりますか。」
>
> たろう 「バスケットボールの試合の結果に同じ順位となる場合がなければ，C組が1位または2位のときと，C組が3位でも　い　組が1位にならないときに，C組だけが総合で1位になります。」

〔順位のつけ方〕

> ○ 各種目の順位は，勝ち点の合計の高い順に1位〜4位とします。試合をして，勝った組の勝ち点は3点，負けた組の勝ち点は0点とします。引き分けの場合は，両方の組の勝ち点を1点とします。2つの組の勝ち点の合計が同じ場合，それらの組どうしの試合結果で，勝った組を上位の順位とします。その結果が引き分けなど，順位が決められない場合は，同じ順位とします。
>
> ○ 総合の順位は，各種目の順位の合計が少ない順に1位〜4位とします。順位の合計が同じ場合は，同じ順位とします。
>
> ○ 各種目の順位や総合の順位をつけるときに，同じ順位の組がある場合，それらの組より下位になる組の順位は，上位にある組の数に1を加えた数とします。
>
>   例 上位の3つの組が同じ順位で1位のとき，下位の組は4位となります。

〔表〕試合結果のメモ

① サッカーの結果				② ドッジボールの結果		
第1試合	第2試合	第3試合		第1試合	第2試合	第3試合
Ⓐ 対 B	A 対 D	A 対 C		A 対 B	A 対 Ⓒ	A 対 Ⓓ
Ⓒ 対 D	Ⓑ 対 C	B 対 Ⓓ		C 対 D	Ⓑ 対 D	B 対 Ⓒ

※ ①，②の見方

○ AはA組，BはB組，CはC組，DはD組を表します。

○ 記号◇がどちらかにかかれている場合は，◇がかかれている方が勝ち，そうでない方が負けを表します。

　例 Ⓐ対Bは，A組が勝ち，B組が負けを表します。

○ 記号◇がどちらにもかかれていない場合は，引き分けを表します。

　例 A対Bは，A組とB組が引き分けを表します。

ア 〔会話文2〕の　あ　にあてはまる数を書きましょう。

イ 〔会話文２〕の ｜ い ｜ にあてはまるものはどれか，記号Ａ，Ｂ，Ｄの中から１つ選び，その記号を書きましょう。ただし，ＡはＡ組，ＢはＢ組，ＤはＤ組とします。

| 問 4 | かなこさんとたろうさんは，算数の授業で，自分たちが考えた問題に取り組んでいます。次の(1)，(2)の各問いに答えましょう。

(1) 次の〔会話文１〕を読んで，あとのア，イの各問いに答えましょう。

〔会話文１〕

> かなこ 「わたしの問題では，まず，ふくろを１つと，３種類のＡの玉，Ｂの玉，Ｃの玉をそれぞれ10個用意して，ふくろの中に３種類すべての玉が入るように合わせて10個入れました。この状態をはじめの状態ということにし，そこから玉を取り出したり，加えたりしたことと，〔式〕を使って計算した結果から，ふくろの中に入っている玉の種類と個数を考えてもらいます。」
>
> たろう 「わかりました。はじめの状態で計算した結果はいくつですか。」
>
> かなこ 「計算結果は４でした。そこから，玉を取り出したり，加えたりを２回したときのふくろの中の玉の状態と，そのときの計算結果を〔表〕にまとめました。」
>
> たろう 「〔表〕の①がはじめの状態で，そこから②，③の順に玉を取り出したり，加えたりしたのですね。〔表〕から考えると，①の玉の種類と個数は，Ａの玉が ｜ あ ｜ 個，Ｂの玉が ｜ い ｜ 個，Ｃの玉が ｜ う ｜ 個ですね。」
>
> かなこ 「そのとおりです。それでは，さらに考えてもらいたいことがあります。〔表〕の①の状態から，どの玉を１個取り出し，どの玉を１個加えたら計算結果が１になるかを考えてください。」

〔式〕かなこさんが考えた計算のやり方

> ふくろに入っているＡの玉の数をＢの玉の数でわり，商は一の位まで求め，このときのわり算のあまりにＣの玉の数をかけます。ただし，わられる数がわる数より小さいときは商を０とします。また。わり切れたときはあまりを０とします。

〔表〕はじめの状態と，玉を取り出したり，加えたりしたときの計算結果

ふくろの中の玉の状態	① Ａの玉，Ｂの玉，Ｃの玉が合計10個入った状態	② ①からＡの玉を２個取り出し，Ｃの玉を２個加えた状態	③ ②からＡの玉を１個取り出し，Ｃの玉を１個加えた状態
計算結果	4	0	10

ア 〔会話文１〕の ｜ あ ｜ ～ ｜ う ｜ のうち，｜ あ ｜ と ｜ い ｜ にあてはまる数を，解答欄のあといの[ ]にそれぞれ書きましょう。

イ 〔会話文１〕の下線部「計算結果が１になる」ことについて考え，取り出す玉の種類と加える玉の種類を，記号Ａ，Ｂ，Ｃの中から１つずつ選び，解答欄の取り出す玉と加える玉の[ ]にあてはまる記号をそれぞれ書きましょう。ただし，ＡはＡの玉，ＢはＢの玉，ＣはＣの玉とします。

(2) 次の〔**会話文2**〕を読んで，あとの**ア**，**イ**の各問いに答えましょう。

〔**会話文2**〕

> たろう 「わたしの問題では，〔**図1**〕の4種類の立体をそれぞれ必要な分だけ用意して，大きな直方体の組み立て方を考えてもらいます。」
>
> かなこ 「〔**図2**〕の直方体は，立方体**A**を1個，直方体**C**を3個，立方体**D**を6個，合計で10個の立体を使って組み立てることができました。」
>
> たろう 「〔**図2**〕の組み立て方は何通りもあり，その中で，使う立体の個数の合計が1番多くなるのは，立方体**D**だけを45個使ったときです。では，使う立体の個数の合計が1番少なくなるのは，合計何個のときですか。」
>
> かなこ 「立方体**A**を1個，立方体**B**を1個，直方体**C**を2個，立方体**D**を2個，合計6個のときです。」
>
> たろう 「そのとおりです。次の問題です。〔**図3**〕の直方体を組み立てるときに，使う立体の個数の合計が1番少なくなるのは，合計何個のときですか。」
>
> かなこ 「使う立体の個数の合計が1番少なくなるのは，合計 あ 個のときです。」
>
> たろう 「そのとおりです。最後の問題です。〔**図3**〕を組み立てるときに，立方体**D**を使う個数が1番少なくなる組み立て方の中で，使う立体の個数の合計が1番少なくなるのは，合計何個のときですか。」
>
> かなこ 「立方体**D**を い 個使うときが，立方体**D**を使う個数が1番少なくなる組み立て方です。その中で，使う立体の個数の合計が1番少なくなるのは，合計 う 個のときです。」
>
> たろう 「そのとおりです。」

〔**図1**〕4種類の立体

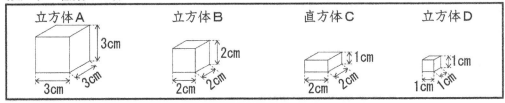

〔**図2**〕直方体（その1）

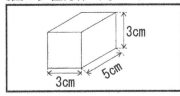

〔**図3**〕直方体（その2）

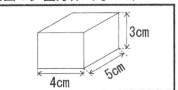

ア 〔**会話文2**〕の あ にあてはまる数を書きましょう。

イ 〔**会話文2**〕の い ， う のうち， う にあてはまる数を書きましょう。

【適性検査Ⅱ】 （45分）　＜満点：300点＞

【注意】　字数の指定がある問題は，指定された字数や条件を守り，ていねいな文字で書きましょう。
　　　　　次の〔例〕のように，横書きで，最初のマスから書き始めます。段落をかえたり，マスの間
　　　　　をあけたりしないで書きます。文字や数字は１マスに１字ずつ書き，文の終わりには句点
　　　　　〔。〕を書きます。句読点〔。，〕やかっこなども１字に数え，１マスに１字ずつ書きます。

〔例〕

１	２	月	の	詩	の	テ	ー	マ	は
，	「	冬	の	朝	」	だ	っ	た	。

問1　　かなこさんのクラスでは，学級活動で議論の目的やそのやり方について学習しています。
　　　　次の〔会話文〕を読んで，あとの⑴，⑵の各問いに答えましょう。

〔会話文〕

先生	「今日は，議論の目的やそのやり方について，〔資料〕を使って学習します。そのこと
	をもとに，次回は『よりよいクラスにするために，学級目標を考えよう。』というテー
	マで班ごとに議論し，学級目標の案を考えます。」
かなこ	「〔資料〕には，議論を通して学べることが書かれています。」
たろう	「わたしたちのクラスでも，取り入れたいことがあります。」

〔資料〕

　　学校ではよく「班」をつくって議論したことを発表したり，みんなで意見をまとめたりしま
す。（中略）
　　たとえばメンバーのひとりがあるテーマで書いた作文をメンバー全員で議論して，作文のよ
いところ，悪いところを注1)指摘します。次にその意見に従って書き直した作文を，ほかの班に
わたして注2)添削してもらいます。ここでまた議論がはじまるのです。
　　かれらは，議論を通して世の中には異なる意見がいくつもあることを知り，それを受け入れ
ながら改善していくことの大切さを学びます。（中略）
　　班活動で議論することが多い注3)フィンランドですが，数年前，議論する際のルールを小学校
５年生が考えたことで話題になりました。
　　それが次の10注4)項目です。

1	他人の発言をさえぎらない
2	話すときは，だらだらとしゃべらない
3	話すときに，おこったり泣いたりしない
4	わからないことがあったら，すぐに質問する
5	話を聞くときは，話している人の目を見る
6	話を聞くときは，ほかのことをしない
7	最後まで，きちんと話を聞く
8	議論が台なしになるようなことをいわない

> 9　どのような意見であっても，まちがいと決めつけない
> 10　議論が終わったら，議論の内容の話はしない

　なかなかよく考えられたルールです。会議室にもはっておきたいくらいです。とくに３は，大人の会議でも^{注5)}感情的になってしまう人がいるので，よい答えを導くための議論だということを頭に置いて，冷静に話し合いたいものです。また，８，９もとてもよいルールです。相手を否定してもなにも生まれません。（中略）

　だれかとふたりでもいいですし，何人かのグループでもかまいません。議論するときにぜひためしていただきたいことがあります。

　たとえば「勉強と^{注6)}部活，どちらが大切か」というテーマで議論します。

　あなたは「部活」と思っていて，もうひとりは「勉強」，あるいはあなたと何人かが「勉強」と思っていて，ほかの何人かは「部活」と思っていたとします。

　そこで議論をかわし，しばらくしたら両者の意見を逆にするのです。「部活」と思っていた人は「勉強」，「勉強」と思っていた人は「部活」と意見を変え，^{注7)}ディスカッションします。

　これはどういうことかというと，相手の立場になって考える練習です。（中略）

　あえて自分とは反対の意見でディスカッションすると，^{注8)}客観的に自分の考えが見えてきます。

（『13歳からの読解力』山口謠司著より　※一部表記を改めたところがある。）

注1)指摘：問題となるところを，とくに取り上げて示すこと。
注2)添削：作文や答案などを，書き加えたり，けずったりして，直すこと。
注3)フィンランド：ヨーロッパの北部にある国。
注4)項目：内容がわかりやすくなるように，ここでは，１～10に分けたもの。
注5)感情的：気持ちの変化が激しく，それが顔や態度に出やすい様子。
注6)部活：運動や文化などに興味をもつ子どもたちが，自主的に参加して行われる活動のこと。
注7)ディスカッション：話し合い。
注8)客観的：自分の考えにとらわれないで，ものごとを見たり考えたりする様子。

(1)　〔資料〕から読みとれる内容として，あてはまるものを次の①～⑤の中からすべて選び，その番号を書きましょう。

①　班のメンバーのひとりが書いた作文のよいところや悪いところについて，同じ班のメンバーが議論をしてはいけない。

②　議論を通して，自分とは異なる意見がたくさんあることを知ることができる。

③　小学生は，議論をするときのルールを決めてはいけない。

④　議論では，おこったり泣いたりしながら話してはいけない。

⑤　「勉強と部活，どちらが大切か」というテーマでの議論を，グループで行ってもよい。

(2)　次のア，イの各問いについて答えましょう。

ア　〔資料〕の［勉強と部活，どちらが大切か］というテーマで議論するとき，どのようなことをためせば，客観的に自分の考えが見えてきますか。〔資料〕の内容をふまえて，30字以上50字以内で書きましょう。

イ　あなたのクラスで，『よりよいクラスにするために，学級目標を考えよう。』というテーマで

班ごとに議論し，学級目標の案を出すことになったとします。このとき，あなたはどのような案を出しますか。また，あなたの案とは異なる案を出した人がいたら，よりよい案となるように，どのように話し合いますか。これら２つのことについて，60字以上80字以内で書きましょう。

問2　たろうさんとかなこさんは，実行委員として，それぞれが計画を考えている運動会の種目について話しています。次の(1)，(2)の各問いに答えましょう。

(1) 次の〔会話文１〕を読んで，あとのア，イの各問いに答えましょう。

〔会話文１〕

> たろう 「運動会のダンスの種目では，どのような速さの曲に合わせて，おどるのですか。」
> かなこ 「４分の４拍子で，１分間に４分音符を120回打つ速さで演奏される曲に合わせて，おどります。その曲の説明を〔メモ〕にかきました。」
> たろう 「その曲に合わせて，どのような工夫をするのですか。」
> かなこ 「〔表１〕のように，曲は全部で122小節あります。その曲の小節に合わせて，場面は，移動，おどり①，移動，おどり②，移動，おどり③の順番で変わります。おどり①とおどり③は，１組～３組が同じ動きをします。おどり②は，〔表２〕のように，１組～３組がそれぞれの動きをします。」

〔メモ〕おどる曲の拍子と１拍を演奏するのにかかる時間

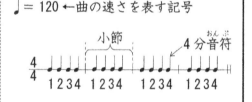

> ○ おどる曲は４分の４拍子です。♩を１拍とし，４拍で１小節です。
> ○ おどる曲の１拍を演奏するのにかかる時間は，１分間に４分音符を120回打つという速さをもとにして決まります。
>
> ♩＝120 ←曲の速さを表す記号

〔表１〕曲の小節と場面

小節	1～12	13～53	54～56	57～81	82～88	89～122
場面	移動	おどり①	移動	おどり②	移動	おどり③

〔表２〕１組～３組それぞれの順番とおどりの動き

1組 順番	1	2	3		2組 順番	1	2	3	4		3組 順番	1	2	3	4	5	6
動き	A	B	C		動き	A	B	A	C		動き	A	A	B	A	A	C

※ １つの小節に合わせた動きA，動きB，動きCの３つの動きがあり，そのうちの１つの動きを小節ごとにおどります。１組～３組は，表の順番どおりに動き，どの組も動きCが終わったら，順番１の動きAにもどり，同じ順番で動きをくり返します。

ア 前のページの〔**表1**〕のおどり①の時間とおどり③の時間の合計は何分何秒か，解答欄の〔 〕にあてはまる数を書きましょう。

イ 〔**表1**〕のおどり②で，1組～3組の動きが，すべて同じとなる小節は何回あるか，書きましょう。

(2) 次の〔**会話文2**〕を読んで，あとの**ア**，**イ**の各問いに答えましょう。

〔**会話文2**〕

> かなこ 「たろうさんは，どのような種目の計画をしているのですか。」
>
> たろう 「学校ができて20周年を祝う種目の計画をしています。〔**図1**〕と〔**図2**〕のように縦7マス，横17マスの合計119マスで文字を表現します。」
>
> かなこ 「〔**図1**〕は20年めにあたる2022年のことを表し，〔**図2**〕は20年めを英語で20thと表したのですね。これらをどのようにして観客に見せるのですか。」
>
> たろう 「1人1枚ずつ段ボールを持った119人が，〔**図1**〕と〔**図2**〕のマスと同じように，縦7人，横17人で並び，その段ボールを観客席に向けることで，見てもらいます。並んだ119人は最後まで，その場を動きません。」
>
> かなこ 「1枚ずつ持つ段ボールは，どのように作るのですか。」
>
> たろう 「段ボールは，すべて同じ大きさの正方形で，マスの模様を表す□，■，▨の紙をはって作ります。」
>
> かなこ 「だれがその段ボールを作るのですか。」
>
> たろう 「段ボールを持つ人が自分の分を作ります。段ボールの表の面に〔**図1**〕で担当するマスの模様の紙をはり，裏の面に〔**図2**〕で担当するマスの模様の紙をはります。」
>
> かなこ 「だれの合図で，紙をはった段ボールの表の面や裏の面を観客席に向けるのですか。」
>
> たろう 「わたしが出す合図です。全員が，1回めの合図で〔**図1**〕となる表の面を観客席に向け，2回めの合図で段ボールを下ろします。そして，3回めの合図で〔**図2**〕となる裏の面を観客席に向けます。」

〔**図1**〕段ボールの表の面で表現したとき

〔**図2**〕段ボールの裏の面で表現したとき

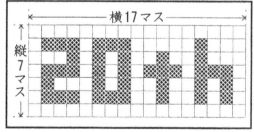

ア 1回めの合図で観客席に向ける表の面と，3回めの合図で観客席に向ける裏の面が同じ模様の段ボールを持つ人は何人か，書きましょう。

イ 表の面が■で，その裏の面が▨の段ボールは119枚のうち何枚あるか，書きましょう。

問3 かなこさんとたろうさんは，図画工作の授業で，木材の作品について話しています。次の〔会話文〕を読んで，あとの(1)，(2)の各問いに答えましょう。

〔会話文〕

> かなこ 「〔工作の計画〕に従って，〔図1〕のような木材の作品を作ります。」
>
> たろう 「Aの部分は，必要な分の棒を積み重ねて作り，Bの部分は，わくを4個作ってから組み立てるのですね。いずれもぴったりくっつける必要がありますね。」
>
> かなこ 「そうです。Bの部分に合わせたCの板の上に，Aの部分を置いて完成です。必要な工作の材料の本数や，作品の大きさを求めましょう。」

〔工作の計画〕

> ○ 木材の作品のAの部分とBの部分には，〔図2〕のような工作の材料を使います。Aの部分に使う棒は，すべて〔図2〕の木材の，20cmの辺の長さを5等分にしたものです。また，Bの部分に使う棒は，すべて〔図2〕の木材の，20cmの辺の長さを4等分にしたものです。
>
> ○ Aの部分は，次のページの〔図3〕の①～④の順に組み立てます。まず，①のように正八角形の紙を平らな台の上に置き，②のように棒4本をその紙の上に置きます。次に，③のように棒4本をその紙の面に対して平行に積み重ね，④のように高さが14cmになるまで積み重ねます。このとき，①の正八角形の1辺の長さは，②で使う棒1本の長さよりも短いものとします。
>
> ○ Bの部分は，次のページの〔図4〕の⑤，⑥の順に組み立てます。まず，⑤のように棒4本を使い，4つの角が直角で，わくの高さとわくのはばが等しい1個のわくを4個作ります。次に，それら4個のわくを台に対して垂直に立て，さらに，4個のわくを⑥のように真上から見たとき，4つの角が直角で縦の長さと横の長さが等しい四角形となるように組み立てます。
>
> ○ Cの板は，縦の長さと横の長さがBの真上から見た部分と同じ大きさの板で，⑦のように真上から見たとき，Bの部分とぴったり重なるように組み立てます。

〔図1〕木材の作品の例

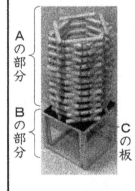

ここでのAの部分と〔図3〕の④で組み立てるAの部分との高さは異なっています。それ以外の大きさは同じです。

〔図2〕Aの部分とBの部分の工作の材料

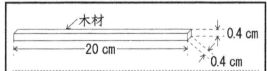

○ 工作の材料は，直方体の木材です。

○ 工作の材料の数値は，それぞれの辺の長さを示しています。

○ Aの部分とBの部分を組み立てるために，この木材を必要な分だけ用意します。

〔図3〕 Aの部分の組み立て方

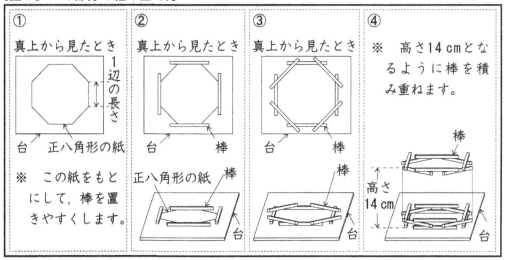

〔図4〕 Bの部分とCの板の組み立て方

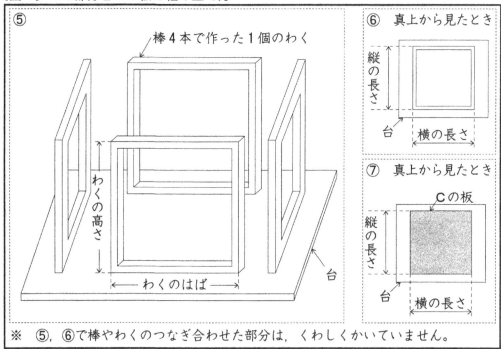

※ ⑤，⑥で棒やわくのつなぎ合わせた部分は，くわしくかいていません。

(1) かなこさんは，前のページの〔図2〕の工作の材料を必要な分だけ用意し，〔図3〕のように Aの部分を組み立てました。このとき，使った工作の材料は何本か，書きましょう。

(2) 次のア，イの各問いについて答えましょう。

ア 〔図4〕の⑤のわくの高さは何cmか，書きましょう。

イ 〔図4〕の⑦の真上から見たときのCの板の面積は何cm²か，書きましょう。

問4 たろうさんとかなこさんは，買い物のゲームについて話しています。次の〔会話文1〕，〔会話文2〕を読んで，あとの(1)，(2)の各問いに答えましょう。

〔会話文1〕

たろう 「〔ルール〕に従って，〔図1〕にある材料を取る道順を考え，その道順を指示する〔カード〕を選んで，順番に並べます。」

かなこ 「並べる〔カード〕の枚数は，選んだ〔カード〕によって変わりますね。」

〔ルール〕

○ 〔図1〕のSのマスから 🛒 の中の矢印（⇨）の方向にだけ進む 🛒 をスタートさせ，🛒 のマスまで1マスずつ進ませます。〔図2〕のように，🛒 の向きを変えただけでは，次のマスに進ませることはできず，■ は通れません。🛒 を 🛒 のマスにちょうど着くよう，〔カード〕を必要な分だけ使い指示をします。

○ 〔図3〕の（メモ1）～（メモ4）の中から選んだメモにある材料だけを取るように，🛒 を進ませます。材料の置いてあるマスを通ったら，その材料を取ったことになります。1回通ったマスを再び通ることはできませんが，それぞれの買い物で，🛒 を 🛒 のマスまで進ませると，材料や 🛒 の位置が〔図1〕の状態にもどり，再び通れるようになります。

〔図1〕

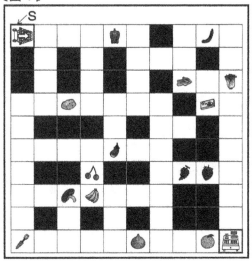

〔図2〕🛒 の向きの変え方

向きの変え方	変える前	変えた後
右 のカードで，右に変えるとき		
左 のカードで，左に変えるとき		

🛒 をAからCに進ませるときの例

🛒 をAからBに進ませ，向きを変えます。それから，Cに進ませます。

〔図3〕買い物メモ

（メモ1）	🫑, 🌶
（メモ2）	🌶, 🧄, 🫑, 🍌, 🍆
（メモ3）	🍌, 🧅, 🍒
（メモ4）	🧅, 🍠, 🥕, 💴, 🥔

※ （メモ1）～（メモ4）にあるものが材料です。

※ メモにある順に材料を取らなくてもよいものとします。

〔カード〕道順を指示するカード

あ 1, 2, 3, 4, 5, 6, 7, 8, 9 は，カードにかかれた数と同じ数だけ 🛒 を動かします。

い 右, 左 は，向きをそれぞれ右，左に変えます。

う 2 　　　　 などのくり返しのカード

例 2 1 左 1 右 にかかれた数の分だけくり返すので，1 左 1 右 の指示を2回くり返します。

〔会話文2〕

たろう	「前のページの〔図3〕の（メモ1）の材料を取る道順を〔図4〕のように矢印（----≫）でかき，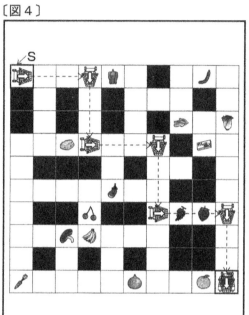を18マス進ませました。わたしは，その道順を指示するため，〔カード〕の⑤を使わない〔図5〕にある並べ方にしました。」
かなこ	「わたしは，たろうさんと同じ道順で，〔カード〕の⑤を使う〔図5〕にある並べ方にしました。2人のカードの枚数の差は3枚になりますね。」

〔図4〕

〔図5〕指示の出し方の例と並べ方

くり返しのカードの指示の出し方の例

をDから2マス進ませ，向きを右に変え，さらに2マス進ませて右に変えることをくり返し，Eまで進ませる道順は 2 2右 のカードで指示できます。

〔カード〕の⑤を使わない並べ方

例 3右3左3右3左3右3 カード11枚

〔カード〕の⑤を使う並べ方

例 2 3右3左 3右3 カード8枚

⑴ この買い物のゲームをするとき〔図3〕の（メモ2）の材料を取る道順では，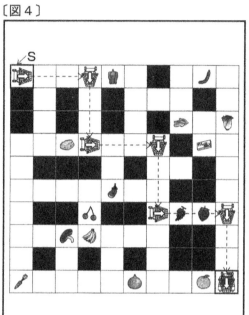を何マス進ませるか，書きましょう。ただし，Sのマスは数えないものとします。

⑵ この買い物のゲームをするとき，次のア，イの各問いに答えましょう。

ア 前のページの〔図3〕の（メモ3）の材料を取る道順を指示する〔カード〕を並べるとき，たろうさんが⑤を使わずに17枚の〔カード〕を並べ，かなこさんは⑤を使い，1番枚数が少なくなるように〔カード〕を並べました。このとき，たろうさんが並べた枚数からかなこさんが並べた枚数をひいた枚数の差は何枚か，書きましょう。

イ かなこさんは，〔図3〕の（メモ4）の材料を取る道順について，次の①～⑧のカードの番号の中から7つ選び，それらを順番に並べることで指示をしました。このとき，3番めと5番めに並べたカードの番号を，次の①～⑧の中から選び，それぞれ書きましょう。

① 6　　② 1右　　③ 3左　　④ 2 2右

⑤ 2 3右　　⑥ 3 6左　　⑦ 3 2右　　⑧ 2 1左1右

2022 年 度

解 答 と 解 説

＜適性検査Ⅰ解答例＞

問1 (1) ①，④，⑤
   (2) ア　3（通り）
      イ　9.1（km）
問2 (1) ア　4（g）
      イ　立方体A：6（g）
        立方体B：13（g）
   (2) ア　31（g）
      イ　127（g）
問3 (1) ア　①，③
      イ　④
   (2) ア　3（位）
      イ　A（組）
問4 (1) ア　あ：5（個）　い：3（個）
      イ　取り出す玉：　C（の玉）
        加える玉　：　B（の玉）
   (2) ア　11（個）
      イ　14（個）

○配点○
問1 (1) 30点　　(2) ア　10点　イ　30点
問2 (1) ア・イ　各20点×2　(2) ア・イ　各20点×2
問3 (1) ア・イ　各10点×2　(2) ア　20点　イ　30点
問4 (1) ア・イ　各20点×2　(2) ア・イ　各20点×2　　　　計300点

＜適性問題Ⅰ解説＞

問1 （国語・算数：資料の読み取り，速さ，きょり）

(1) ①　〔会話文〕から読み取れるため，正しい。
   ②　風のつり橋はつり橋であるから誤り。
   ③　鶴見つばさ橋は斜張橋であるから誤り。
   ④　〔特ちょう〕の図から，どちらの構造にも塔があることがわかるため，正しい。
   ⑤　「時間＝道のり÷速さ」より，マラソンの選手が分速300mで走って，風のつり橋をわたりきる時間は

        267÷300＝0.89（分）

     と求められる。一方，自動車が時速80km＝時速80000mで走行して，横浜ベイブリッジを

わたりきる時間は

860÷80000＝0.01075（時間）

0.01075時間＝0.645分

と求められる。よって，⑤は正しい。

(2) ア： 行き方は下のとおりである。

イ： 横浜駅から㋔の地点を通らないで羽田空港まで行くときの行き方は下の通りである。

〔表〕からそれぞれのきょりを求める。「駅→㋐→㋑→㋒→㋔→㋖→空」のきょりは，

0.1＋0.6＋5.3＋9.1＋5.6＋4.2＝24.9（km）

「駅→㋐→㋑→㋕→㋒→㋔→㋖→空」のきょりは，

0.1＋0.6＋9.8＋4.6＋9.1＋5.6＋4.2＝34（km）

「駅→㋐→㋑→㋕→㋖→空」のきょりは，

0.1＋0.6＋9.8＋12.1＋4.2＝26.8（km）

となるから，1番長い方から1番短い方をひいたきょりの差は，

34－24.9＝9.1（km）

と求められる。

問2 （算数：組み合わせ，規則性）

(1) ア： 〔ねんどのおもり〕の組み合わせとはかることができる重さは，下の表のようになる。

1g	1g	10g	9g＋1g
2g	2g	11g	9g＋2g
3g	1g＋2g	12g	9g＋2g＋1g
4g	×	13g	×
5g	5g	14g	9g＋5g
6g	5g＋1g	15g	9g＋5g＋1g
7g	5g＋2g	16g	9g＋5g＋2g
8g	5g＋2g＋1g	17g	9g＋5g＋2g＋1g
9g	9g		

はかることができない重さは4gと13gであるから，1番軽い重さは4gである。

イ： 〔表〕と〔はかり方の手順〕から，使ったおもりを見極める。

立方体A

1回めに9gのおもりをのせて右側にかたむくので，2回めに9gのおもりを5gのおもりと入れかえる。すると針が左にかたむくので，3回めはさらに2gのおもりをのせる。ここで針は右側にかたむくので，4回めで3回めにのせた2gのおもりを1gの

おもりと入れかえると，左右がつりあう。したがって右の皿には合計6gのおもりがのっていることになるから，求める重さは6gだとわかる。

立方体B

1回めに9gのおもりをのせると左側にかたむくので，2回めはさらに5gのおもりをのせる。すると針が右側にかたむくので，立方体Bは14gより軽いということがわかる。3回めは2回めにのせた5gのおもりを2gのおもりと入れかえる。ここで針が左側にかたむくので，4回目でさらに1gのおもりをのせるが，まだ針が左側にかたむいていることから，立方体Bは12gより重いということがわかる。以上より，求める重さは〔ねんどのおもり〕の4個の組み合わせでははかれない13gということがわかる。

(2) ア： 1gきざみの重さがはかれるように，小さい重さから考えて必要なおもりを追加していく。できるだけ重い重さまではかることができるようにしたいので，追加するおもりはできるだけ重いものを選ぶ。まず，1gと2gをはかるにはその重さのおもりが必要であるが，3gは1gと2gの組み合わせでつくることができる。しかし，4gはこの状態でははかることはできないので，4gのおもりを追加する。このとき，1～3gまでは1gと2gのおもりではかることができたので，4gのおもりと組み合わせれば5～7gまでは1gきざみではかることができる。ここで，この状態では8gがはかれないので，新たに8gのおもりを追加する。同様に考えていくと，今あるおもりの組み合わせで8+7=15(g)まではかることができるので，次にはかれなくなる16gのおもりを追加する。ここまででおもりの個数は(あ)16g，(い)8g，(う)4g，(え)2g，1gの5個となる。これらのおもりの組み合わせでは，16+15=(お)31(g)の重さまでをはかることができる。

イ： アで考えた5個のおもりは，1gから順に2倍していった重さになっていることがわかる。また，おもりの組み合わせではかることができる重さは，新たに追加したおもりの重さの2倍から1をひいた重さになっていることがわかる。したがって，おもりを7個まで増やしたときのおもりの重さとはかることができる重さは，下の表のようになる。

おもりの数	1個	2個	3個	4個	5個	6個	7個
追加するおもりの重さ	1g	2g	4g	8g	16g	32g	64g
はかることができる最大の重さ	1g	3g	7g	15g	31g	63g	127g

重要 問3 （算数：推理<small>すいり</small>）

(1) 〔会話文1〕から，わかる情報を順にまとめていく。

1． かなこさんの話から，A組は運動場での練習が7日と10日，体育館での練習が11日であり，どちらかが雨だったことがわかる。

2． ひかりさんの話から，D組は運動場での練習が8日と11日，体育館での練習が7日であり，8日と11日がどちらも雨だったことがわかる。

3． たろうさんの話から，B組は運動場での練習が10日と11日であり，どちらも雨だったことがわかる。また，運動場と体育館で3日連続して練習する計画だったことから，9日に体育館で練習したということがわかる。

4． 10日が雨とわかったので，かなこさんの話からA組が運動場で練習できたのは7日だということがわかる。

5． じろうさんの話から，C組は雨の降らなかった7日と9日に運動場で練習をしたことがわかる。また，練習を3日連続にはならないように決めたことから，体育館

での練習が10日か11日だったことがわかるが，〔練習日の決め方〕より体育館が使えるのは1日に1組だけであるので，A組が体育館で練習した11日はほかの組が体育館を使うことはできない。したがって，C組の体育館での練習は10日だったことがわかる。

1～5の情報をもとに表を作成すると，下のようになる。

	A組	B組	C組	D組	天気
7日	運動場		運動場	体育館	
8日				運動場	雨
9日		体育館	運動場		
10日	運動場	運動場	体育館		雨
11日	体育館	運動場		運動場	雨

(2)　ア：　〔順位のつけ方〕から，ドッジボールでの各組の勝ち点を計算する。

	第1試合	第2試合	第3試合	合計
A組	1点	0点	0点	1点
B組	1点	3点	0点	4点
C組	1点	3点	3点	7点
D組	1点	0点	3点	4点

　　B組とD組の勝ち点の合計は同じであるが，B対Dの試合ではB組が勝利している。したがって，ドッジボールの順位はC組が1位，B組が2位，D組が3位，A組が4位とわかる。

　　イ：　サッカーでの勝ち点を計算すると，下のようになる。

	第1試合	第2試合	第3試合	合計
A組	3点	1点	1点	5点
B組	0点	3点	0点	3点
C組	3点	0点	1点	4点
D組	0点	1点	3点	4点

　　C組とD組の勝ち点の合計は同じであるが，C対Dの試合ではC組が勝利している。したがって，サッカーの順位はA組が1位，C組が2位，D組が3位，B組が4位とわかる。

　　これらの情報から順位についての結果をまとめると，下のようになる。

	サッカー	ドッジボール	順位の合計
A組	1位	4位	5
B組	4位	2位	6
C組	2位	1位	3
D組	3位	3位	6

　　バスケットボールの試合でC組が3位のとき，順位の合計は6となり，サッカーとドッジボールの順位の合計が6であるB組とD組には必ず勝つことができる。しかし，A組が1位の場合だとA組の順位の合計も6になり，C組だけが1位になることができな

い。

やや難 問4 （算数：規則性，立体）

(1) ア： Aの玉の個数をA，Bの玉の個数をB，Cの玉の個数をCと表すことにする。②と③
で合計3個のAの玉を取り出しているので，①のAは3以上だということに注意する。
〔式〕から得られる数字は，CにA÷Bのあまりをかけたものであるから，計算結果の数
字からCの候補をしぼることができる。はじめの状態の計算結果が4であることから，
(A÷Bのあまり，C)の組み合わせとして，(1, 4)，(4, 1)，(2, 2)の3通りが考えられる。
(1, 4)の場合
Cが4であるから，AとBの玉は合わせて6個ある。たして6になる2つの数字のう
ち，Aが3以上でA÷Bのあまりが1になる組み合わせはないので，不適。
(4, 1)の場合
Cが1であるから，AとBの玉は合わせて9個ある。たして9になる2つの数字のう
ち，Aが3以上でA÷Bのあまりが4になる組み合わせはないので，不適。
(2, 2)の場合
Cの玉の数が2個であるから，AとBの玉は合わせて8個ある。たして8になる2つ
の数字のうち，Aが3以上でA÷Bのあまりが2になる組み合わせは(A，B)＝(5, 3)
だけである。したがって，求める数はAの玉が**(あ)**5個，Bの玉が**(い)**3個，Cの玉が
(う)2個とわかる。

$$
\left.\begin{array}{l}
②では，(A，B，C)＝(3, 3, 4)で，\\
A÷B＝3÷3＝1あまり0，0×4＝0\\
③では，(A，B，C)＝(2, 3, 5)で，\\
A÷B＝2÷3＝0あまり2，2×5＝10\\
となることを確かめてもよい。
\end{array}\right)
$$

イ： かけて1になる数字の組み合わせは(1, 1)だけであるから，Cは1でなければならな
い。よって，取り出す玉はCの玉であるとわかる。
Aの玉を加える場合
(A，B，C)＝(6, 3, 1)でA÷B＝6÷3＝2あまり0，
0×1＝0となり不適。
Bの玉を加える場合
(A，B，C)＝(5, 4, 1)でA÷B＝5÷4＝1あまり1，
1×1＝1となるので，計算結果が1になる。
したがって，Cの玉を1個取り出し，Bの玉を1個加えればよいとわかる。

(2) 大きな立方体から順に考えていくとよい。
ア： 立方体Aを1個，立方体Bを2個，直方体Cを3個，立方体Dを5個，合計11個のと
きに，使う立体の個数の合計が1番少なくなる。
イ： 立方体Bを4個，直方体Cを6個，立方体Dを4個，合計14個のときに，立方体Dを
使う個数が1番少ない組み立て方の中で，使う立体の個数の合計が1番少なくなる。

★ワンポイントアドバイス★

わかっている情報を表などに整理して，論理的に考えることが大切。
問題文中の小さな情報も見落とさないように注意しよう。

＜適性検査Ⅱ解答例＞

問1 (1) ②，④，⑤
(2) ア：自分は勉強，相手は部活が大切だと思う意見で議論してから，その両者の意見を逆にして議論することです。
イ：わたしは，支え合えるクラスという案を出します。わたしの案とは異なる案を出した人がいたら，おたがいの案のよいところを出し合い，それを話し合いでよりよい案にします。

問2 (1) ア：2 (分) 30 (秒)
イ：7 (回)
(2) ア：70 (人)
イ：34 (枚)

問3 (1) 28 (本)
(2) ア：5.4 (cm)
イ：33.64 (cm²)

問4 (1) 46 (マス)
(2) ア：3 (枚)
イ：(3番め) ⑥　　(5番め) ④

○配点○
問1 (1) 20点 (2) ア 20点 イ 40点
問2 (1) ア・イ 各20点×2 (2) ア 10点 イ 20点
問3 (1) 20点 (2) ア 20点 イ 30点
問4 (1) 20点 (2) ア・イ 各30点×2　　　　計300点

＜適性検査Ⅱ解説＞

問1 （国語：資料の読み取り，作文）
(1) ① 〔資料〕のなかに，「メンバーのひとりがあるテーマで書いた作文をメンバー全員で議論して，作文のよいところ，悪いところを指摘します」とあるので，誤り。
③ 「小学生はルールを決めてはいけない」という記述はないので誤り。
(2) ア： 「相手の立場になって考える練習」として，意見を逆にしてディスカッションすることが挙げられている。
イ： 聞かれている2つのことについて答える。まずは自分の出す案を答え，その案とは異なる案を出す人がいたら，〔資料〕にあった議論する際のルールにしたがって，相手の意見を否定せずによりよい案にするための具体的な方法を説明する。

問2 （算数：単位量あたりの大きさ，規則性，図形）

(1) ア： まず，1小節を演奏するのにかかる時間を求める。おどる曲は1分間（＝60秒間）に4分音符を120回打つ速さで演奏されることから，4分音符1拍を演奏するのにかかる時間は，

$$60 \div 120 = 0.5（秒）$$

よって，1小節（＝4拍）を演奏するのにかかる時間は，

$$0.5 \times 4 = 2（秒）$$

と求められる。

次に，それぞれのおどりの時間を求める。おどり①は53−13＋1＝41（小節），おどり③は122−89＋1＝34（小節）あるから，合計すると41＋34＝75（小節）分である。よって，おどり①の時間とおどり③の時間の合計は，

$$2 \times 75 = 150（秒）= 2（分）30（秒）$$

と求められる。

イ： おどり②は81−57＋1＝25（小節）ある。1組～3組の25小節分の動きは下のようになる。

	1	2	3	4	5	6	7	8	9	10	11	12	13
1組	A	B	C	A	B	C	A	B	C	A	B	C	A
2組	A	B	A	C	A	B	A	C	A	B	A	C	A
3組	A	A	B	A	A	C	A	A	B	A	A	C	A

	14	15	16	17	18	19	20	21	22	23	24	25
1組	B	C	A	B	C	A	B	C	A	B	C	A
2組	B	A	C	A	B	A	C	A	B	A	C	A
3組	A	B	A	A	C	A	A	B	A	A	C	A

上の表の太わくで囲まれた部分が，1組～3組の動きがすべて同じとなる小節である。

(2) ア： 〔図1〕と〔図2〕を重ねて考える。下の図より，1回めの合図と3回めの合図で向ける面が異なる段ボールを持つ人は49人であるから，求める人数は

$$119 - 49 = 70（人）$$

※ ここでは，問題で聞かれている「表裏の面が同じ模様の段ボールを持つ人」を数えるより，「表裏の面が異なる模様の段ボールを持つ人」を数えるほうが早いので，そちらを数えて全体の人数から引くやり方を示した。

イ： 下の図で数字をふった部分が問われている部分である。

	1	2	3		12	13	14							28				
			4		15		16											
	5	6	7		17		18		24	25	26			29	30	31		
	8				19		20							32				
	9	10	11		21	22	23				27			33		34		

問3 （算数：図形，面積，計算）

(1) 〔図3〕で4本の棒を並べた状態を「1段」と呼ぶことにすると，1段の高さは〔図2〕より0.4cmである。高さ14cmとなるように棒を積み重ねるとき，必要な段の数は

$$14 \div 0.4 = 35（段）$$

とわかる。よって，**A**の部分を組み立てるのに必要な棒の数は

$$4 \times 35 = 140（本）$$

と求められる。**A**の部分は〔図2〕の木材を5等分にしたものであるから，必要な木材の数は，

$$140 \div 5 = 28（本）$$

と求められる。

 (2) **ア**： **B**の部分に使う棒は〔図2〕の木材の20cmの辺の長さを4等分にしたものであるから，その長さは

$$20 \div 4 = 5（cm）$$

である。わくの高さとわくのはばが等しくなるように組み立てるとき，右の図のようにつなぎ合わせることになるから，わくの高さは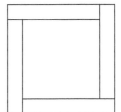

$$5 + 0.4 = 5.4（cm）$$

イ： 真上から見たときの縦と横の長さは，**ア**と同様に考えて

$$5.4 + 0.4 = 5.8（cm）$$

となるから，**C**の板の面積は

$$5.8 \times 5.8 = 33.64（cm^2）$$

問4 （算数：パズル）

(1) 下のような道順で進む。なお，図の○は取る材料（通るマス），×は取らない材料（通ることが
できないマス）を表している。

(2) **ア:** 下のような道順で進む。

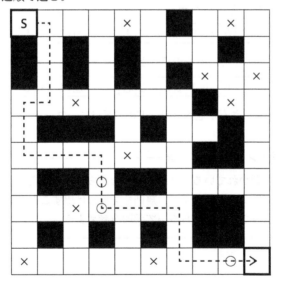

このとき，⊖を使わずに17枚の〔カード〕を並べる並べ方は，

| 1 | 右 | 3 | 右 | 1 | 左 | 2 | 左 | 3 | 右 | 2 | 左 | 3 | 右 | 2 | 左 | 3 |

となるので，

| 1 | 右 | 3 | 右 | 1 | 左 | 2 | 左 | 2 | 3 | 右 | 2 | 左 | 3 |

または

| 1 | 右 | 3 | 右 | 1 | 左 | 2 | 2 | 左 | 3 | 右 | 2 | 左 | 3 |

のように㋒を使うと1番枚数が少なくなる。

イ: 下のような道順で進む。

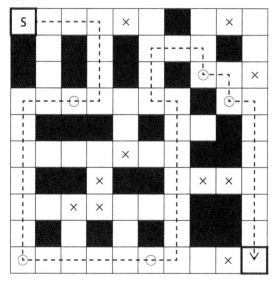

このとき，㋒を使わずに〔カード〕を並べる並べ方は，

| 3 | 右 | 3 | 右 | 3 | 左 | 6 | 左 | 6 | 左 | 6 | 左 | 1 | 右 | 2 | 右 | 2 | 右 | 1 | 左 | 1 | 右 | 1 | 左 | 1 | 右 | 6 |

となるので，次のように㋒を使うことができる。

| 2 | 3 | 右 | 3 | 左 | 3 | 6 | 左 | 1 | 右 | 2 | 2 | 右 | 2 | 1 | 左 | 1 | 右 | 6 |

よって，かなこさんが並べたカードの順番は⑤→③→⑥→②→④→⑧→①である。

── ★ワンポイントアドバイス★ ──

作文では，聞かれていることを意識しながら自分の考えを簡潔（かんけつ）にまとめる。
算数では問題文をよく読んで，規則性を見つけ出すことが大切。
パズルのような問題は落ち着いて手順を考えよう。

2021年度
★★★★★★★★★★★★★★★★★★★★★
入 試 問 題

2021
年
度

2021年度

県立平塚・相模原中等教育学校入試問題

【適性検査Ⅰ】　（45分）　＜満点：300点＞

【注意】　字数の指定がある問題は，指定された字数や条件を守り，ていねいな文字で書きましょう。次の〔例〕のように，横書きで，最初のマスから書き始めます。段落をかえたり，マスの間をあけたりしないで書きます。文字や数字は１マスに１字ずつ書き，文の終わりには句点〔。〕を書きます。句読点〔。，〕やかっこなども１字に数え，１マスに１字ずつ書きます。

〔例〕

１	２	月	の	詩	の	テ	ー	マ	は
，	「	冬	の	朝	」	だ	っ	た	。

問1　かなこさんの班では，箱根での校外学習について発表する準備をしています。次の〔会話文〕を読んで，あとの(1)，(2)の各問いに答えましょう。

〔会話文〕

先生	「『箱根八里』という歌に注目したのはなぜですか。」
かなこ	「校外学習の前に，音楽の授業できいて気になったからです。歌詞をもとに箱根の山や箱根関所などについて事前に調べました。」
先生	「どのように発表しますか。」
たろう	「箱根に行ってわかったこととあわせてつくった〔発表用の資料〕をみんなに配って，発表したいと思います。」

〔発表用の資料〕箱根の歴史について

　「箱根八里」（歌詞の一部）

　　はこねのやまは　てんかのけん　かんこくかんも　ものならず

　　ばんじょうのやま　せんじんのたに　まえにそびえ　しりえにさそう

　　（中略）

　　いっぷかんにあたるや　ばんぷもひらくなし

　箱根の山

　下線部「はこねのやまは　てんかのけん」とは，「箱根の山は，とても険しい」という意味です。箱根の山は，１つの山ではなく複数の山が集まって形成されていて，神奈川県の西部にあります。江戸時代，箱根の山道を通る小田原注1)宿（神奈川県）から三島宿（静岡県）までの約32kmの道のりは，箱根八里とよばれ，江戸（東京都）と京都を結ぶ東海道の中でも難所とされていました。現在，この道の一部は，箱根旧街道として知られています。箱根の山の険しさがよくわかるのが，注2)箱根駅伝のコースで，箱根八里とは異なる道のりですが，選手は高低差800m以上の坂道を走ってゴールをめざします。平成９年から往路の優勝校におくられて

いるトロフィーは，〔**写真1**〕のように箱根寄木細工でつくられています。

〔**写真1**〕トロフィー

箱根寄木細工

　箱根寄木細工は，江戸時代末期ごろから，箱根旧街道沿いにある現在の箱根町畑宿でつくられるようになったといわれています。箱根の山には木の種類が豊富にあったことや，東海道を行き交う人，箱根への温泉客が増加したことによって，おみやげとして生産が活発になりました。

箱根関所

　下線部「いっぷかんにあたるや　ばんぷもひらくなし」とは，「一人が関所を守れば，大勢の人でも破ることはできない」という意味です。関所とは，江戸を守るために人や武器の出入りを調べたところです。江戸幕府は，全国53か所あまりに関所を設置しました。箱根関所は，箱根八里の真ん中あたりにつくられ，江戸から京都方面に向かうときには，手形という通行証がなければ通れないこともありました。

箱根関所の工夫

〔**写真2**〕復元された箱根関所

　江戸時代，役人のいうことをきかず強引に関所を通ってしまったり，関所をさけて山の中をぬけてしまったりする関所破りは，大きな罪でした。〔**写真2**〕のような箱根関所の建物は，湖と山にはさまれた場所にありました。江戸時代には，旅人が湖をわたることは禁止され，また，山をぬけられないよう，柵が建物の周りだけでなく湖の中から山の頂上にまではりめぐらされていたといわれています。さらに，「関所守り村」が設置され，村人には，道を外れるあやしい人を見かけたら報告する義務がありました。

　（参考資料）

　・神奈川歴史散歩の会『神奈川ふるさと歴史散歩』

　・ＮＨＫ「ブラタモリ」制作班『ブラタモリ14箱根　箱根関所　鹿児島　弘前　十和田湖・奥入瀬』

　・箱根関所通行手形（パンフレット）　　・『わたしたちの神奈川県（令和元年版）』

注1) 宿：ここでは，東海道沿いにある，旅人が泊まったり休んだりする施設が集まっている場所。

注2) 箱根駅伝：東京箱根間往復大学駅伝競走のこと。東京の大手町をスタートし，箱根の芦ノ湖を折り返し地点として，一日めに往路，二日めに復路を走る。

(1)　〔**発表用の資料**〕の内容として，あてはまるものを次の①～⑥の中からすべて選び，その番号を書きましょう。

①　箱根の山は，神奈川県の西部にあり，複数の山で形成されている。

②　箱根八里は，箱根の山道を通る，約32kmの道のりである。

③　箱根駅伝で，選手が箱根の山道を走る道のりは，800mである。

④　箱根関所は，険しい箱根の山道を旅する人が休息する場所として設置された。

⑤　江戸時代，箱根関所は江戸と京都を結ぶ道のりの真ん中あたりにつくられた。

⑥　江戸時代，箱根関所の周辺には湖の中から山頂まで柵があったといわれている。

(2) かなこさんは、〔発表用の資料〕の内容をもとに、発表に向けて、次の〔まとめ〕を書いています。 ア にあてはまる内容を7字以上9字以内で書き、 イ にあてはまる内容を15字以上20字以内で書きましょう。

〔まとめ〕

> 「箱根八里」の歌詞にあるように、箱根の山はとても険しく、箱根八里とよばれた道のりは、江戸（えど）時代、東海道の中でも難所といわれました。現在はその一部が箱根旧街道として知られ、その街道沿いにある箱根町畑宿では、　ア　が江戸（えど）時代末期ごろから行われるようになったといわれています。また、箱根関所の設置とともに「関所守り村」も設置され、　イ　ために、その村の村人には道を外れるあやしい人を見かけたら報告する義務がありました。現在、箱根関所は復元され、当時の様子を知ることができます。

問2 かなこさんとたろうさんは、6年生の家庭科の授業で、弁当箱の容量を調べています。次の〔会話文〕を読んで、あとの(1)、(2)の各問いに答えましょう。

〔会話文〕

> かなこ 「わたしが持っている弁当箱の容量は〔メモ1〕のとおりでした。」
>
> たろう 「わたしが持っている弁当箱には容量の表示がなかったので、内側の長さや深さを測って〔メモ2〕に書きました。容量は、内側の体積を求めて、単位を㎤からmLにするだけで求められるのでしたね。」
>
> 先生 「ところで、弁当箱の容量には次のページの〔表〕のようなめやすがあります。」
>
> かなこ 「わたしは、中学生になって弁当箱を使うときは、今持っている弁当箱を使いたいと思っていましたが、〔表〕を見ると容量が足りません。あわせて使うための150mL分の容器を別に用意します。」
>
> たろう 「わたしは、中学生の男子のめやすに合うように、持っている弁当箱とあわせて使う容器を家で探（さが）してみます。」
>
> 先生 「ごはんやおかずをどんな割合（わりあい）で弁当箱に入れるかも大切なのですが、今回は容量を調べましょう。容器が円柱の形をしている場合、『半径×半径×円周率』で求めた底面積に、深さをかければよいですね。」
>
> たろう 「わたしは、容器を見つけたら、弁当箱と容器を入れられるきんちゃく袋（ぶくろ）をつくりたいと思っています。」

〔メモ1〕かなこさんの弁当箱

> 容器のうらに「容量650mL」と書いてありました。

〔メモ2〕たろうさんの弁当箱

> 容器（直方体）の内側の長さや深さ
> 縦（たて）8cm、横20cm、深さ4cm

〔表〕弁当箱の容量のめやす　　　　　　　※体の大きさや，運動する量によっても増減します。

	女子	男子
小学校5・6年生	700 mL	800 mL
中学生	800 mL	900 mL

（針谷順子『子ども・成長・思春期のための料理選択型食教育　食育プログラム第3版』より作成）

(1)　かなこさんとたろうさんは，それぞれ持っている弁当箱に，どの大きさの容器をあわせて使う
　　とよいでしょうか。中学生の弁当箱の容量のめやすにあうように，次の①～⑤の中から最もあて
　　はまるものを，それぞれ1つずつ選び，その番号を書きましょう。ただし，容器には，その容量
　　の分をちょうど入れるものとします。直径や深さ，長さは容器の内側のものとし，円周率は3.14
　　として計算しましょう。

　　①　底面が直径5cmの円で，深さ4cmの円柱の形をした容器
　　②　底面が直径6cmの円で，深さ4cmの円柱の形をした容器
　　③　底面が直径7cmの円で，深さ4cmの円柱の形をした容器
　　④　縦5cm，横11cm，深さ4cmの直方体の形をした容器
　　⑤　縦5cm，横13cm，深さ4cmの直方体の形をした容器

(2)　たろうさんは，弁当箱を入れるために〔完成図〕のようなきんちゃく袋をつくることにしまし
　　た。〔材料〕を使い，次のページの〔つくり方〕に従ってつくるとき，〔材料〕にある布Aの<u>ア</u>と
　　布Bの<u>イ</u>にあてはまる数を，それぞれ書きましょう。

〔完成図〕

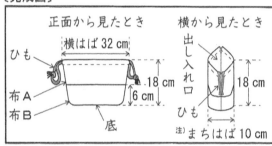

注）まち：かばんやふくろの厚みのこと。

〔材料〕

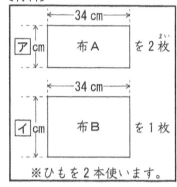

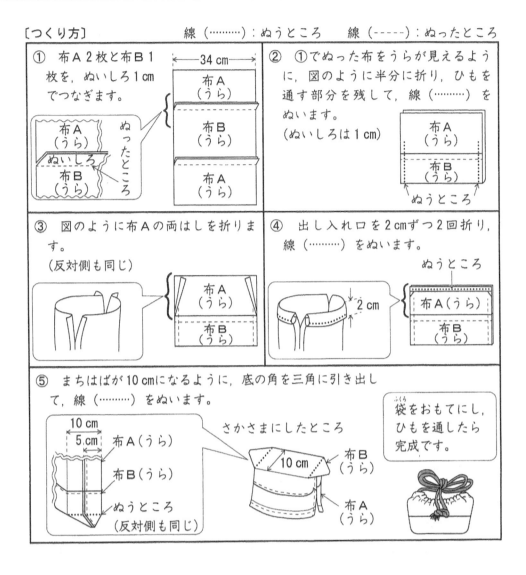

[つくり方]　　　　　　　線（………）：ぬうところ　　　線（-----）：ぬったところ

① 布A2枚と布B1枚を，ぬいしろ1cmでつなぎます。

② ①でぬった布をうらが見えるように，図のように半分に折り，ひもを通す部分を残して，線（………）をぬいます。（ぬいしろは1cm）

③ 図のように布Aの両はしを折ります。（反対側も同じ）

④ 出し入れ口を2cmずつ2回折り，線（………）をぬいます。

⑤ まちはばが10cmになるように，底の角を三角に引き出して，線（………）をぬいます。

袋をおもてにし，ひもを通したら完成です。

問3　たろうさんとかなこさんは，中等教育学校の学校図書館の本を借りるときに使用する図書館利用カードについて，図書担当の先生と話しています。次の〔会話文1〕を読んで，あとの(1)，(2)の各問いに答えましょう。

〔会話文1〕

たろう　「次のページの〔図書館利用カード〕には，氏名と黒い線と数字が表示されています。」

かなこ　「黒い線は注1)バーコードですよね。数字には何か意味があるのですか。」

先生　「この数字は，だれのカードなのかを示す，利用者番号を表しています。バーコードで数字を読み取りますが，バーコードが読み取れないときは，直接数字を入力することで，貸し出しの手続きができます。」

たろう　「わたしは図書委員なので，数字を入力したことがあります。数字をまちがえたときは，エラー表示が出ました。調べてみると，次のページの〔利用者番号のつくり〕に

あるように，最後に入力する一番右側の数字は，その前に入力された注2)通し番号が正しいかを確かめる『チェックデジット』というものだとわかりました。そこで，その数字がどのように決められているのかについても調べて，〔チェックデジットの決め方〕にまとめました。」

注1)バーコード：数字などを線の太さや間隔のちがいで表したもの。専用の装置で読み取ることができる。

注2)通し番号：順番に割りふった個別の番号。

〔図書館利用カード〕

〔利用者番号のつくり〕

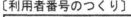

〔チェックデジットの決め方〕

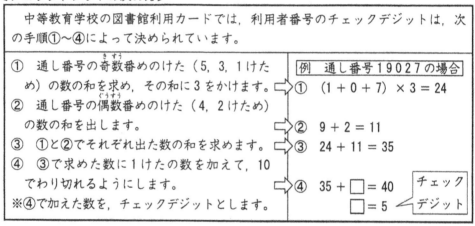

中等教育学校の図書館利用カードでは，利用者番号のチェックデジットは，次の手順①～④によって決められています。

① 通し番号の奇数番めのけた（5，3，1けため）の数の和を求め，その和に3をかけます。

② 通し番号の偶数番めのけた（4，2けため）の数の和を出します。

③ ①と②でそれぞれ出た数の和を求めます。

④ ③で求めた数に1けたの数を加えて，10でわり切れるようにします。

※④で加えた数を，チェックデジットとします。

例 通し番号19027の場合
① (1 + 0 + 7) × 3 = 24
② 9 + 2 = 11
③ 24 + 11 = 35
④ 35 + □ = 40　チェック
□ = 5　デジット

(1) かなこさんの通し番号は「19053」です。このとき，図書館利用カードの利用者番号のチェックデジットは何か，あてはまる1けたの数を書きましょう。

(2) 次の〔会話文2〕を読んで，あとのア，イの各問いに答えましょう。

〔会話文2〕

先生　「チェックデジットがあるため，入力する数をまちがえたときに，多くの場合でエラー表示が出ます。」

たろう　「〔チェックデジットの決め方〕の手順①で，通し番号の奇数番めのけたの数の和にかける数は，3でなければならないのですか。」

先生　「3と同じように使える数もありますが，使えない数もあります。まず，1をかける場合ですが，何もかけないときと同じなので，例えば，通し番号『19027』の数をまちがえて『91027』や『19072』と入力してしまっても，エラー表示が出ません。だから，1は使えません。」

かなこ　「では，2はどうでしょうか。」

先生	「２も使えません。通し番号が，『２０００１』から『２０００９』の生徒のチェックデジットを示した〔表〕を見てください。この〔表〕から，かける数として２が使えない理由を考えてみましょう。」
たろう	「３をかける場合とは異なり，２をかける場合では，チェックデジットが同じになることがあります。例えば，通し番号『２０００３』の３をまちがえて あ と入力しても，チェックデジットが同じなので，エラー表示が出ません。だから，かける数として２は使えないのですか。」
先生	「その通りですね。」
かなこ	「では，４から９までの数で，通し番号の奇数番めのけたの数の和にかける数として，３と同じように使えるものがあるか調べてみましょう。」

〔表〕

２をかける場合			３をかける場合	
通し番号	チェックデジット		通し番号	チェックデジット
２０００１	４		２０００１	１
２０００２	２		２０００２	８
２０００３	０		２０００３	５
２０００４	８		２０００４	２
２０００５	６		２０００５	９
２０００６	４		２０００６	６
２０００７	２		２０００７	３
２０００８	０		２０００８	０
２０００９	８		２０００９	７

ア　〔会話文２〕の あ にあてはまる１けたの数を書きましょう。

イ　通し番号の奇数番めのけたの数の和にかける数として，４，５，６，７，８，９の中で，３と同じように使える数をすべて書きましょう。

問4　たろうさんとかなこさんは，図画工作の授業で，回転する仕組みの作品について話しています。次の(1)，(2)の各問いに答えましょう。

(1)　次の〔会話文１〕を読んで，次のページのア，イの各問いに答えましょう。

（〔図１〕〜〔図４〕は次のページにあります。）

〔会話文１〕

たろう	「〔図１〕の状態では，４本の棒は箱の上の面に対して垂直です。棒の先が１番高いところにあるのは15cmの棒で，続いて22cmの棒，23cmの棒，21cmの棒の順になっています。この状態から針金を半周回転させると，その回転が棒に伝わって，棒の高さが変化します。さらに半周回転させると，〔図１〕の状態にもどります。」
かなこ	「棒と針金を，〔図２〕のようにつないだので，うまく回転しますね。」
たろう	「これから，〔図３〕のように，22cmの棒に〔図４〕の①のカードをはりつけ，21cm

の棒に②を，23cmの棒に③を，15cmの棒に④を同じようにはりつけます。棒とカードの縦の辺は平行になるようにします。」

かなこ 「では，〔図1〕の棒にカードをつけた状態から針金を回転させましょう。」

〔図1〕スタートの位置

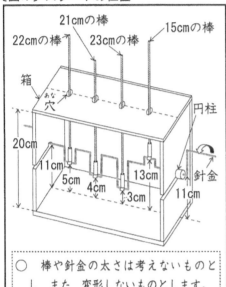

○ 棒や針金の太さは考えないものとし，また，変形しないものとします。
○ 円柱は針金をうまく回転させるためのもので，箱に固定しています。

〔図2〕つなぎ方

太さが異なるストローで，棒と針金をつなぎます。どの棒と針金も同じようにつなぎます。

〔図3〕つけ方

カードの縦の長さの半分のところに，棒の上の部分がくるようにはりつけます。

〔図4〕カード

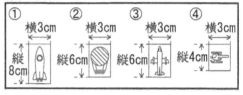

ア 〔図1〕の棒に〔図4〕のカードをそれぞれはりつけたとき，カードの上の辺の高さが2番めに高いのはどれか，①～④の中から1つ選び，その番号を書きましょう。

イ 〔図1〕の棒に〔図4〕のカードをそれぞれはりつけた状態から針金を半周回転させたとき，カードの上の辺の高さを比べて，高い順に番号を書きましょう。

(2) 次の〔会話文2〕を読んで，あとのア，イの各問いに答えましょう。

（〔図5〕～〔図7〕は次のページにあります。）

〔会話文2〕

かなこ 「〔図5〕のように，異なる4つの大きさの歯車A，歯車B，歯車C，歯車Dが，うまくかみ合って回転するようにしました。」

たろう 「回転する方向（🌙）に歯車Aを回転させると，歯車Aと歯車Cは同じ方向に回転し，歯車Bと歯車Dはその2つの歯車とは反対の方向に回転しますね。」

かなこ 「〔図5〕の状態から，歯車Aを1周回転させると〔図6〕のようになり，ほかの歯車が〔表〕の分だけ回転したことがわかりました。」

たろう 「では，このあとも続けて回転させて，〔図5〕の状態にもどったり，〔図7〕のようになったりする様子について調べてみましょう。」

〔図5〕スタートの位置

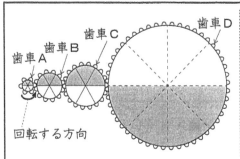

○ 歯車A，歯車B，歯車Cには，円が6等分されるように線（——）がかかれています。

○ 歯車Dには，円が8等分されるように線（-----）がかかれています。

○ それぞれの歯車に色をぬって，半円と円に分けています。

〔図6〕

〔図5〕の状態からAを1周回転させたとき

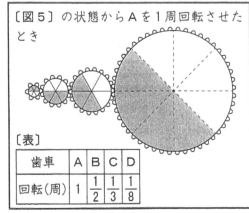

〔表〕

歯車	A	B	C	D
回転（周）	1	$\frac{1}{2}$	$\frac{1}{3}$	$\frac{1}{8}$

〔図7〕

〔図5〕の状態からAを何周か回転させたとき

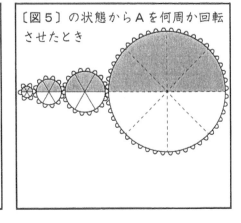

ア 〔図5〕のスタートの位置から歯車Aを75周回転させるまでに，〔図5〕と同じ状態になるのは何回か，書きましょう。

イ 〔図7〕の状態にはじめてなるのは，〔図5〕のスタートの位置から歯車Aを何周回転させたときか，書きましょう。

【適性検査Ⅱ】 （45分） ＜満点：300点＞
【注意】 字数の指定がある問題は，指定された字数や条件を守り，ていねいな文字で書きましょう。次の〔例〕のように，横書きで，最初のマスから書き始めます。段落をかえたり，マスの間をあけたりしないで書きます。文字や数字は１マスに１字ずつ書き，文の終わりには句点〔。〕を書きます。句読点〔。，〕やかっこなども１字に数え，１マスに１字ずつ書きます。

〔例〕

| １ | ２ | 月 | の | 詩 | の | テ | ー | マ | は |
| , | 「 | 冬 | の | 朝 | 」 | だ | っ | た | 。 |

問1 たろうさんの班では，社会科の授業で，伝統野菜について調べたことを話し合っています。次の〔会話文〕を読んで，あとの(1)，(2)の各問いに答えましょう。

〔会話文〕

> たろう 「神奈川県の伝統野菜である津久井[注1]在来大豆は，生産量が少なく，幻の大豆といわれているそうです。大豆の[注2]需要量を〔表〕にまとめた結果，国産のものが少ないことがわかりました。」
>
> かなこ 「〔資料1〕によると，伝統野菜は地産地消の面でも注目されているようです。神奈川県では，津久井在来大豆のほかに，三浦だいこんや多摩川なしなどもつくられています。」
>
> たろう 「次のページの〔資料2〕，〔資料3〕を読んで，わたしたちが住んでいる地域の伝統的な品種を守ることが大切だと思いました。」

[注1]在来：昔から存在していること。　[注2]需要量：必要な量。

〔表〕日本の大豆の需要量と自給率　　　　　　　　（単位：千t　※1t（トン）＝1000kg）

	2013年度	2014年度	2015年度	2016年度	2017年度
需要量	3012	3095	3380	3424	3573
需要量のうち食品用	936	942	959	975	988
食品用のうち国産のもの	194	226	237	231	245
食品用の自給率	20.7%	24.0%	24.7%	23.7%	24.8%

（農林水産省「令和元年度　食料・農業・農村白書」より作成　※一部表記を改めたところがある。）

〔資料1〕

> 伝統野菜とは，その土地で古くからつくられてきたもので，採種をくり返していく中で，その土地の気候風土にあった野菜として確立されてきたもの。地域の食文化とも密接していました。野菜の[注]そろいが悪い，手間がかかる，という理由から，大量生産が求められる時代にあって生産が減少していましたが，地産地消がさけばれる今，その伝統野菜に再び注目が集まってきています。

（農林水産省「aff（2010年2月号）」より　※一部表記を改めたところがある。）

[注]そろいが悪い：大きさや形がそろっていないこと。

〔資料２〕

効率化が求められる時代にあって，つくりづらく手間がかかる伝統野菜をなぜ守ろうとするのか。（中略）気候変動への対策は世界中で取り組まれているものの，残念ながら効果のほどは^{注)}定かでなく，気候が変わっていくことを前提として適応していくことも重要となる。そうしたなか，さまざまな変化にさらされながら根づいてきた伝統野菜は，その土地その土地の風土に適した作物と育て方のヒントを与えてくれる。

（『伝統野菜の今』香坂玲　冨吉満之著より　※一部表記を改めたところがある。）

^{注)}定か：明らか。

〔資料３〕

わたしたちが食べている穀物や野菜，^{注1)}家畜や^{注2)}家禽は，野生生物の中から，人間の利用に適した性質のものを選び，長い年月をかけて^{注3)}品種改良をしてきたものです。（中略）伝統的な品種は，品種改良の過程で地域のかん境にあったものが選択されてきたという面ももっています。時として作物や家畜・家禽は，その品種が影響を受けるかん境の変化や新たな病気などが起こると，一斉に被害を受ける危険性をもっています。わたしたちが将来にわたって安定して食糧を得ていくためには，こうした状況を想定し，^{注4)}生物多様性や伝統的な品種を守り，目的とする品種改良を行うことのできる可能性を確保しておくことが必要です。（中略）生物多様性を守る取り組みは，将来世代にさまざまな道を選べる可能性を残すことを意味しています。その際，生きものは同じ種類であっても，地域によって^{注5)}微妙に色や形，性質などが異なることから，各地域で生きものを守っていくことが重要です。

（愛知県「あいち生物多様性戦略2020」より　※一部表記を改めたところがある。）

^{注1)}家畜：人間が飼う牛，馬，ぶたなどの動物。

^{注2)}家禽：家で飼うにわとり，あひるなどの鳥。

^{注3)}品種改良：新しくより良い品種をつくり出すこと。

^{注4)}生物多様性：それぞれ異なる特性をもつ，さまざまな種類の生きものがいること。

^{注5)}微妙に：細かく複雑なこと。

(1) 〔表〕，〔資料１〕～〔資料３〕から読みとれる内容として，あてはまるものを次の①～⑤の中からすべて選び，その番号を書きましょう。　　　（〔表〕，〔資料１〕は前のページにあります。）

① 日本の食品用の大豆の需要量は，2013年度から2017年度にかけて減少している。

② 2013年度から2017年度までの需要量を見ると，日本で必要とされる食品用の大豆のうち，国産のものの割合は，どの年も４分の１以下である。

③ 伝統野菜は生産が減少していた時期もあったが，再び注目されるようになった。

④ どのような作物がその土地の風土にあっているか，どのようにその土地で育てればよいかということを，伝統野菜から知ることができる。

⑤ 同じ種類の生きものであれば，どの地域でも色や形，性質などは変わらない。

(2) 次の２つのことについて，全体で120字以上150字以内で書きましょう。

・伝統的な品種を守ることが必要なのはなぜか，**かん境**と**安定**という２つの言葉を使い，〔資料３〕の内容をふまえて書きましょう。

・伝統的な品種を守るため，あなたはどのような行動をとるか書きましょう。未来の自分がとりたい行動について書いたり，生産者や消費者などの立場になって書いたりしてもよいものとします。

問2

※問題に使用された作品の著作権者が二次使用の許可を出していないため，問題を掲載しておりません。

（出典：『絵とき　ゾウの時間とネズミの時間』本川達雄著より）

問3　かなこさんは，工作用紙を用いた模型の家づくりについて，たろうさんに話しています。次の〔会話文〕を読んで，あとの(1)，(2)の各問いに答えましょう。

（〔図1〕～〔図4〕は次のページにあります。）

〔会話文〕

> かなこ　「〔組み立て方〕に従って，〔図1〕の①を折り，②の2階のゆかや〔図2〕の階段を取りつけると，2階建ての模型の家になります。」
>
> たろう　「〔図1〕の②の ███████ の部分は，どのようになるのですか。」
>
> かなこ　「模型の家は，組み立てると〔図3〕のようになるので，███████ がどこの部分になるのかわかります。」

〔組み立て方〕

> ○　〔図1〕の①と②は線（＝＝）に沿って切り取ります。
>
> ○　①の線（………）と線（－•－）を折り目が直角になるように折ります。
>
> ○　2階のゆかは，②の点Aが①の点あに，同じように，点Bが点いに，点Cが点うに，点Dが点えに，ぴったりと重なるように取りつけます。
>
> ○　階段は，〔図2〕の③の線（－•－）と線（………）を折り目が直角になるように折り，④のようにします。そして，点きが②の点Eに，点くが点Fに重なるように取りつけます。また，点けと点こが①の1階のゆかに，それぞれぴったりと重なるように取りつけます。

(1)　次のア，イの各問いに答えましょう。ただし，組み立てた模型の家にはすき間がなく，工作用紙の厚さは考えないものとします。

　　ア　〔図1〕の①の点おと点かを結ぶ線（－•－）としてあてはまるものを，〔図3〕の①～⑥の中から1つ選び，その番号を書きましょう。

　　イ　〔図2〕の③の縦の長さは何cmか，書きましょう。

(2)　かなこさんは，〔かざりの紙のはり方〕のようにして，2階の外側のかべすべてに，〔図4〕のかざりの紙を重ならないようにすき間なくはることができました。このとき，使ったかざりの紙は何枚か，書きましょう。

〔かざりの紙のはり方〕

> ○　かざりの紙は，2階の外側のかべ6面すべてにはりました。

○ かざりの紙は，〔図４〕の大きさのまま，重ならないようにすき間なくはりました。

○ かざりの紙は，横向きや縦向きにしたり，裏返したり，〔図５〕のように折ったりしてはりました。

○ かざりの紙は，窓とドア以外の部分にはりました。

〔図１〕

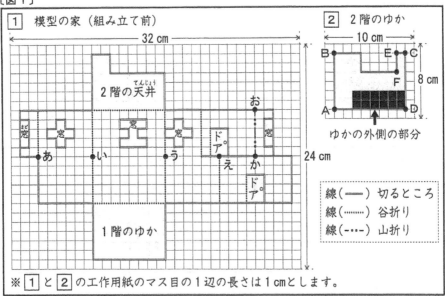

〔図２〕階段の組み立て前と後

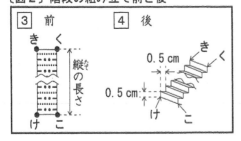

〔図３〕模型の家の全体図

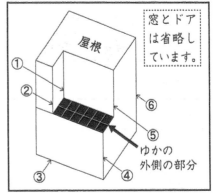

〔図４〕かざりの紙

〔図５〕かざりの紙のはり方

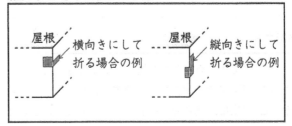

問4 　たろうさんとかなこさんは，算数の授業で，カードを使って学習をしています。次の(1)，(2)の各問いに答えましょう。

(1) 　次の〔会話文1〕を読んで，残り1枚のカードに書くことができる数を2つ書きましょう。

〔会話文1〕

> 先生 　「何も書いていない6枚のカードに，それぞれ異なる数を書いてください。ただし，2枚で1組になるように，自分で考えたきまりに従って書きましょう。」
>
> たろう 　「わたしは，2枚のカードに書かれた大きい数から小さい数をひくと12になるきまりにしました。書いた数は，⑭と②，⑰と⑤，そして⑱です。残り1枚のカードの数は何かわかりますか。」
>
> かなこ 　「その数は2つ考えられますね。」

(2) 　次の〔会話文2〕，〔会話文3〕を読んで，あとのア，イの各問いに答えましょう。

〔会話文2〕

> たろう 　「かなこさんは，どのようなきまりにしたのですか。」
>
> かなこ 　「2枚のカードに書かれた数をたすと12の倍数になるようにしました。書いた数は，②と⑩，④と⑧，⑪と⑬です。この6枚のカードを使ったゲームを考えたので，〔ルール〕に従ってやってみましょう。」

〔ルール〕

> ○ 　6枚のカードを〔図1〕のように，箱の中に入れます。
>
> ○ 　は，はじめに〔図2〕の★のマスに置きます。
>
> ○ 　箱の中からカードを1枚ひきます。ひいたカードは元にもどしません。
>
> ○ 　を，止まっているマスから，ひいたカードに書かれた数の分だけ，時計回りに進めます。
>
> ○ 　が，★のマスにちょうど止まったときはゴールとなり，ゲームが終わります。ゴールとならなかったときは，次のカードを1枚ひいてゲームを続けます。

〔図1〕箱

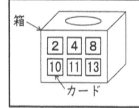

実際には，カードは箱の中に入っているため，外からは見えません。

〔図2〕12マスの紙

〔会話文3〕

> かなこ 　「では，カードを1枚ひいてください。」
>
> たろう 　「②のカードをひいたので，を次のページの〔図3〕の①まで進めます。」
>
> かなこ 　「次に，残りのカードの中から1枚ひいてください。」

たろう 「4のカードをひいたので，〔図3〕の②まで進めます。」

かなこ 「3枚めのカードをひいてください。」

たろう 「8のカードをひいたので，〔図3〕の③まで進めます。★のマスを通過したのですが，ゴールとなりますか。」

かなこ 「★のマスにちょうど止まらなかったので，ゴールとなりません。そのまま4枚めのカードをひいてください。」

たろう 「10のカードをひいたので，〔図3〕の④まで進めます。今度は★のマスにちょうど止まりました。」

かなこ 「これでゴールです。2，4，8，10の順に4枚ひいて，🚗は2周しました。」

たろう 「4枚より少ない枚数でゴールする場合や，4枚ひいても3周する場合がありますね。」

かなこ 「それぞれ何通りあるか，調べてみましょう。」

たろう 「何通りあるかを数えるとき，今のように2，4，8，10の順にカードをひく場合と，同じカード4枚を2，4，10，8の順にひく場合では，別のものとして数えるのですか。」

かなこ 「そうです。ひいた順番が異なる場合は，それぞれ1通りと数えます。」

〔図3〕

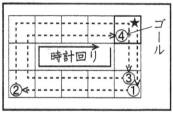

ア 前のページの〔ルール〕に従ってカードをひいたとき，2枚ひいてゴールとなるのは何通りか，書きましょう。ただし，ひいた順番が異なる場合は，それぞれ1通りと数えるものとします。

イ 〔ルール〕に従ってカードをひいたとき，4枚ひいて3周し，はじめてゴールとなるのは何通りか，書きましょう。ただし，ひいた順番が異なる場合は，それぞれ1通りと数えるものとします。

大切なことはメモしておこうネ！

2021 年 度

解 答 と 解 説

＜適性検査Ⅰ解答例＞

問1 (1) ①，②，⑥
　　 (2) ア　箱根寄木細工づくり
　　　　 イ　関所をさけて山の中をぬけてしまうのを防ぐ

問2 (1) （かなこさん）③
　　　　 （たろうさん）⑤
　　 (2) ア　17(cm)
　　　　 イ　24(cm)

問3 (1) 4
　　 (2) ア　8
　　　　 イ　7，9

問4 (1) ア　④
　　　　 イ　（1番め）③
　　　　　　 （2番め）①
　　　　　　 （3番め）②
　　　　　　 （4番め）④
　　 (2) ア　3(回)
　　　　 イ　12(周)

○配点○
問1 (1) 30点　　(2) ア・イ　各20点×2
問2 (1) 30点　　(2) 40点
問3 (1)・(2) ア　各20点×2　イ　40点
問4 (1) ア　10点　イ　20点　　(2) ア　20点　イ　30点　　　計300点

＜適正問題Ⅰ解説＞

問1 （社会：資料の読み取り，箱根の歴史）
　(1) ③　箱根駅伝では，「選手は高低差800m以上の坂道を走る」とあるので，誤り。
　　　④　関所とは「江戸を守るために人や武器の出入りを調べたところ」であり，箱根関所は休息する場所として設置されたのではないため，誤り。
　　　⑤　箱根関所は箱根八里の真ん中に作られたのであって，江戸と京都を結ぶ道のりの真ん中に作られたのではないので，誤り。
　(2) ア　〔発表用の資料〕の文章の中で，箱根寄木細工は箱根町畑宿で作られるようになったと書いてある。
　　　イ　〔発表用の資料〕の箱根関所の工夫の文章中に「強引に関所を通ってしまったり，関所を

さけて山の中をぬけてしまったりする関所破りは，大きな罪でした」とあることから，**イ**の中にはそのような関所破りの行為を防ぐという内容が入る。

問2 （算数：資料の読み取り，計算）

(1) かなこさんは現在650mLの容量の弁当箱を持っていて，中学生女子の弁当箱の容量の目安である800mLには150mL足りないので，150mLになるような容器を選ぶ。また，現在のたろうさんの弁当箱の容量は，

$$8×20×4＝640（mL）$$

より，中学生男子の弁当箱の容量の目安である900mLには260mL足りないので，260mLになるような容器を選ぶ。①から⑤の容器はすべて深さ4cmであるから，

$$150÷4＝37.5$$
$$260÷4＝65$$

より，かなこさんは底面積が37.5cm²に最も近いもの，たろうさんは65cm²に最も近いものがあてはまる。

それぞれの容器の底面積は，

① $2.5×2.5×3.14＝19.625$
② $3×3×3.14＝28.26$
③ $3.5×3.5×3.14＝38.465$
④ $5×11＝55$
⑤ $5×13＝65$

であるので，かなこさんは③の容器，たろうさんは⑤の容器が最もふさわしい。

(2) 布**A**は正面から見たとき，$18－6＝12（cm）$より，片側が12cm見えていて，〔つくり方〕の①よりぬいしろを1cm分とっている。さらに，〔つくり方〕の④より出し入れ口を2cmずつ2回折ることから，**ア**の長さは，

$$12＋2×2＋1＝17（cm）$$

布**B**は正面から見たとき片側が6cm見えていて，横から見たときにまちはばが10cmあり，ぬいしろが1cmずつ2か所必要であることをふまえると，**イ**の長さは

$$6×2＋10＋1×2＝24（cm）$$

問3 （算数：チェックデジット，場合分け）

(1) かなこさんの通し番号の奇数番めのけたの数の和に3をかけると，

$$（1＋0＋3）×3＝12 …①$$

通し番号の偶数番めの数の和は，

$$9＋5＝14 …②$$

①と②の和を求めると，

$$12＋14＝26$$

26に1けたの数を加えて10でわり切れるようにするので，30と26の差を求めると，

$$30－26＝4$$

よって，かなこさんの利用者番号のチェックデジットは4である。

(2) **ア** 〔表〕より2をかける場合の20003のチェックデジットは0で，これは20008のチェックデジットと同じである。よって **あ** に入るのは8。

イ 通し番号の奇数番めの数の和にかけて，チェックデジットがすべて異なる場合には3と

同じように使うことができる。3と同様に，通し番号の20001から20009を用いて調べる。これらの9個の番号は2，3，4番めの数字は常に0なので〔チェックデジットの決め方〕の②，③の手順は省いて，1番めと5番めの和に4～9をかけて，10でわり切れるように加えたときの1けたの数がチェックデジットだと考えることができる。9個の通し番号でチェックデジットがすべて異なるのは，1けためと5けための和にそれぞれの数字をかけたときの1の位の数がすべて異なる場合である。すべて異なっているのは7と9をかけた場合だけなので，答えは7と9である。

通し番号	和	×4	×5	×6	×7	×8	×9
20001	3	12	15	18	21	24	27
20002	4	16	20	24	28	32	36
20003	5	20	25	30	35	40	45
20004	6	24	30	36	42	48	54
20005	7	28	35	42	49	56	63
20006	8	32	40	48	56	64	72
20007	9	36	45	54	63	72	81
20008	10	40	50	60	70	80	90
20009	11	44	55	66	77	88	99

やや難 問4 （算数：図，資料の読み取り，条件と組み合わせ）

(1) ア 〔図1〕の状態で4本それぞれの棒に①から④のカードをそれぞれつけたとき，高さはカードの縦の長さの半分だけ高くなるので，箱の底面からの高さを計算すると，

① 5＋22＋4＝31
② 4＋21＋3＝28
③ 3＋23＋3＝29
④ 13＋15＋2＝30

よって，2番めに高いのは底面から30cmの高さになる④である。

イ 箱に貫通している針金の高さは11cmなので，それぞれの棒の下端の位置をそれとの差として考えると，半周回転させたときの4枚のカードの上の辺の高さはそれぞれ，

① （11－5）＋22＋4＝32
② （11－4）＋21＋3＝31
③ （11－3）＋23＋3＝34
④ 15＋2－（13－11）＝15

よって，高い順に並べると③，①，②，④である。

(2) ア 〔表〕より，歯車Bは歯車Aが2回転したとき，歯車Cは歯車Aが3回転したとき，歯車Dは歯車Aが8回転したときそれぞれ1回転して〔図5〕の位置にもどる。4つの歯車すべてがスタートの位置にもどるのは，2と3と8の公倍数分回転したときで，歯車Aが75周回転するまでにスタートの位置にもどるのは，24周，48周，72周回転したときの計3回である。

イ 〔図7〕では歯車B，Cはもとのスタートの位置にもどっており，歯車Dだけが2分の1回転している。歯車Bは歯車Aが2回転したとき，歯車Cは歯車Aが3回転したとき，歯車Dは歯車Aが4回転したとき〔図7〕の状態になる。よって，2と3と4の最小公倍数分

回転したときにはじめて〔図7〕の状態になるので，答えは12周である。

── ★ワンポイントアドバイス★ ──

書かれている条件をよく理解して，落ち着いて問題を解くことが大切。メモや表，図，イラストなどがたくさん使われているので会話文と合わせてしっかり読もう。

＜適性検査Ⅱ解答例＞

問1 (1) ②，③，④
 (2) 伝統的な品種を守ることは，地域のかん境にあった品種をつくることができる可能性を確保し，わたしたちが将来にわたって安定して食りょうを得ていくことにつながっているから必要です。わたしは，将来，農業関係の研究所で働き，地元の農家の方と協力して農作物の研究や開発に取り組むことで，伝統的な品種を守りたいです。

問2 (1) ②，④，⑥
 (2) ア 1分間にうっている(回数)
  イ 一生のあいだにうつ(回数)

問3 (1) ア ①
  イ 9.5(cm)
 (2) 74 (枚)

問4 (1) 6，30
 (2) ア 6(通り)
  イ 32(通り)

○配点○
問1 (1) 20点 (2) 60点
問2 (1) 30点 (2) ア 20点 イ 20点
問3 (1) ア 10点 イ 30点 (2) 30点
問4 (1) 20点 (2) ア 20点 イ 40点 　　計300点

＜適性検査Ⅱ解説＞

問1 （国語：資料の読み取り，作文）
 (1) ① 〔表〕より，日本の大豆の需要量（じゅよう）のうち食品用は2013年度から2017年度にかけて増加しているので誤り。
  ⑤ 〔資料3〕より，「生きものは同じ種類であっても，地域（ちいき）によって微妙（びみょう）に色や形，性質（こと）などが異なる」と書いてあるので誤り。
 (2) 〔資料3〕の内容をふまえて，かん境にあった品種を守ること，またそれが安定した食りょうの供給につながることなどを書く。くわえて生産者や消費者などの立場にたって，自分ならどのような行動がとれるのかを短くまとめる。

問2 （算数：表・資料の読み取り）

(1) ① 〔会話文〕の中にハツカネズミの1日分のえさは10gとあるので誤り。

③ ハツカネズミの体重は30g，1日に食べる量は10gであるので，3日間で自分の体重とおなじ量のえさを食べる。

⑤ ハツカネズミの心臓が動き続ける時間は，ゾウの心臓が動き続ける時間よりも短い。

(2) 〔資料〕の中にハツカネズミが1分間に600回近く心臓をうつのに対し，ゾウは1分間に30回とあることから，アにあてはまるのは1分間に心臓ををうつ回数である。また「ゾウはネズミより，ずっと長生きだけれど，一生のあいだに心臓がうつ回数は，ゾウもネズミもおなじなのだ」とあることからゾウもネズミも一生のあいだに心臓をうつ回数はおなじであることがわかる。

問3 （算数：立体模型，面積，計算）

(1) ア 点えと点かは切り取り線の上にあるので，点うと点えのあいだにある谷折り線を折ると，点おと点かを結ぶ線は①があてはまる。

イ 点きが②の点Eに，点くが点Fに重なるように取り付ける。階段は工作用紙で5cm分の高さだから，

$$5 \div 0.5 = 10$$

より，階段は10段必要なことがわかる。〔図2〕の④より階段の一番上は2階の床になっているため，縦の長さは，

$$0.5 \times 10 + 0.5 \times (10-1) = 9.5$$

よって，求める長さは9.5cm

(2) 窓やドアをふくめた2階の外側のかべの面積は，高さが5cmであるので，

$$5 \times (8+6+2+2+6+4) = 140$$

窓とドアの面積の合計は，

$$7+5+3+3+6+5 = 29$$

よって，かざりの紙を貼る面積は，

$$140 - 29 = 111$$

かざりの紙1枚の面積は，

$$2 \times 1 - (0.5 \times 1) = 1.5$$

「重なりもすき間もなく」はりつくしたのであるから，使ったかざりの紙の枚数は，

$$111 \div 1.5 = 74$$

答えは74枚となる。実際，下の図のようにはることができる。

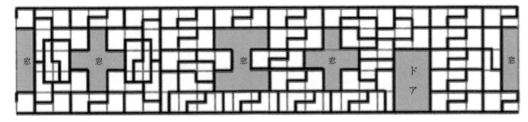

重要 問4 （算数：場合の数，組み合わせ）

(1) 18がもう一方のカードより大きい数字であった場合は6，小さい数字であった場合は30であ

る。

(2)　**ア**　2枚ひいてゴールになるのは2枚の組み合わせの和が12の倍数であるときなので，②と⑩，④と⑧，⑪と⑬の組み合わせ。ひいた順番が異なる場合はそれぞれ1通りと数えるので，ひとつの組み合わせに2通りひき方があるので，全部で6通りである。

　　イ　4枚ひいて3周するということは4枚で36マス進むことになるので，組み合わせは(④，⑧，⑪，⑬)と(②，⑩，⑪，⑬)の2通りである。4枚めで初めてゴールするので，12になる2組のカードはそれぞれ1番め・3番め，2番め・4番めになる組み合わせでひかなければならない。1枚めの選び方は4通り，2枚めの選び方は2通り，3枚めの選び方は2通り，4枚めは残った1枚を選ぶので1通りである。これはもう一方の2枚の組み合わせでも同じなので，

　　　　$(4 × 2 × 2) × 2 = 32$

　　　答えは32通りである。

──── ★ワンポイントアドバイス★ ────

作文では限られた文字数の中で，資料に書かれてあることをまとめながら自分の考えをくわえる必要がある。普段から文章や自分の考えを短くまとめる練習をしておこう。算数では与えられた図や資料をよく読んで焦らずに答えを出そう。

2020年度

★★★★★★★★★★★★★★★★★★★★★★★

入 試 問 題

2020年度

神奈川県立中等教育学校入試問題

【適性検査Ⅰ】 （45分）　＜満点：300点＞

【注意】　字数の指定がある問題は，指定された字数や条件を守り，ていねいな文字で書きましょう。次の〔例〕のように，横書きで，最初のマスから書き始めます。段落をかえたり，マスの間をあけたりしないで書きます。文字や数字は１マスに１字ずつ書き，文の終わりには句点〔。〕を書きます。句読点〔。，〕やかっこなども１字に数え，１マスに１字ずつ書きます。

〔例〕

１	２	月	の	詩	の	テ	ー	マ	は
，	「	冬	の	朝	」	だ	っ	た	。

問1　たろうさんのクラスでは，横浜市にあるシルク博物館で見学した内容について，発表する準備をしています。次の〔会話文〕を読んで，あとの(1)，(2)の各問いに答えましょう。

〔会話文〕

> 先生　「シルク博物館を見学して，わかったことは何ですか。」
>
> たろう　「わたしは，シルクとは絹のことで，着物やネクタイ，ハンカチを大きくしたようなスカーフなどに使われていることがわかりました。また，横浜ではスカーフの製造が明治時代から続く伝統産業であることもわかりました。」
>
> かなこ　「わたしは，シルクの原料になる生糸の輸出が，横浜開港から長い間，日本の経済を支えていたということを初めて知りました。また，現在ではシルクを使ったいろいろな製品の開発がすすんでいるそうです。」
>
> 先生　「シルク博物館で見学した内容を，どのように発表しますか。」
>
> たろう　「わたしたちは，〔**シルクとわたしたちのくらし**〕と〔**横浜とシルクとの関わり**〕に書いたことをまとめて発表したいと思います。」

〔シルクとわたしたちのくらし〕

> ○　もともとシルクは，せんいの１つです。せんいとは，衣服や紙の原料になる細い糸状のものです。せんいには，カイコのまゆ，動物の毛や植物から作られた天然せんいと，石炭や石油などから人工的に作られた化学せんいがあります。
>
> ○　〔**写真１**〕のカイコは，〔**写真２**〕のカイコガの幼虫のことです。カイコガは，チョウやガの仲間です。カイコは，口から糸をはき，〔**写真３**〕のまゆを作り，その中で育ちます。まゆ注１個からおよそ1300mの糸がとれます。これを５本，７本と複数集めた状態のものを生糸といいます。生糸を加工してシルクを作り，着物やスカーフなどに使います。スカーフ１枚を作るには，110個のまゆが必要です。　　　　　（**写真１～３**は次のページにあります。）

○　シルクは人の皮ふに近い成分でできているため，シルクで作った製品は，はだにやさしく，健康衣料ともいわれます。また，シルクをせんいとして衣料品に利用するほかに，新しい試みとしては，粉末などに加工してせっけんや口紅などのけしょう品の分野や，そうめんやあめなどの食品の分野をはじめ，いろいろな分野の製品に活用しています。そのほかにもさまざまな分野で研究開発が行われています。

注)　1個：まゆは1粒，2粒…と数えますが，ここでは1個，2個…と数えます。

〔写真1〕カイコ　　　　　　〔写真2〕カイコガ　　　　　〔写真3〕まゆ

〔横浜とシルクとの関わり〕

○　開港前の横浜は，小さな村でした。1859（注1）安政6）年の開港後，シルクの原料になる生糸をヨーロッパの国ぐにやアメリカ合衆国に輸出する港として，横浜は大いににぎわいました。

○　現在の神奈川県や，群馬県や長野県などで生産された生糸は，輸出のために横浜へ運ばれました。

○　横浜の開港当初，生糸の輸出相手国の1位はイギリスでしたが，その後はフランスが1位となり，さらに，1884（明治17）年にはアメリカ合衆国が1位となりました。また，1909（明治42）年，日本は世界一の生糸の輸出国になりました。

○　明治時代，注2)万国博覧会にシルクのハンカチを出品したことなどがきっかけで，横浜ではスカーフの製造がさかんになりました。昭和の時代には，世界の生産量の約50％を横浜で生産していたこともありました。現在も神奈川県の伝統産業の1つとして受けつがれています。

注1)　安政：江戸時代の元号。
注2)　万国博覧会：多くの国ぐにの産物や製品を人びとに見せるもよおし。

(1)　〔シルクとわたしたちのくらし〕，〔横浜とシルクとの関わり〕の内容として，あてはまるものを次の①〜⑤の中からすべて選び，その番号を書きましょう。

①せんいとは細い糸状のもので，まゆから作られたせんいは化学せんいである。

②まゆ1個から1300mの糸がとれるとき，まゆ1100個でスカーフが10枚できる。

③シルクは，人の皮ふに近い成分でできているため，はだにやさしい。

④輸出用の生糸は，神奈川県内で生産されて，群馬県や長野県に運ばれていた。

⑤生糸の輸出相手国の1位はイギリスだったが，その後はアメリカ合衆国が1位となり，1884（明治17）年にはフランスが1位となった。

(2)　たろうさんは，〔シルクとわたしたちのくらし〕，〔横浜とシルクとの関わり〕の内容をもとに，次のページの〔まとめ〕を書いています。　ア　にあてはまる内容を5字以上8字以内で書き，　イ　にあてはまる内容を20字以上25字以内で書きましょう。

〔まとめ〕

> カイコのまゆから作った生糸は，日本の代表的な輸出品でした。生糸を加工して作ったシルクは，着物などに使われています。
>
> 横浜では，シルクを使った ［　ア　］ がさかんで，世界の生産量の半分を製造していたこともあり，現在も伝統産業として受けつがれています。
>
> また，シルクをせんいとして衣料品に利用すること以外に，新しい試みとしては，［　　イ　　］ が行われています。

問2 かなこさんとたろうさんは，家庭科の授業で朝食について学習しています。次の〔会話文〕を読んで，あとの(1)，(2)の各問いに答えましょう。

〔会話文〕

> 先生 「前回，朝食を食べると，体温が上がり，脳や体が活発にはたらくようになり，生活のリズムが整うことを学びました。また，〔食品のグループ分け〕の学習では，食品を組み合わせることで，栄養のバランスがよくなることも学びましたね。みなさんはどのような朝食を考えてきましたか。」
>
> かなこ 「わたしは，ご飯，納豆(なっとう)，とうふと油あげのみそしるという朝食を考えました。このままでは ［　ア　］ が足りないので，〔かながわの特産品〕にある，2月が注)旬(しゅん)の時期の ［　イ　］ を入れることにします。」
>
> たろう 「わたしは，パン，ヨーグルト，牛乳，ゆで卵，果物の朝食を考えました。また，パンとヨーグルトについては，〔栄養成分表示〕にまとめました。」
>
> 先生 「食品の栄養成分表示については，エネルギー，たんぱく質，脂質(ししつ)，炭水化物，ナトリウムなどが表示されていることを学習しましたね。」
>
> かなこ 「ナトリウムとは，どんなものですか。」
>
> 先生 「ナトリウムは，体内の水分量をいつも適切な状態に調節するなどのはたらきをする重要な栄養素です。わたしたちは，ナトリウムの多くを食塩から吸収しています。ただし，食塩のとり過ぎは体に良くありません。健康を保つために，食塩をとる量には目標とする数値が定められています。その数値は，これまでナトリウムの量で示されていました。表示をよりわかりやすくするために，これからは食塩相当量で表すことになっています。ただ，〔栄養成分表示〕のようにナトリウムの量で表示されていても，〔計算式〕で食塩相当量を求めることができます。」

注) 旬(しゅん)：魚や野菜などの，いちばん味のよいとき。

〔食品のグループ分け〕

> ○ おもにエネルギーのもとになる食品
> 　・炭水化物を多くふくむ食品（ご飯，パン，めん，いもなど）
> 　・脂質(ししつ)を多くふくむ食品（バター，マヨネーズ，油など）
> ○ おもに体をつくるもとになる食品

> ・たんぱく質を多くふくむ食品（魚，肉，卵，豆，豆製品など）
> ・カルシウムを多くふくむ食品（牛乳，乳製品，海そうなど）
> ○ おもに体の調子を整えるもとになる食品
> ・ビタミンなどを多くふくむ食品（野菜，果物，きのこなど）

〔かながわの特産品〕食品と旬の時期

なす ：6月から11月	たまねぎ：5月から7月
かぼちゃ：6月から8月	だいこん：11月から4月

（JAグループ神奈川「かながわ特産品カレンダー」より作成）

〔栄養成分表示〕

 パン1袋

 ヨーグルト1個

パンの栄養成分表示 (100gあたり)	
エネルギー	262 kcal
たんぱく質	9.1 g
脂質	5.3 g
炭水化物	44.4 g
ナトリウム	480 mg

ヨーグルトの栄養成分表示 (1個あたり)	
エネルギー	64 kcal
たんぱく質	2.5 g
脂質	1.5 g
炭水化物	10.2 g
ナトリウム	33 mg

・エネルギーの単位 kcal は，キロカロリーと読みます。

・1 mg ＝ $\frac{1}{1000}$ g です。

・パンは1袋に6枚入っていて，その6枚をあわせた重さは400gです。ここでは，袋の重さは考えないものとします。

〔計算式〕

> 食塩相当量 ＝ ナトリウムの量 × 2.54
> ・それぞれの量の単位は，gとします。

(1) 前のページの〔会話文〕の ア と イ に入る内容として，あてはまるものを ア は①～③の中から，イ は④～⑦の中からそれぞれ1つ選び，その番号を書きましょう。

　ア ①おもにエネルギーのもとになる食品

　　　②おもに体をつくるもとになる食品

　　　③おもに体の調子を整えるもとになる食品

　イ ④なす　⑤たまねぎ　⑥かぼちゃ　⑦だいこん

(2) 前のページの〔栄養成分表示〕のパン1枚とヨーグルト1個をあわせた食塩相当量は何gか，書きましょう。ただし，答えは，小数第4位を四捨五入して，小数第3位まで書きましょう。

問3 たろうさんとかなこさんは，学級新聞の記事を書くために，日本を訪れた外国人旅行者について調べています。次の〔会話文〕を読んで，あとの(1)，(2)の各問いに答えましょう。

〔会話文〕

先生	「外国人旅行者について，どんなことを調べましたか。」
たろう	「わたしは，外国人旅行者の数の変化を調べました。〔**グラフ**〕のように，ここ数年で，外国人旅行者が増えていることがわかります。」
かなこ	「たしかに，2013年に1000万人を上回り，2018年には2013年の3倍に増加していますね。」
先生	「かなこさんは，何を調べましたか。」
かなこ	「わたしは，どの国や地域からの旅行者が多いのか，その割合を調べて，〔**表**〕にしてみました。」
たろう	「では，調べたことをまとめて，学級新聞用の〔**記事**〕を書きましょう。」

〔グラフ〕日本を訪れた外国人旅行者の数

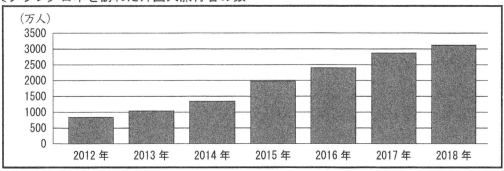

（日本政府観光局（JNTO）ホームページより作成）

〔表〕日本を訪れた外国人旅行者の国や地域の割合（2013年と2018年）

2013年	国または地域名	割合	2018年	国または地域名	割合
1位	韓国	23.7%	1位	中国	26.9%
2位	台湾	21.3%	2位	韓国	24.2%
3位	中国	12.7%	3位	台湾	15.3%
4位	アメリカ合衆国	7.7%	4位	香港	7.1%
5位	香港	7.2%	5位	アメリカ合衆国	4.9%
	その他	27.4%		その他	21.6%

（日本政府観光局（JNTO）ホームページより作成）

〔記事〕

> 　日本政府観光局の調査によると，日本を訪れた外国人旅行者の数は，2013年に年間1000万人を上回りました。その後も増え続けて，2016年には年間2000万人，2018年には年間3000万人を突破（とっぱ）しました。
>
> 　2013年と2018年の外国人旅行者の国や地域の割合を比べてみると，上位になっている国や地域は変わっていません。中国，韓国（かんこく），台湾（たいわん），香港（ほんこん）といった日本から近い国や地域からの旅行者が多く，2018年では，それらの国や地域の割合を合計すると，全体のおよそ _____ になります。また，[A]中国からの旅行者の数が増え，2018年はすべての国や地域の中で最も多くなりました。その一方で，2018年のアメリカ合衆国からの旅行者の数は，2013年と比べ，[B]減少しています。

(1)　〔記事〕の _____ に入る割合として最もあてはまるものを次の①〜⑤の中から１つ選び，その番号を書きましょう。

　　①３分の１　　②２分の１　　③３分の２　　④４分の３　　⑤５分の４

(2)　〔記事〕の下線部[A]，[B]について，次の**ア**，**イ**の各問いに答えましょう。

　　ただし，日本を訪れた外国人旅行者の数は，2013年は1000万人，2018年は3000万人であるものとします。

　ア　下線部[A]「中国からの旅行者の数」について，2018年は2013年のおよそ何倍に増えたか，最もあてはまるものを次の①〜⑥の中から１つ選び，その番号を書きましょう。

　　①1.5倍　　②２倍　　③３倍　　④４倍　　⑤５倍　　⑥６倍

　イ　下線部[B]「減少しています」は，まちがっています。その理由について，**アメリカ合衆国と旅行者の数**という２つの言葉を使い，文で具体的に説明しましょう。式を入れてもかまいませんが，解答欄（らん）のわくの中にわかりやすく書きましょう。

問４　かなこさんは厚紙にかいた展開図から，２つのさいころを作りました。次の〔会話文１〕を読んで，あとの(1)，(2)の各問いに答えましょう。

〔会話文１〕

> かなこ　「〔図１〕の２つの展開図をかくときに，どちらも『向かい合う面の目の数の和が７になる』という，さいころの目の関係に気をつけたので，同じさいころができると思ったのですが，組み立ててみると**あ**と**い**では，異なるさいころができました。」
>
> たろう　「どこにちがいがあるのですか。」
>
> かなこ　「〔図２〕のように，●を上にして，が手前になるように置いたとき，右側の面の目は，**あ**では，**い**です。」
>
> たろう　「たしかにそうですね。では，ほかにも展開図をかいてみて，**あ**，**い**のどちらのさいころになるのか調べてみましょう。」　　　　（図１，図２は次のページにあります。）

〔図1〕さいころの展開図　　　　　　　〔図2〕さいころの見取図

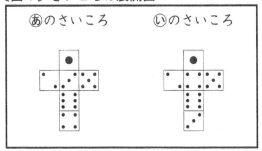 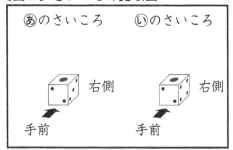

(1)　次の①〜⑤の展開図を組み立てたとき，さいころの目の配置が，〔図2〕の**あ**のさいころと同じになるものはどれでしょう。あてはまるものを①〜⑤の中からすべて選び，その番号を書きましょう。ただし，⚀と⚀，⚂と⚂，⚅と⚅の目の向きが異なっていても同じ目として考えます。

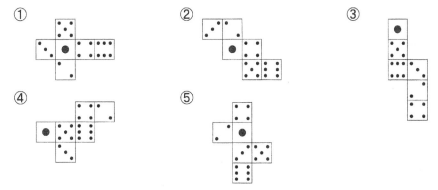

(2)　先生は，〔図2〕の**あ**と同じさいころ3個を，次の〔条件〕に従って〔図3〕のように置きました。このとき，たろうさんは〔条件〕を読みましたが，さいころは見ていません。次のページの〔会話文2〕を読んで，**ア**，**イ**の各問いに答えましょう。

〔条件〕

○　3個のさいころは，下に左右2個くっつけて置き，その片方のさいころの上に残りの1個を置きます。上に置くさいころの上向きの面には黒いテープをはり，面が見えないようにします。

○　さいころどうしがくっつく面は，目の数の和が7になるように置きます。

○　かなこさんは手前から，先生は後ろから置いてあるさいころを見ます。

〔図3〕

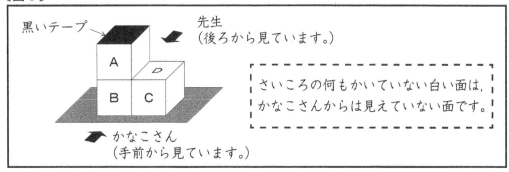

〔**会話文2**〕

先生　「かなこさんからは，どこの面が見えますか。」
かなこ「手前にある**A**，**B**，**C**の面と，黒いテープの面と**D**の面が見えます。」
先生　「黒いテープの面と**D**の面は，後ろからも見えます。**D**の目の数は3ですね。では， 　　　**A**，**B**，**C**の3つの面の目は，どんな数になっていますか。」
かなこ「**A**，**B**，**C**のうち，2つは同じ数で，**A**，**B**，**C**の目の数の和は9です。」
たろう「ということは，後ろにある3つの面の目も，2つは同じ数になっているはずですね。 　　　先生，その3つの目の数の和は，□□□□□ですか。」
先生　「そのとおりです。さいころの目の関係がよくわかっていますね。」
かなこ「ところで，黒いテープの面の目の数が何か，わかりますか。」
たろう「これまでの会話と〔**条件**〕，さらにさいころの目の関係を手がかりにすれば，黒い 　　　テープの面の目として考えられる数を，いくつかにしぼることができそうです。」

ア　〔**会話文2**〕の□□□にあてはまる数を，前のページの〔**条件**〕，〔**会話文2**〕をもとに考え，
数字で書きましょう。

イ　前のページの〔**図3**〕の黒いテープの面の目として考えられる数を，〔**条件**〕，〔**会話文2**〕
をもとに考え，1〜6のうち，あてはまるものすべてを数字で書きましょう。

【適性検査Ⅱ】 （45分）　＜満点：300点＞

【注意】 字数の指定がある問題は，指定された字数や条件を守り，ていねいな文字で書きましょう。次の〔例〕のように，横書きで，最初のマスから書き始めます。段落をかえたり，マスの間をあけたりしないで書きます。文字や数字は１マスに１字ずつ書き，文の終わりには句点〔。〕を書きます。句読点〔。，〕やかっこなども１字に数え，１マスに１字ずつ書きます。

〔例〕

| １ | ２ | 月 | の | 詩 | の | テ | ー | マ | は |
| 、 | 「 | 冬 | の | 朝 | 」 | だ | っ | た | 。 |

問1　かなこさんは，いくつかの資料をもとにバリアフリーについて調べ，学級新聞の記事をつくっています。次の〔会話文〕，〔記事１〕，〔記事２〕を読んで，あとの⑴，⑵の各問いに答えましょう。

〔会話文〕

先生	「バリアフリーという言葉を初めて聞いたのはいつですか。」
かなこ	「以前，交流学習で老人ホームを訪問したときです。部屋とろうかの間に段差がなく，建物の入り口にはスロープがありました。そのときにバリアフリーのことを聞き，興味をもちました。」
先生	「今回調べてみて，感じたことはどんなことですか。」
かなこ	「だれもが暮らしやすい社会をつくるには，〔記事１〕のさまざまなバリアを取り除くだけでなく，『心のバリア』も取り除き『心のバリアフリー』をすすめることが最も大切だということです。そこで，クラスのみんなの経験や考えを聞いて，その内容を〔記事２〕にのせたいです。」

〔記事１〕　バリアとバリアフリー

○　バリアとは
　　ちょっとした段差など，暮らしていく上で，さまたげ（じゃま）になるもの。

○　バリアの種類とその例
　　移動面のバリア
　　公共交通機関や道路や建物に見られる，段差やすき間，せまい通路など。

　　ルールや制度のバリア
　　就職や資格試験などで，障がいがあることを理由に受験などを制限すること。

　　情報面のバリア
　　視覚に頼ったタッチパネル式のみの操作盤や日本語の音声のみのアナウンスなどが，一部の人にとってわかりづらくなっていること。

○　バリアフリーとは
　　高れい者や障がい者だけでなく，すべての人に関わる日常生活の中に存在するあらゆる

バリアを取り除くこと。

○ 街の中のバリアフリーの例

点字ブロック

　視覚障がい者に道案内をするために，立ち止まって安全を確認（かくにん）する点状ブロックと，歩く方向を確認する線状ブロックが道路や駅などに設置されている。

エレベーター

　車いす利用者が使いやすいように，ボタンの位置を低くしたり，方向を変えずに出入り口を確認できるように鏡をつけたりするなどの工夫（くふう）がされている。

みんなのトイレ

　車いす利用者や赤ちゃんを連れた人などが使いやすいように，個室が広くなっていて，ボタンで開閉する自動ドアやおむつ交かん台などが設置されている。

〔記事２〕　心のバリアと心のバリアフリー

○ 心のバリアとは

　わたしたちの心の中にあるバリア。だれかにとって不便なことも，自分にとって不便でないとその不便さに気づかないこと。困っていることに気づいても，遠りょしたり無関心なふりをしたりして，自分から関わろうとしないこと。「障がいがあるから○○はできないだろう。」と思うことなど。

○ 心のバリアについてのみんなの経験と考え

アイ

○ 心のバリアフリーのために

　「心のバリア」によって，人格や個性が認められていないと感じている人や，社会に参加しづらいと感じている人もいます。

　多様な人びとと，互（たが）いを尊重しながらともに過ごしていける方法を考えることが大切です。

(1)　〔会話文〕，〔記事１〕，〔記事２〕の内容として，あてはまるものを次の①～⑥の中からすべて選び，その番号を書きましょう。

①心のバリアをふくめ，さまざまなバリアを取り除くことがバリアフリーである。

②スロープは，暮らしていく上でさまたげになるので，移動面のバリアである。

③段差やすき間，せまい通路などは，情報面のバリアになる。

④日本語の音声のみのアナウンスは，ルールや制度のバリアになる。

⑤エレベーターには，車いす利用者が方向を変えずに出入り口を確認できるように鏡をつけているものがある。

⑥点字ブロックの線状ブロックは，視覚障がい者が立ち止まって安全を確認するために設置されている。

(2)　あなたの経験と考えを，〔記事２〕のアイにのせるとします。次のページの２つのことについて，〔会話文〕，〔記事１〕，〔記事２〕の内容をふまえ，全体で120字以上150字以内で書きましょう。

・　日常生活の中で，自分自身または周りの人びとに対して，どのような「心のバリア」を感じますか。具体的な場面をあげてあなたの経験を書きましょう。

・　「心のバリア」を取り除くためには，どのように行動すればよいと思いますか。具体的な行動をあげてあなたの考えを書きましょう。

問2　たろうさんは，かなこさんに庭づくりの計画を話しています。次の〔会話文〕を読み，あとの〔図１〕～〔図９〕を見て，あとの⑴，⑵の各問いに答えましょう。

〔会話文〕

たろう　「〔図１〕にある長方形の形をした花だんの周りに，横板と縦板と柱で組み立てた柵（さく）を設置します。さらに，┗┛の形をしたⒶの部分にレンガをしきつめます。」

かなこ　「柵（さく）は，どう組み立てますか。」

たろう　「〔図２〕の材料を使い，〔図３〕，〔図４〕，〔図５〕の順に組み立てます。柵（さく）を真上から見ると〔図６〕のようになります。この柵（さく）で花だんの周りを囲みます。」

かなこ　「柵（さく）の組み立て方はわかりました。レンガはどのようにしきつめますか。」

たろう　「〔図７〕の▨と▢の２種類のレンガを２個ずつ並べていき，模様ができるようにしきつめます。まず，〔図１〕のⒷの位置から▨のレンガを２個しきます。」

かなこ　「その続きはどうしますか。」

たろう　「例えば〔図８〕のように，▨のレンガ２個を▨▨のように並べた場合，①，③，⑤の方向には▢のレンガ２個を▯▯のようにしき，②，④の方向には▨のレンガ２個を▨のようにしきます。」

かなこ　「わかりました。〔図１〕のⒷの位置から▨をしくとき，その続きは，〔図９〕のようにしいていけばよいですね。」

たろう　「そのとおりです。あとは，使う材料の数を調べれば，庭づくりをすすめられます。」

〔図１〕庭を真上から見た全体図

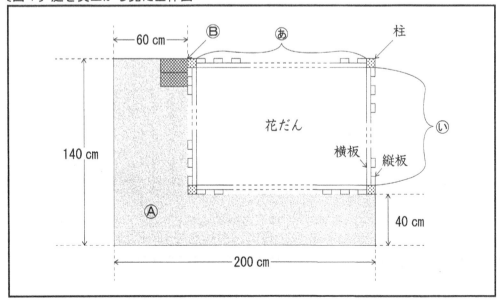

〔図２〕柵の材料

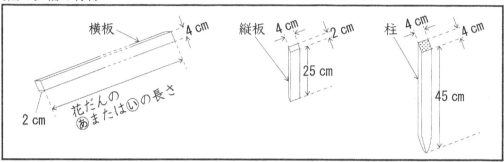

〔図３〕柵の組み立て方（その１）

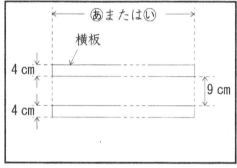

〔図４〕柵の組み立て方（その２）

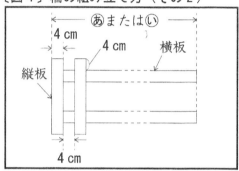

〔図５〕柵の組み立て方（その３）

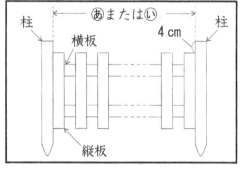

〔図６〕柵を真上から見た図

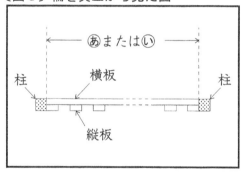

〔図７〕２種類のレンガ

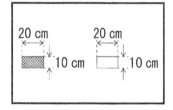

〔図８〕レンガをしく方向

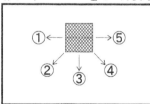

〔図９〕レンガのしき方

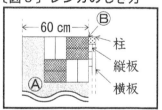

(1) 柵で前のページの〔図１〕の長方形の形をした花だんの周りを囲むとき，縦板は合計何枚必要か，書きましょう。

(2) 〔図１〕の ◣ の形をした④の部分に２種類のレンガをしきつめていくとき， ▨ と □ のレンガはそれぞれ何個必要か，書きましょう。

問3 かなこさんとたろうさんは，理科の水よう液の学習をふり返っています。次の〔会話文〕を読んで，あとの(1)，(2)の各問いに答えましょう。

〔会話文〕

先生	「〔表〕の水よう液で，見た目で区別できるものはありましたか。」
かなこ	「炭酸水はあわが出ているのでわかりました。」
先生	「たしかにそうですが，時間が経つとあわはあまり目立たなくなってしまいますね。では，見た目以外で水よう液を区別するには，どのような方法がありましたか。」
たろう	「リトマス紙を使うと，酸性の水よう液では青色リトマス紙が赤色に変わり，アルカリ性の水よう液では赤色リトマス紙が青色に変わり，中性の水よう液ではどちらのリトマス紙も色が変わりませんでした。」
かなこ	「蒸発させる方法もありました。加熱して水を蒸発させると，固体がとけている水よう液では，とけているものが残り，また，気体がとけている水よう液では，何も残りませんでした。」
たろう	「〔表〕の水よう液については，うすい塩酸だけが金属をとかすことや，石灰水だけが二酸化炭素を通すと白くにごることを学習しました。」
先生	「よく覚えていますね。〔表〕の水よう液のどれが試験管の中に入っているかわからない場合でも，その水よう液が何か調べられそうですね。まず，〔3種類の水よう液を調べた実験と結果〕から考えてみましょう。」

〔表〕

水よう液	とけているもの	性質
炭酸水	気体 （二酸化炭素）	酸性 あわが出ている。
食塩水	固体 （食塩）	中性
うすい塩酸	気体 （塩化水素）	酸性 鉄などの金属をとかす。
石灰水	固体 （消石灰）	アルカリ性 二酸化炭素を通すと白くにごる。
ミョウバン水	固体 （ミョウバン）	酸性

〔3種類の水よう液を調べた実験と結果〕

○ それぞれの水よう液を赤色リトマス紙につけると，1つの水よう液だけ青色に変わった。

○ それぞれの水よう液を加熱し，水を蒸発させると，2つの水よう液は固体が残り，1つの水よう液は何も残らなかった。

(1) 〔**表**〕の５種類の水よう液から３種類だけ取り出して調べたところ，〔**３種類の水よう液を調べた実験と結果**〕のようになりました。この結果からわかることを，次の①～⑤の中からすべて選び，その番号を書きましょう。

①３種類の水よう液のうち，酸性の水よう液は１つだけである。

②３種類の水よう液のうち，アルカリ性の水よう液は１つだけである。

③３種類の水よう液のうちの１つは，食塩水である。

④３種類の水よう液のうちの１つは，食塩水またはうすい塩酸である。

⑤３種類の水よう液のうちの１つは，食塩水またはミョウバン水である。

(2) 先生は，〔**表**〕の５種類の水よう液をそれぞれ１本ずつ入れた５本の試験管Ａ，Ｂ，Ｃ，Ｄ，Ｅを用意しました。ただし，どの試験管にどの水よう液が入っているのかわかりません。そこで，かなこさんとたろうさんが，次の〔**５種類すべて取り出して調べた実験と結果**〕の実験１～４を順番に行ったところ，試験管に入っている水よう液がそれぞれ何であるかを区別することができました。このとき，あとの**ア，イ**の各問いに答えましょう。

〔**５種類すべて取り出して調べた実験と結果**〕

実験方法	調べた試験管	結果
実験１ （　　あ　　）	試験管Ａ，Ｂ，Ｃ，Ｄ，Ｅ	変化なし：Ａ，Ｂ，Ｄ，Ｅ 変化あり：Ｃ
実験２ （　　い　　）	実験１で変化がなかった 試験管Ａ，Ｂ，Ｄ，Ｅ	変化なし：Ａ，Ｄ 変化あり：Ｂ，Ｅ
実験３ （　　う　　）	実験２で変化がなかった 試験管Ａ，Ｄ	変化なし：Ａ 変化あり：Ｄ
実験４ それぞれの水よう液を加熱して蒸発させた。	実験２で変化があった 試験管Ｂ，Ｅ	固体が残った：Ｂ 何も残らなかった：Ｅ

ア　〔**５種類すべて取り出して調べた実験と結果**〕の（あ）～（う）にあてはまるものを，次の①～③の中からそれぞれ１つずつ選び，その番号を書きましょう。

①それぞれの水よう液に二酸化炭素を通した。

②それぞれの水よう液を青色リトマス紙につけた。

③それぞれの水よう液に鉄を入れた。

イ　試験管Ａの中に入っている水よう液としてあてはまるものを，次の①～⑤の中から１つ選び，その番号を書きましょう。

①炭酸水　　②食塩水　　③うすい塩酸　　④石灰水　　⑤ミョウバン水

問４　たろうさんとかなこさんの班では，ストローと針金を使って，３段の立体を作る計画について話し合っています。次の〔**会話文**〕を読んで，あとの(1)，(2)の各問いに答えましょう。

〔**会話文**〕

> 先生　　「３段の立体は，どのように作るのですか。」

たろう 「まず〔図１〕のような縦，横，高さが同じ長さの箱をたくさん作って，〔図２〕のような３段の立体になるように箱を並べる計画を立てました。〔図１〕の箱を使って，１段めには25個，２段めには９個，３段めには１個の箱を置きます。〔図３〕は〔図２〕を真横と真正面と真上から見た図です。３段の立体は，〔図１〕の箱とほかの種類の箱で作ります。」

先生 「どのような種類の箱があるのですか。」

たろう 「〔図４〕のように３種類の箱を作ります。〔図４〕と〔図１〕の箱を使って，〔条件〕に従って並べます。このとき，例えば☆の記号の箱と〔図１〕の箱をくっつけると，〔図５〕のように見えます。」

先生 「たろうさんの計画だと，ストローの本数が420本必要ですが，もっと本数を減らすことができますか。」

かなこ 「わたしの案では，〔図６〕のようにすると，ストローの本数を減らすことができます。」

（〔条件〕，〔図５〕，〔図６〕は次のページにあります。）

〔図１〕ストローのみの箱

ストロー
高さ
縦
横

１個の箱を作るのに，すべて同じ長さのストローを12本使います。縦，横，高さは同じ長さになります。ストローをつなぐために針金を使います。

〔図２〕３段の立体

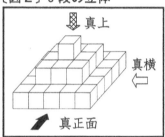

真上
真横
真正面

〔図３〕真横，真正面，真上から見た図

真横⇐と真正面◣から見た図

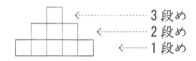

← ----- ３段め
← ----- ２段め
← ----- １段め

真上▨から見た図

〔図４〕紙をはった箱の種類

箱には，〔図１〕の箱の６つの面に同じ形の記号がかかれた紙を６つの面それぞれにはります。記号は☆，○，△の３種類です。

☆の記号 　　○の記号 　　△の記号

〔条件〕3段の立体の作り方

⑦　箱は①～㉟の番号の順番に並べます。3段の立体で，1段めの⑦の上に2段め
の㉖が重なります。①は☆の記号の箱とし，⑦のように並べます。

1段め　　　　　　　　　　　　　2段め　　　　　　　3段め

⑦　箱の並べ方は，☆の記号の箱から矢印➡の順番で並べます。

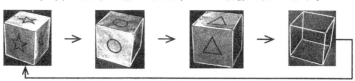

〔図5〕ストローのみの箱とくっついているときの見え方

 左のように と がくっついている状態で，

⇐の方向から見たとき，☆の記号の箱が見えます。

〔図6〕箱を2個並べたとき

○　たろうさんの計画の例Ⓐのように複数のストローが重なったとき，かなこさ
んの案ではⒷのようにストローの本数を1本にします。

○　たろうさんの計画の例ではストローが24本必要ですが，かなこさんの案では
ストローが4本減ります。

たろうさんの計画の例　　　　　　　かなこさんの案

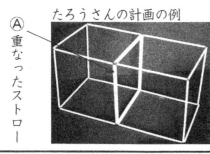
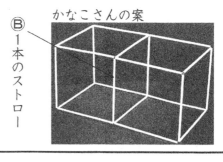

Ⓐ重なったストロー

Ⓑ1本のストロー

(1)　たろうさんは，〔条件〕に従って箱を並べました。計画どおり並べ終えたあと，〔図2〕を真上
🔲から見たとき，☆の記号の箱が何個見えるか，書きましょう。

(2)　〔図6〕のかなこさんの案で〔図2〕の立体を作った場合，たろうさんの計画で作ったときに比
べて，ストローを何本減らすことができるか，書きましょう。ただし，〔図4〕のようには，紙
をはらないものとします。

【グループ活動による検査】（40分）　＜満点：200点＞

〜全体の進め方〜

　　　　　1　自分の考えをまとめる。　　　　　（5分）
　　　　　2　グループで話し合いをする。　　（35分）

【注意】　1　「はじめ」の合図があるまで，この検査用紙を開いてはいけません。

　　　　2　「やめ」の合図があったら，途中（とちゅう）でも活動をやめましょう。

　　　　3　　自分の考えをまとめる。　は，それぞれで取り組みましょう。

　　　　4　　グループで話し合いをする。　は，司会や書記などの係は決めないで，みんなで取り組みましょう。

（参考）　受検者を男女別に8人程度のグループに分け，相模原中等教育学校，平塚中等教育学校ともに3回の検査を実施した。

　　検査　第1回・第2回　──　検査課題　　課題1
　　検査　第3回　　　　　──　検査課題　　課題2

　課題1　　次の文章を読んで，あとの(1)〜(4)に取り組みましょう。

> 　あなたは，神奈川県立中等教育学校の1年生とします。県立中等教育学校では，「みんなが輝（かがや）く学校」をつくりたいと考えています。
> 　そのために，各クラスで，「みんなが輝（かがや）く学校とはどんな学校か」というテーマで話し合い，さらに，「みんなが輝（かがや）く学校にするために，6年間を通して自分たちの学年で取り組む活動」の内容を決めることになりました。あなたは，この話し合いでどのような考え方や活動案を出しますか。具体的な案を考えましょう。

　　　　自分の考えをまとめる。　（5分）

(1)　みんなに発表できるように，あなたの考えと，そのように考えた理由を下の欄（らん）に書きましょう。

> 　あなたの考えとその理由
> ○「みんなが輝（かがや）く学校」とはどんな学校だと思いますか。また，そう考えた理由も考えましょう。
>
> ○「みんなが輝（かがや）く学校にするために，6年間を通して自分たちの学年で取り組む活動」について，あなたはどのような内容にしたいですか。また，そう考えた理由も考えましょう。

　　　　グループで話し合いをする。　（35分）

※次の(2)，(3)，(4)の順番で取り組みましょう。

(2)　　あなたの考えとその理由　について，1分ぐらいで発表しましょう。

(3)　「みんなが輝（かがや）く学校にするために，6年間を通して自分たちの学年で取り組む活動」について，

どのような内容にするか，それぞれの発表をもとに話し合いましょう。必要があれば，画用紙と
フェルトペンを使いましょう。

⑷　みんなの意見をまとめて，グループとして1つの案をつくりましょう。

| 課題2 | 次の文章を読んで，あとの(1)～(4)に取り組みましょう。 |

> あなたは，神奈川県立中等教育学校の1年生とします。県立中等教育学校では，「みんなが笑
> 顔になる学校」をつくりたいと考えています。
>
> 　そのために，各クラスで，「みんなが笑顔になる学校とはどんな学校か」というテーマで話
> し合い，さらに，「みんなが笑顔になる学校にするために，6年間を通して自分たちの学年で取
> り組む活動」の内容を決めることになりました。あなたは，この話し合いでどのような考え方
> や活動案を出しますか。具体的な案を考えましょう。

自分の考えをまとめる。 （5分）

⑴　みんなに発表できるように，あなたの考えと，そのように考えた理由を下の欄に書きましょう。

> ┌ あなたの考えとその理由 ┐
>
> ○「みんなが笑顔になる学校」とはどんな学校だと思いますか。また，そう考えた理由も考
> 　えましょう。
>
>
> ○「みんなが笑顔になる学校にするために，6年間を通して自分たちの学年で取り組む活動」
> 　について，あなたはどのような内容にしたいですか。また，そう考えた理由も考えましょ
> 　う。

グループで話し合いをする。 （35分）

※次の⑵，⑶，⑷の順番で取り組みましょう。

⑵　| あなたの考えとその理由 | について，1分ぐらいで発表しましょう。

⑶　「みんなが笑顔になる学校にするために，6年間を通して自分たちの学年で取り組む活動」につ
　いて，どのような内容にするか，それぞれの発表をもとに話し合いましょう。必要があれば，画
　用紙とフェルトペンを使いましょう。

⑷　みんなの意見をまとめて，グループとして1つの案をつくりましょう。

2020 年 度

解 答 と 解 説

＜適性検査Ⅰ解答例＞

問1 (1) ②，③

(2) ア　スカーフの製造

イ　粉末などに加工して，けしょう品や食品に活用すること（が行われています。）

問2 (1) ア　③

イ　⑦

(2) 0.897（g）

問3 (1) ④

(2) ア　⑥

イ　アメリカ合衆国からの旅行者の数は，2013年は，1000万人の7.7％で77万人，2018年は，3000万人の4.9％で147万人となり，増加しているため。

問4 (1) ②，④，⑤

(2) ア　12

イ　1，3，4

○配点○

問1 (1) 30点　　(2) ア　10点　　イ　30点　　**問2** (1) 30点　　(2) 40点

問3 (1)・(2) ア　20点×2　　イ　40点

問4 (1)・(2) ア　各20点×2　　(2) イ　40点　　　　計300点

＜適性検査Ⅰ解説＞

問1 （社会：資料の読みとり，横浜市電の歴史）

(1)① 〔シルクとわたしたちのくらし〕よりカイコのまゆから作られたせんいは天然せんいであり，化学せんいではないとわかる。

② 〔シルクとわたしたちのくらし〕の２つ目の○の文章からこの文章が正しいとわかる。文章からまゆ110個でスカーフ1枚が作れるとわかるので，その10倍のまゆ1100個ではスカーフは10枚ができる。

③ 〔シルクとわたしたちのくらし〕の３つ目の○の文章に「シルクは人の皮ふに近い成分でできている」「はだにやさしく」という部分があるので正しい。

④ 〔横浜とシルクとの関わり〕の２つ目の○の文章から，生糸が生産されるのは群馬県と長野県で，横浜に運ばれていたことがわかる。選たくしの文章は地名が正しくない。

⑤ 〔横浜とシルクとの関わり〕の３つ目の○の文章から，生糸の輸出相手国の１位はイギリス→フランス→アメリカ合衆国の順に変化していることがわかる。選たくしの文章はフランスとアメリカ合衆国が逆で正しくない。

(2)ア 〔横浜とシルクとの関わり〕の４つ目の○の文章中に「横浜ではスカーフの製造がさかんに

なりました。」とあるので，解答は「スカーフの製造」である。

イ ［シルクとわたしたちのくらし］の３つ目の○の文章中に，「新しい試みとしては」から始まる一文がある。この文章を20字以上25字以内にまとめればよい。

問2 （算数：資料の読み取り，小数と単位の計算）

(1)**ア** かなこさんが考えた朝食は「ご飯，納豆，とうふ，油あげのみそしる」である。これらに足りない栄養を［食品のグループ分け］から探す。「おもにエネルギーのもとになる食品」はご飯，「おもに体をつくるもとになる食品」は豆製品の納豆，とうふ，油あげ，みそでまかなえている。これより「おもに体の調子を整えるもとになる食品」が足りていないことがわかるので，答えは③である。

イ ［かながわの特産品］から２月が旬(しゅん)の時期の食品を探す。だいこんの旬は11月から４月と２月がふくまれているので，答えは⑦である。

(2) まずパン１枚のナトリウムの量を求める。［栄養成分表示］では，パン100ｇあたりのナトリウムの量が480mgと記されている。しかし，パンは「１袋に６枚入っていて，その６枚をあわせた重さは400ｇ」とあるので，パン１枚のナトリウムの量を求めるためには，パン１袋のナトリウムの量を求めそれを６で割ればよい。これより求めるべき値は480×4÷6＝320(mg)である。次にパン１枚とヨーグルト１個の食塩相当量を求める。［計算式］の「ナトリウムの量」はgであるので，先ほど求めた食パン１枚のナトリウムの量をgに直すと320÷1000＝0.32(g)とわかる。同様にヨーグルト１個のナトリウムの量もgに直すと33÷1000＝0.033(g)となる。これより，求めるべき値は0.32×2.54＋0.033×2.54＝(0.32＋0.033)×2.54＝0.89662(g)とわかる。答えは小数第4位を四捨五入するとあるので，解答は0.897(g)である。

問3 （算数：割合の計算，大きい数の計算）

(1) ［記事］より2018年の中国，韓国，台湾，香港からの旅行者の割合の合計を求めればよいことがわかる。［表］を見ると2018年の各国の割合は中国が26.9％，韓国が24.2％，台湾が15.3％，香港が7.1％なので，これを合計すると26.9＋24.2＋15.3＋7.1＝73.5(％)となる。この値に一番近いのは④の4分の3(75％)である。なお，他の４つのせんたくしを百分率に直すとそれぞれ①…約33％，②…50％，③…約66％，⑤80％となる。

(2)**ア** ［表］の中の割合と(2)の問題文中の「日本を訪れた外国人旅行者の数」から，2013年と2018年の「中国からの旅行者の数」をそれぞれ求めればよい。まず，2013年の数は1000万人の12.7％で127万人である。次に2018年の数は3000万人の26.9％で807万人である。これより，求めるべき値は807万÷127万＝6.354……より約6倍となるので，答えは⑥である。

イ ［表］の中の割合と(2)の問題文中の「日本を訪れた外国人旅行者の数」から，2013年と2018年のアメリカ合衆国の旅行者の数をそれぞれ求めて比べればよい。指定語句を必ず使うこと。「具体的に説明」とあるので数字を示さなければならない。

やや難 問4 （算数：展開図，資料の読みとり，条件と組み合わせ）

(1) ［会話文１］の２回目のかなこさんの言葉や［図２］を参考にする。これより「１の目を上にして，２の目が手前になるように置いた時，右側の目が３の目になる」ような展開図を選たくしから選べばよいことがわかる。もし頭の中で組み立てるのが難しければ，あのさいころの「１の面を上にして５の目が手前になるように置いた時」を考える。このとき３の面は左側にくるのでこのような展開図も正解になる。この考え方をすると③や④の展開図が正解かどうか判断

しやすくなる。これらのことより正解は②，④，⑤である。

(2)ア 〔会話文１〕より「向かい合う面の目の数の和は７になる」ということがわかるので，Ａ，Ｂ，Ｃの目と「それらと向かい合う目」（＝後ろにあり３つの面の目）の数の合計は７×３＝21だとわかる。〔会話文２〕の２回目のかなこさんの言葉よりＡ，Ｂ，Ｃの目の数の和は「９」なので，後ろにある３つの目の数の和は21－９＝12だとわかる。これより答えは12である。

イ Ａ，Ｂ，Ｃの目が何か考える。〔会話文２〕の１回目のかなこさんの言葉より「Ａ，Ｂ，Ｃのうち，２つは同じ数で，Ａ，Ｂ，Ｃの目の数の和は９」なので，考えられる組み合わせは「２，２，５」「２，５，２」「５，２，２」か「４，４，１」「４，１，４」「１，４，４」である。また，Ｄの面の目が３なので，Ｃの面の目は４ではないことがわかる。これより考えられるＡ，Ｂ，Ｃの組み合わせは「２，２，５」「２，５，２」「５，２，２」「４，４，１」のどれかである。

さて，ここで黒いテープの目について考える。〔条件〕に「さいころどうしがくっつく面は，目の数の和が７になるように置く」とあり，さらに〔会話文１〕より「向かい合う面の目の数の和は７になる」ので，黒いテープの面とかなこさんから見てＢの面の上の面は同じ目であることがわかる。この「目」をXと置く。

まずＡ，Ｂ，Ｃが「４，４，１」の時を考える。Ｄの面の目は３なので，このときかなこさんから見てＣの面の左側の面の目の数は５である。〔条件〕より「さいころどうしがくっつく面は，目の数の和が７」なのでかなこさんから見て右側の面は２である。これよりXは１である。

他の３つの組み合わせも同じように考えると答えは１，３，４となる。

――★ワンポイントアドバイス★――

資料の読み取りのほかに，算数の知識を合わせている問題が多い。書かれている条件を読み解く練習をしたり，算数の基礎知識を深めたりしておこう。

＜適性検査Ⅱ解答例＞

問1 (1) ①，⑤
　　(2) 車いすの方が道路の段差で困っているのを見かけたとき，「きっとだれかが手伝うはず。」と思い，わたしは何もしませんでした。それは心のバリアだと思います。これからは「何かお困りですか。」と声をかけ，お手伝いできることをするようにしたいです。もし，自分だけで行動できないときは，助けを求めるようにしたいです。

問2 (1) 58(枚)
　　(2) ▨のレンガ　36(個)　　　□のレンガ　34(個)

問3 (1) ②，⑤
　　(2)ア （あ）③ （い）② （う）①　イ　②

問4 (1) 8(個)
　　(2) 216(本)

○配点○

問1	(1) 20点	(2) 60点	問2	(1) 30点	(2) 40点
問3	(1) 20点	(2) ア 30点　イ 20点
問4	(1) 40点	(2) 40点	計300点

＜適性検査Ⅱ解説＞

問1 （国語：資料の読み取り，作文）

(1)① **会話文**では，かなこさんが「…さまざまなバリアを取り除くだけでなく，『心のバリア』も取り除き『心のバリアフリー』をすすめることが最も大切」と述べているので，正しい。

② **会話文**で，かなこさんが老人ホームの入口にスロープがあったと述べていることや，〔記事1〕で移動面のバリアとして段差があげられていることから，まちがい。

③ 〔記事1〕で，段差やすき間，せまい通路などは，移動面のバリアの例としてあげられているので，まちがい。

④ 〔記事1〕で，日本語の音声のみのアナウンスは，情報面のバリアの例としてあげられているので，まちがい。

⑤ 〔記事1〕のエレベーターについて書かれている部分より，正しい。

⑥ 〔記事1〕の点字ブロックについて書かれている部分より，線状ブロックは歩く方向を確認するためのものだということがわかるので，まちがい。

(2) 「注意」にしたがって字数が120〜150字と限られているので，あなたの経験と考えは短くまとめて書くとよい。具体的な場面や行動をあげなくてはならないことに注意する。日常生活の中で，自分が困ったことや困っている人を見かけたことがないか思い出し，そのときどうすれば良かったか考えてみる。

問2 （算数：会話文と図から，必要な枚数を求める）

(1) ⓐの長さは，200-60-4×2＝132（cm）。ⓑの長さは，140-40-4×2＝92（cm）。ⓐとⓑは，横板の長さである。縦板の幅は4cmであり，4cmの間隔をあけながら並べていく。

ⓐに必要な縦板と間隔の数は，132÷4＝33。奇数であるから，間隔よりも縦板の方が1枚多くなる。よって，縦板の数は17枚。

ⓑに必要な縦板と間隔の数は，92÷4＝23。ⓐと同様に考えて，縦板の数は12枚。

縦板の数は全部で，（17+12）×2＝58（枚）。

(2) 2種類のレンガはどちらも10㎝×20㎝の長方形である。それを2つずつ合わせて20㎝×20㎝の正方形として考えると，Ⓐの部分すべてにしきつめるのに必要な正方形の数は，次のように求められる。

庭全体の面積は，140×200＝28000（㎠）。花だんの部分の面積は，100×140＝14000（㎠）。よって，レンガをしきつめる部分の面積は，28000-14000＝14000（㎠）。正方形の面積は20×20＝400（㎠）だから，14000÷400＝35より，正方形のレンガは35個必要になる。

小数点以下切り捨てで35÷2＝17（個）。Ⓑの位置から▨▨をしくので，▨▨の方が▢よりも1個多くなる。よって，▨▨は18個，▢は17個になる。1つの正方形につきレンガは2つだから，▨▨は36個，▢は34個。

問3 （理科：水よう液）

(1)① 〔3種類の水よう液を調べた実験と結果〕によると，1つの水よう液だけが赤色リトマス紙を青色に変えたとあり，他の2つの水よう液が酸性か中性かは分からないので，まちがい。

② 〔3種類の水よう液を調べた実験と結果〕によると，1つの水よう液だけが赤色リトマス紙を青色に変えたとあり，これはアルカリ性の性質なので，正しい。

③ 〔3種類の水よう液を調べた実験と結果〕によると，固体がとけている水よう液は2種類ある

ので，1つが食塩水とは限らない。よって，まちがい。

④　〔3種類の水よう液を調べた実験と結果〕によると，3種類のうち少なくとも1つは食塩水か
うすい塩酸とは限らないので，まちがい

⑤　〔3種類の水よう液を調べた実験と結果〕によると，少なくとも1つは固体がとけている水よ
う液があるので，正しい。

(2)ア　変化があった試験管が1つしかないので，①か③である。**実験4**より，**実験2**で変化があっ
た2つは固体がとけているものと気体がとけているものが1種類ずつである。それが両種類
あるのは酸性なので，酸性かどうかを判断することができる②が(い)にあてはまる。**実験3**で
は，②で変化しなかった中性とアルカリ性の水よう液を判断するための実験が行われている
はずなので，(う)には①があてはまる。よって，(あ)には③があてはまる。

イ　アより，Aにあてはまるのは②の食塩水である。

 問4　（算数：法則，条件つき問題）

(1)　条件④より，それぞれの記号の箱は4個に1個ある。1段めは，①⑤⑨⑬⑰㉑㉕，2段めは，㉙
㉝が☆の箱である。このうち，⑨⑬⑰が2段めで見えなくなっている。一方，ストローでできた
箱は，1段めが④⑧⑫⑯⑳㉔，2段めが㉘㉜である。⑨と㉘，⑰と㉜は重なっているので，⑨と
⑰は上からでも見える。よって，上からは，①⑤⑨⑰㉑㉕㉙㉝の8個が見える。

(2)　たろうさんの計画で立体を作った場合，必要となるストローの数は，12×35＝420(本)。複
数のストローが重なったとき，ストローの本数を1本にしたとき，必要となるストローの数は，
1段目で，156本。2段目は底面の分が1段目と重なることを考えて，40本。3段目は2段目と同
じく考えて8本。合わせて204本。216本減らせる。

───────　★ワンポイントアドバイス★───────

算数では，与えられた図にとらわれすぎず，考え方を自分で工夫して解く問題が
多くなっている。普段から，もっとよい解き方はないか考えながら，問題に取り
組むように心がけよう。

大切なことはメモしておこうネ！

2019年度

★★★★★★★★★★★★★★★★★★★★★

入 試 問 題

2019年度

2019年度

神奈川県立中等教育学校入試問題

【適性検査Ⅰ】 （45分）　＜満点：300点＞

【注意】　字数の指定がある問題は，指定された字数や条件を守り，ていねいな文字で書きましょう。

次の〔例〕のように，横書きで，最初のマスから書き始めます。段落をかえたり，マスの間をあけたりしないで書きます。文字や数字は１マスに１字ずつ書き，文の終わりには句点〔 。〕を書きます。句読点〔 。，〕やかっこなども１字に数え，１マスに１字ずつ書きます。

〔例〕

１	２	月	の	詩	の	テ	ー	マ	は
，	「	冬	の	朝	」	だ	っ	た	。

問1　かなこさんとたろうさんのクラスでは，横浜市電保存館の見学に行き，見学した内容を学級新聞の記事にまとめることになりました。〔会話文〕を読んで，あとの(1)，(2)の各問いに答えましょう。

〔会話文〕

先生	「横浜市電保存館を見学した感想は何かありますか。」
かなこ	「横浜の街に路面電車が走っていたことを，初めて知りました。」
先生	「約70年間にわたって路面電車は，横浜の道路にしいた^{注)}レールを走っていましたが，今は路線が残っていないので見ることができません。ところで，横浜市電保存館で配付された資料や，展示されていた内容をまとめてきましたか。」
たろう	「〔横浜の発展と交通〕というタイトルでまとめました。」
かなこ	「〔横浜市電に関するできごと〕というタイトルでまとめました。」
先生	「それでは，まとめてきたものをもとに学級新聞の記事を作りましょう。」

注)レール：線路

〔横浜の発展と交通〕

- ○　横浜は，江戸時代末期の開港により国際貿易都市に発展し，さらに重工業都市，住宅都市へと大きく成長しました。このような都市の発展と拡張を支えた交通機関が横浜市電でした。今では横浜市営地下鉄や横浜市営バスが，その役割を受けついでいます。
- ○　横浜市電は，関東大震災や^{注1)}横浜大空襲により車両を失いましたが，その都度，復興しました。
- ○　1928（昭和３）年に，横浜市営バスが開業しました。
- ○　昭和30年代，横浜市電の乗客数が一日あたり約30万人になりました。多くの人が利用し，

横浜市民の生活に欠かせない存在でした。

○ 日本の経済が急速に発展していくと，昭和30年代後半から自動車が急増し，市民の生活に広く行きわたり，道路が混雑しました。そのため，横浜市電の輸送力は低下しました。

○ 1964(昭和39)年に，注2)国鉄の路線が新しく開通すると，横浜市電の利用者が大幅に減少しました。その一方で，横浜市営バスの乗客数が増え，横浜市電の乗客数を逆転しました。さらに，住宅地は横浜市電の走ることができるはん囲をこえて，横浜市全体に広がっていきました。

○ 1965(昭和40)年，大きく広がった市街地に対応するものとして，路面電車よりも速い横浜市営地下鉄の建設計画が発表されました。

○ 1972(昭和47)年3月までに，横浜市は，横浜市電の路線をすべて注3)はい止しました。

○ 1972(昭和47)年12月に，横浜市営地下鉄が開業しました。

注1)横浜大空襲：1945(昭和20)年5月29日に，横浜市の中心地域に対して行われた空襲。
注2)国鉄：現在のJR。
注3)はい止：今まで行われてきたことをやめること。

〔横浜市電に関するできごと〕

1904(明治37)年	路面電車が横浜電気鉄道という名前で開業しました。
1921(大正10)年	路面電車は横浜市が運営することになり，横浜市電という名前になりました。
1923(大正12)年	関東大震災により横浜市電の車両の半数以上を失いました。
1945(昭和20)年	横浜大空襲により横浜市電の全車両の約25%を失いました。
1966(昭和41)年	横浜市は，横浜市電をはい止することを決めました。

(1) 〔会話文〕，〔横浜の発展と交通〕，〔横浜市電に関するできごと〕の内容として，あてはまるものをあとの①～⑦の中からすべて選び，その番号を書きましょう。

① 横浜市電は，約70年間にわたって横浜の街を走っていたが，一部の路線を残して姿を消した。

② 横浜市電は，関東大震災や横浜大空襲により，全車両を失った。

③ 昭和30年代，横浜市電の乗客数が一年間あたり約30万人になった。

④ 横浜市電の乗客数は，横浜市営バスの開業で減り，横浜市営地下鉄の開業でも減った。

⑤ 横浜市は，横浜市電をはい止する決定よりも前に，横浜市営地下鉄の建設計画を発表した。

⑥ 国鉄の新しい路線が開通すると，横浜市電の乗客数は増え，横浜市営バスの乗客数を上回った。

⑦ 横浜市は，1966(昭和41)年に，横浜市電をはい止することを決め，1972(昭和47)年までに路線をすべてはい止した。

(2) かなこさんとたろうさんは〔横浜の発展と交通〕，〔横浜市電に関するできごと〕に書かれていることをふまえて，「横浜の交通のあゆみ」というタイトルで，学級新聞の記事を作っています。
次のページの〔記事〕の中の 🔲 にあてはまる内容を，15字以上20字以内でまとめて書きましょう。

〔記事〕 横浜の交通のあゆみ

> 横浜の路面電車は，明治から昭和にかけて都市の発展を支える交通機関としての役割を果たしました。ところが，昭和30年代後半から，横浜市電の輸送力は， ＿＿＿＿＿＿＿＿＿＿＿ ため低下しました。また，国鉄の路線が新しく開通すると横浜市電の利用者も大幅（おおはば）に減少しました。さらに，横浜市電の走ることができるはん囲をこえて住宅地が広がると，横浜市電は都市交通としての役割を果たすことが難しくなりました。そして，横浜市は横浜市営地下鉄の建設計画を発表しました。

問2 たろうさんは，理科の授業でふりこについて学習しています。次の(1)，(2)の各問いに答えましょう。

(1) 次の〔会話文１〕を読んで，あとのア，イの各問いに答えましょう。

〔会話文１〕

> 先生 「〔実験〕の①を行う場合，どんなことに気をつければよいですか。」
>
> たろう 「比べて実験をするときには，変える条件は１つだけにして，他の条件を同じにします。だから，〔実験〕の①では，〔図〕のふりこの長さだけを変えて，おもりの重さやふれはばを同じにします。」
>
> 先生 「その通りですね。それでは，〔実験〕の①～③を行うとき，それぞれ〔表〕のどのふりこを使って比べればよいか，考えましょう。」

〔実験〕

> ① ふりこの長さが異なる２つのふりこの１往復する時間をそれぞれ調べる。
> ② おもりの重さが異なる２つのふりこの１往復する時間をそれぞれ調べる。
> ③ ふれはばが異なる２つのふりこの１往復する時間をそれぞれ調べる。

〔図〕

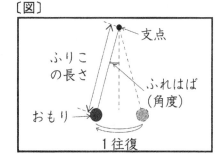

〔表〕

ふりこ	あ	い	う	え	お	か
ふりこの長さ	25cm	50cm	100cm	25cm	50cm	100cm
おもりの重さ	30ｇ	20ｇ	20ｇ	30ｇ	10ｇ	30ｇ
ふれはば	10°	30°	10°	20°	30°	20°

ア 〔実験〕の②を行うときに使うふりこを，あ～かの中から２つ選び，その記号を書きましょう。

イ 〔実験〕の①～③をすべて行うとき，使わないふりこがあります。それはどれですか，あ～かの中から１つ選び，その記号を書きましょう。

(2) たろうさんは，ふりこの長さを100cmから50cm，25cm…と半分の長さにしていったときに，ふりこが1往復する時間がどう変わっていくかを予想し，実際に調べました。次の〔会話文2〕を読んで，あとのア，イの各問いに答えましょう。

〔会話文2〕

先生	「実際に調べる前に，どんな予想を立てましたか。」
たろう	「〔予想〕のように考えました。」
先生	「〔方法〕に従って実際に調べた結果は，予想どおりでしたか。」
たろう	「ちがいました。ふりこの長さを半分にすると，〔結果〕のように，ふりこが1往復する時間は短くなりましたが，半分ではありませんでした。わたしの予想では，ふりこの長さが50cmのときのふりこが1往復する時間は1.0秒になり，ふりこの長さが25cmのときのふりこが1往復する時間は　ア　秒になるはずでした。」
先生	「〔結果〕を見ると，〔予想〕とは異なるきまりがありそうですね。」
たろう	「はい。そのきまりをもとにすれば，ふりこの長さを2倍にしていったときの，ふりこが1往復する時間を予想することができそうです。ふりこの長さが200cmのとき，ふりこが1往復する時間は　イ　秒になり，ふりこの長さが400cmのときは，4.0秒になるはずです。」

〔予想〕

ふりこの長さを半分にすると，ふりこが1往復する時間も半分になります。

〔方法〕

○ 「ふりこの長さ」だけを変え，「おもりの重さ」と「ふれはば」は同じにします。
○ ふりこが10往復した時間を3回計り，その平均を10でわり，四捨五入して小数第1位まで表したものを「ふりこが1往復する時間」とします。

〔結果〕

ふりこの長さ	100 cm	50 cm	25 cm	12.5 cm
ふりこが1往復する時間	2.0秒	1.4秒	1.0秒	0.7秒

ア　ア　にあてはまる時間は何秒か，書きましょう。

イ　イ　にあてはまる時間は何秒か，最もあてはまるものを次のあ～かの中から1つ選び，その記号を書きましょう。

あ　2.6　　い　2.8　　う　3.0　　え　3.2　　お　3.4　　か　3.6

問3　かなこさんは，たろうさんに部屋の模様がえの計画を話しています。次の(1)，(2)の各問いに答えましょう。

(1) 次のページの〔会話文〕を読んで，下線部「タイルカーペットを何枚買えばよいか」について考え，その枚数を整数で書きましょう。

〔会話文〕

かなこ 「ゆかに^{注)}タイルカーペットをしくため，〔**メモ**〕のように計画を立てました。タイルカーペットを売っているお店を探しています。」

たろう 「１辺が40cmの正方形のタイルカーペットなら，近所のお店で売っていました。わたしもそれを買ったことがあります。」

かなこ 「わたしも，そのお店のタイルカーペットを買うことにします。」

たろう 「**A**の部分には，なぜタイルカーペットをしかないのですか。」

かなこ 「ドアの開閉ができなくなってしまうからです。それはそうと，ゆかの端の部分に，１辺が40cmの正方形のタイルカーペットをしくことができなくなったら，どうしましょうか。」

たろう 「そのときは，タイルカーペットを半分に切って長方形にしたり，さらに半分に切って正方形にしたりして，ゆかにしけばよいです。」

かなこ 「ところで，買う枚数が最も少なくて済むにはどうしたらよいでしょうか。」

たろう 「例えば，縦40cm，横20cmの長方形２枚と，１辺が20cmの正方形３枚が必要な場合は，１辺が40cmの正方形２枚を切ってゆかにしくとよいです。そうすると，買う枚数が最も少なくて済みます。」

かなこ 「１辺が40cmの正方形の<u>タイルカーペットを何枚買えばよいか</u>，確かめてみましょう。」

注)タイルカーペット：正方形に加工されたじゅうたん。

〔メ モ〕

○ 〔部屋のゆかの広さ〕のように，縦2.8m，横3.6mの長方形のゆかにタイルカーペットをしきますが，１辺が１mの正方形の**A**の部分にはしきません。

○ 〔しき方〕のように，タイルカーペット ▨ のしき方は，ゆかの中心から端に向かって，重ならないようにすき間なくしきます。

〔部屋のゆかの広さ〕

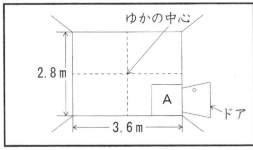

〔しき方〕

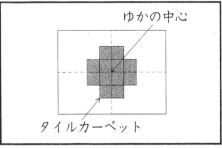

(2) かなこさんは，タンスと机のすき間を有効に利用するために，そのすき間に入る大きさの棚を作る計画を立てました。〔**製作の計画**〕を読み，〔**設置する場所**〕，〔**棚**〕，〔**図１**〕～〔**図３**〕，〔**車輪**〕を見て，〔**図２**〕の２段めの容積（**ウ**の板を閉めたときの内側の体積）は何cm³になるか，書きましょう。ただし，板と板の接するところにすき間はなく，四角形の穴は２段めの容積にふく

めないものとします。

〔製作の計画〕

○ 棚は，〔設置する場所〕のように，タンスと机のすき間に設置します。

○ タンスと机のすき間は，20cmです。

○ タンスと棚との間と，棚と机との間は，それぞれ1cmあけます。

○ ゆかの面から**ア**の板の上の面までの高さは，〔設置する場所〕のように，机の高さ75cmと同じにします。

○ タンスと棚と机の幅はすべて同じで，70cmにします。

○ 〔棚〕のように，注)取っ手と車輪を付けます。

○ **ウ**の板を開閉するために，**ウ**の板に四角形の穴をあけ，**ア**と**ウ**の板を金具でつなぎます。

○ **イ**と**エ**と**オ**の板は，ゆかの面と接しないようにします。

○ **ア**～**キ**の板の厚さは，1cmにします。

注)取っ手：手でつかむために戸などに取り付けたもの。

〔設置する場所〕
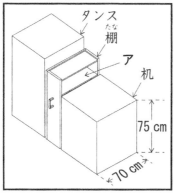

〔棚〕
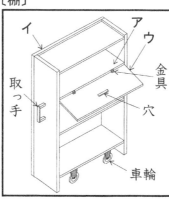

〔図1〕
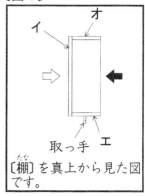

〔図2〕矢印◀側から見た図
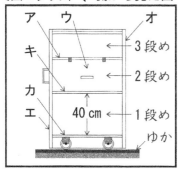

〔図3〕矢印▷側から見た図
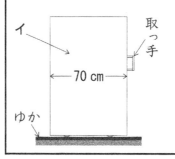

〔車輪〕
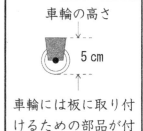

問4 たろうさんとかなこさんは，交差点の信号について調べました。次の(1)，(2)の各問いに答えましょう。

(1) 次のページの〔会話文1〕を読んで，交差点のすべての信号が赤になっている時間がある理由

を考え，〔会話文1〕の □ にあてはまる内容を，5字以上10字以内でまとめて書きましょう。

〔会話文1〕

> たろう 「歩行者用の信号は，青，青の点めつ，赤の順番でくり返されます。」
>
> かなこ 「歩行者が安全にわたれるように，横断歩道の長さなどによって，信号の時間が決まっています。青の点めつの時間があることで，青でわたりきれなかったときに，そのまま横断する，または引き返す時間を確保しています。」
>
> たろう 「車両用の信号は，青，黄色，赤の順番でくり返されます。」
>
> かなこ 「青から赤へすぐに変わらないのは，歩行者用信号と同じです。」
>
> たろう 「交差点を見たとき，すべての信号が赤になっている時間がありました。何か理由があるのですか。」
>
> 先生 「それは，交差点にまだ残っている車などが，出て行くことができるようにするためです。」
>
> かなこ 「そうなのですね。」
>
> 先生 「こうした仕組みは，車などの _____ ためのものです。」

(2) たろうさんとかなこさんは，さらに調べていくうちに，バスを優先して通行させる信号があることがわかりました。次の〔会話文2〕を読んで，あとのア，イの各問いに答えましょう。

〔会話文2〕

> かなこ 「バスを優先して通行させる信号について調べました。」
>
> たろう 「この信号は，信号機の手前に設置されている受信機の下をバスが通過したとき，バスの通過を信号機に伝え，信号機は青の時間を延長し，バスの通行を優先させる仕組みになっています。」
>
> かなこ 「わたしがかいた次のページの〔図〕を見てください。バスが受信機Ⓐを通過したとき，信号機ⓐにバスの通過を伝え，ⓐが青であれば，青の時間が延長されます。」
>
> たろう 「受信機Ⓑは信号機ⓘにバスの通過を伝えます。」
>
> かなこ 「ⓐが青の時間を延長すると，ⓘは赤の時間が延長されます。同じようにⓘが青の時間を延長すると，ⓐは赤の時間が延長されます。」
>
> たろう 「この信号では次のページの〔信号の設定〕のようになっていました。」
>
> 先生 「よくまとめましたね。例を1つ考えましょう。ⓘが，黄色から午前7時30分0秒に赤になったとします。この次はⓐが赤から青になります。それでは，午前7時30分25秒のとき，ⓐは何色ですか。」
>
> かなこ 「その25秒間に，バスがⒶを1台も通過していないとすると，_____ です。」
>
> 先生 「そうですね。そのまま続けて午前7時31分30秒に，バスがⒶとⒷをそれぞれ1台ずつ同時に通過したとします。そのあとⓐが青になるのは，午前7時何分何秒ですか。ただし，午前7時30分0秒以降，受信機を通過したバスはこの2台以外にないものとしましょう。」

〔図〕

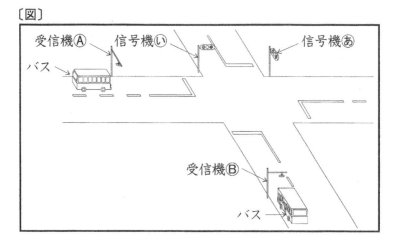

〔信号の設定〕

○ 〔図〕の交差点にある信号は，すべてが赤になる時間が3秒間あります。

○ 信号機あは，青が20秒間，黄色が5秒間，赤が26秒間の順番でくり返されます。

○ 信号機あは，青になって10秒後から16秒後までにバスが受信機Ⓐを通過すると，青が6秒間延長されます。

○ 信号機いは，青が15秒間，黄色が5秒間，赤が31秒間の順番でくり返されます。

○ 信号機いは，青になって7秒後から11秒後までにバスが受信機Ⓑを通過すると，青が4秒間延長されます。

ア 〔会話文2〕の □ にあてはまる色を，次の①〜③の中から1つ選び，その番号を書きましょう。

① 青　② 黄色　③ 赤

イ 〔会話文2〕の下線部「午前7時何分何秒」の時刻について考え，解答欄の〔　〕にあてはまる数を書きましょう。

【適性検査Ⅱ】 （45分）　＜満点：300点＞

【注意】　字数の指定がある問題は，指定された字数や条件を守り，ていねいな文字で書きましょう。
　　　　　次の〔例〕のように，横書きで，最初のマスから書き始めます。段落をかえたり，マスの間
　　　　　をあけたりしないで書きます。文字や数字は１マスに１字ずつ書き，文の終わりには句点
　　　　　〔。〕を書きます。句読点〔。，〕やかっこなども１字に数え，１マスに１字ずつ書きます。

〔例〕

| １ | ２ | 月 | の | 詩 | の | テ | ー | マ | は |
| ， | 「 | 冬 | の | 朝 | 」 | だ | っ | た | 。 |

問1　たろうさんは，「どうして勉強しないといけないのか」と疑問に思いました。そこで，調べ
ていくうちに，ある本で３つの回答を見つけました。〔資料〕の回答Ａ～Ｃを読んで，あとの(1)，(2)
の各問いに答えましょう。

〔資料〕

回答Ａ

　この問いにある「勉強」とう言葉は，きっと学校で習うようなことを指しているんだよ
ね。ぼくは，そもそも「しないといけない」わけではないと思う。休みたいときもあるだ
ろうし，ほかのことに興味をもつ時期もある。そのときは，それをせいいっぱいしたらい
い。世のなかではあまり強調されてはいないけれど生きていく上ではせいいっぱい休まな
いといけないときだってあるんだ。
　でも，勉強はしておいたほうが「お得」だとも思う。学校で勉強することを全部覚える
必要はまったくない。だけど，「こういう種類のことがある」「こんなにいろいろなことが
世のなかにはあるんだ」ということは覚えておいたほうがいい。
　それは君の考えの幅を広げてくれる。考えの幅が広がると，君はもっと自由になること
ができる。アメリカという国自体を知らなければ，アメリカには行きようがない。それと
同じだ。多くのことを知り，考えの幅が広がると，注1)選択肢が増える。この選択肢は「可
能性」って言いかえてもいい。勉強をすることで君の可能性は広がって，君はどんどん自
由になることができるんだ。

回答Ｂ

　ぼくは注2)哲学対話の授業で中高生たちとしょっちゅう「どうして勉強しないといけない
のか」について考えている。そのときぼくがよく言うのは，具体的に「どういう勉強がな
ぜ必要」で，「どういう勉強がなぜ不必要」かを一つ一つ細かく考えて議論してみるとい
いよってこと。大事なのは，その勉強が自分にとって好きかきらいかと，その勉強が自分
あるいは社会にとって必要かどうかを分けて考えてみることだと思う。（中略）
　たしかに，ほとんどの大人にとっては社会に出てから円の面積を求める機会なんてない

から，多くの人は図形の面積の求め方なんて勉強する必要はないかもしれない。でも，技術者や科学者になる一部の人にとっては，これらの知識は基本中の基本として必要だ。だとしたら，これらを学校でみんなが勉強することはやっぱり必要だってことになる。だって，いま，学校に通っているだれがどんな仕事につくかわからないんだから。社会としては，こういう重要な基本的知識は全員の子どもに教える必要があるわけだ。もしかしたら，いまは算数が大きらいなあなたも，ちょっとしたきっかけで将来は技術者や科学者になるのかもしれないよ。

　勉強しないといけない理由は，思っていた以上にたくさん見つかると思う。

回答C

　なんのためにやるかわからないことを，無理にやることほどつまらないものはないよね。遊びやスポーツは，やっていること自体が楽しい。勉強のなかには，やってもそれ自体はあまりおもしろくないものがあるかもしれない。たとえば，漢字を覚えるということなんて，わたしも好きではなかった。

　でも，知らないことを知ったり，わからないことを考えたりすることは，ほんとうはすごく楽しいことなんだ。（中略）じゃあ，どうすれば楽しく勉強できるかな。

　それは，君の好きなことを探求するんだ。絵を見るのが好きなら，いろいろな絵を見る。野球が好きなら，どうやればうまくなるかを^{注3）}徹底的に調べて，練習する。こん虫が好きなら，集めて調べる。君にも何か好きなことがあるはずだよ。

（『子どもの哲学　考えることをはじめた君へ』河野哲也　土屋陽介　村瀬智之　神戸和佳子著より

※一部表記を改めたところがある。）

注1）選択肢：選べるように用意された，いくつかの答え。
注2）哲学対話の授業：話し合うことで考えを深める授業。
注3）徹底的：どこまでもやり通す様子。

(1)　〔資料〕から読みとれる内容としてあてはまるものを，次の①～⑥の中からすべて選び，その番号を書きましょう。

①　回答Aでは，勉強のなかにはおもしろくないものがあるかもしれないが，わからないことを考えたりすることは楽しいとしている。

②　回答Bでは，勉強が自分にとって好きかきらいかと，勉強が自分または社会にとって必要かどうか分けて考えればよいとしている。

③　回答Cでは，子どもの気持ちを理解しながらも，勉強をしておいたほうが得であるとしている。

④　勉強することで，自分の考えの幅が広がり，自由になれると言っている回答がある。

⑤　将来，どんな仕事につくかわからないから，基本的知識を全員の子どもに教える必要があると言っている回答がある。

⑥　知らないことやわからないことを調べるのは，楽しい勉強ではないと言っている回答がある。

(2)　次の２つのことについて，全体で120字以上150字以内で書きましょう。

・　9～10ページの〔資料〕の回答Ａ，回答Ｂ，回答Ｃのうち，あなたが最も共感した回答はどれ
ですか。１つ選び，その回答を選んだ理由とともに書きましょう。

・　あなたは，これから何をどのような方法で勉強したいですか。自分の考えを具体的に書きま
しょう。

問2　　かなこさんたち５年生の代表が，３月に行う「６年生を送る会」の準備をしています。次の
(1)，(2)の各問いに答えましょう。

(1)　次の〔会話文〕を読んで，〔プログラム案〕の下線部「１～５年生の出し物」の順番について，
〔前回決まったこと〕に合うものが何通りあるか，書きましょう。

〔会話文〕

> かなこ　「６年生を送る会では，〔プログラム案〕，〔１～５年生の出し物の構成〕にあるよう
> に，各学年から６年生に向けて，歌や呼びかけ，劇やダンスなど，出し物を発表す
> ることになりました。」
>
> たろう　「これから，〔プログラム案〕の③，１年生から５年生の出し物の順番を決めます。
> 〔前回決まったこと〕に合うように順番を決めていきましょう。」

〔プログラム案〕

> ①　６年生の入場（３分間）
> ②　はじめの言葉（２分間）
> ③　１～５年生の出し物（30分間）
> ④　６年生の出し物（５分間）
> ⑤　おわりの言葉（２分間）
> ⑥　６年生の退場（３分間）

〔１～５年生の出し物の構成〕

> １年生　劇と歌
> ２年生　呼びかけと歌
> ３年生　歌とダンス
> ４年生　歌とダンス
> ５年生　呼びかけと歌

〔前回決まったこと〕

> ○　１年生は初めての行事のため，最初にはしない。
> ○　〔１～５年生の出し物の構成〕の，２年生と５年生は同じ構成なので，連続にはしない。
> また，３年生と４年生も同じ構成なので，連続にはしない。
> ○　〔プログラム案〕の③の最後は５年生が行い，④の６年生の出し物につなげる。

(2)　６年生の退場のときに，５年生の代表が７本の花のアーチを持ち，６年生に通ってもらうこと
になりました。〔作り方〕のように花のアーチを作るとき，白とオレンジのお花紙はそれぞれ何枚
必要か，書きましょう。ただし，アーチの太さは考えないものとします。また，円周率は3.14と
して計算しましょう。

〔作り方〕

> ○　花のアーチは７本作ります。
> ○　アーチの形は次のページの〔図〕のように，直径２mの円の円周を半分にした形です。

○ 〔図〕のように，アーチに花を付けていきます。ただし，6年生に向ける側にだけすき間なく付け，反対側には付けません。

○ アーチの両端からそれぞれ40cmを手で持つ部分にし，花を付けません。

○ 花は，〔お花紙の重ね方〕のようにお花紙を7枚重ねて作ります。

○ 花は，1～2枚めと，3～7枚めが別の色になるように2色で作ります。使う色の組み合わせは，〔表〕のように，付けるアーチによって異なります。

○ 花は，〔完成した花〕のように，外側の直径が13cmになるように丸く形を整えます。

〔図〕

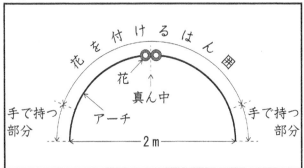

〔お花紙の重ね方〕

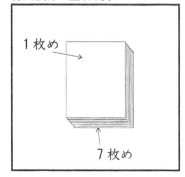

〔表〕

アーチ	1～2枚め	3～7枚め
1本め	オレンジ	赤
2本め	黄色	オレンジ
3本め	白	黄色
4本め	オレンジ	緑
5本め	白	水色
6本め	水色	青
7本め	オレンジ	むらさき

〔完成した花〕

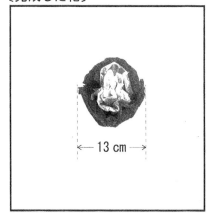

← 13 cm →

問3　たろうさんとかなこさんは，遠足で動物園に行き，飼育員さんが鳥のタカを飛ばしている様子を見ました。〔会話文〕を読んで，あとの(1)，(2)の各問いに答えましょう。

〔会話文〕

先生　「飼育員さんは，なぜタカを飛ばしていたのですか。」

たろう　「タカ狩りの訓練をしていたからです。タカ狩りとは，昔から行われていた狩りで，人間が訓練したタカを使ってウサギなどの野生動物をつかまえる方法だそうです。動物園で見せていたのは，訓練の1つでタカをはなれた場所から目標物まで飛ばすという

ものでした。」

先生　「そういう狩（か）りがあるのですね。では，なぜタカを使うのですか。」

かなこ　「飼育員さんの話では，タカは狩（か）りを得意としているから，ということでした。タカの
とがった口ばし，するどいつめは，動いているウサギなどのえものをつかまえるため
に発達したそうです。」

たろう　「それに，タカは遠くにいる動物を見つけることができると聞きました。」

かなこ　「タカの視力はどのくらいになるのでしょう。」

先生　「タカの目の仕組みは人間と異なり，単純には比べられませんが，人間と同じ方法で
測ったとしたら，タカの視力は人間の約８倍あると言われています。」

たろう　「そうなのですね。ところで，人間の視力はどのように測りますか。」

先生　「くわしく説明すると，〔図１〕の図形を使い，すき間の位置が分かるかどうかで視力
を測ります。その図形は，直径の異なる２つの円からできる輪で，一部が切れてすき
間があります。また，輪の太さとすき間の幅が同じで，大きい円の直径は輪の太さの
５倍です。〔図２〕の大きさの図形を，次のページの〔図３〕のようにきょりが５ｍ
はなれたところから見て，すき間の位置が分かった場合，視力1.0と判定します。な
お，視力を表す数は，大きい方がよく見えるということになります。」

かなこ　「視力1.0以外の視力はどのように測りますか。」

先生　「例えば，きょりを変えて測ります。〔図２〕を使い，きょり５ｍを２倍した10ｍ先か
ら見て，すき間の位置が分かれば視力を2.0と判定し，５ｍの半分である2.5ｍ先から
見て，すき間の位置が分かれば視力を0.5と判定します。」

たろう　「学校の視力検査では，きょりを変えずに測りました。」

先生　「学校では５ｍのきょりを変えずに，〔図１〕の図形の大きさを変えて測ります。ただ
し，輪の太さとすき間の幅（はば）と大きい円の直径の関係は変わりません。また，視力は，
【1.5÷（すき間の幅（はば））】で計算できます。」

かなこ　「視力が1.0であれば，1.5÷1.5＝1.0 ということですね。」

先生　「そうです。では，すき間の幅（はば）が３㎜のとき，視力はいくつですか。」

たろう　「1.5÷３＝0.5 と計算でき，視力は0.5となります。」

かなこ　「では，視力が人間の８倍あるタカはどのように見えているのでしょう。」

〔図１〕視力検査で使う図形

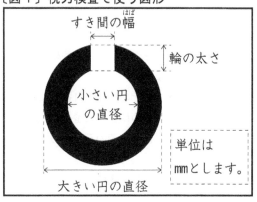

〔図２〕視力検査で使う図形の例

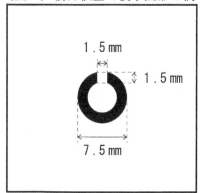

〔図3〕

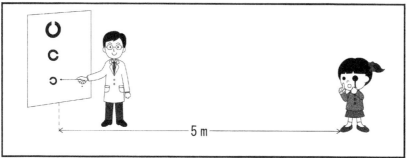

(1) 〔会話文〕の内容として，あてはまるものを次の①～⑤の中からすべて選び，その番号を書きましょう。

① タカ狩りは，人間がタカをつかまえることをいう。

② タカのするどいつめは，野生動物をつかまえるために発達した。

③ きょり4mで，視力1.0と判定されるとき，すき間の幅は1.5mmよりせまくなる。

④ きょり5mで，視力0.3と判定されるとき，すき間の幅は1.5mmよりせまくなる。

⑤ きょり10mで，視力2.0と判定されるとき，輪の太さは1.5mmになる。

(2) 動物園で訓練を見たとき，タカと目標物までのきょりは120mでした。タカから120m先に前のページの〔図1〕の図形を置き，人間と同じ方法で測り，タカの視力が8.0になったとします。このとき，次のア，イの各問いに答えましょう。

ア 〔図1〕のすき間の幅は何mmか，書きましょう。

イ 〔図1〕の小さい円の直径は何mmか，書きましょう。

| 問4 | かなこさんは，算数の授業で，石並べを行いました。次の(1)，(2)の各問いに答えましょう。

(1) 次の〔会話文〕を読んで，下線部「何番めに白を並べたか」について考え，その番号をすべて書きましょう。

〔会話文〕

> 先生 「〔図1〕のように，白と黒に分かれている円柱の形をした石を使って，石並べをします。例えば，〔図2〕のように石7個を1列に並べ，〔条件1〕に従って点数を数えた場合は合計で何点ですか。」
>
> かなこ 「1番めは1点，2番めは2点，3番めは3点，4番めは5点，5番めは1点，6番めは2点，7番めは0点で，合計は14点になります。」
>
> 先生 「次に，〔図3〕のように石10個を左から1列に並べ，その列に，11番めに白，12番めに白を追加した場合は28点になります。また，11番めに白，12番めに黒を追加した場合は27点になります。このとき，1番めから5番めまでの石のうち，何番めに白を並べたか，わかりますか。」
>
> （〔図1〕・〔図2〕・〔図3〕は次のページにあります。）

〔図１〕石を真上の方向 から見た場合

〔図２〕

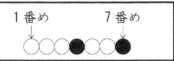

〔条件１〕

○　１列に並べた石の数え方は，左から１番め，２番め，３番め，……などの連続した番号
（１，２，３，……）で数えていきます。

○　石を，１個も並べない場合は０点とします。

○　白を１個並べた場合は１点とします。白が連続した場合，２個めは２点，３個めは３点
のように個数が１つ増えるたびに，点数が１点ずつ増えていきます。

○　黒を並べた場合の点数は０点または５点とします。０点となるのは，奇数番め（１番
め，３番め，５番め，……）に並べた場合とします。５点となるのは，偶数番め（２番め，
４番め，６番め，……）に並べた場合とします。

○　最後に，並べた石の点数の合計を計算します。

〔図３〕

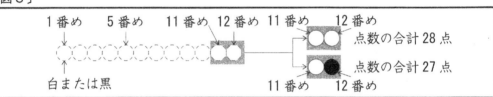

(2)　次に20個の石を〔条件２〕に従って並べました。この石並べが終わったとき，黒い石に書かれ
た数をすべてたすといくつになるか，合計した数を書きましょう。

〔条件２〕

○　石を並べる紙は，〔100マスの紙〕のように「一」～「十」の行と，「あ」～「こ」の列
があり，全部で100マスあります。

○　〔図４〕のように石の両面には，同じ数が書かれています。また，20個の石には１～20
の数がそれぞれ書かれており，⑥と❻は「6」，⑨と❾は「9」です。

○　次のページの〔並べ方〕の㋐～㋕の順番に従って石並べを行います。

〔100マスの紙〕

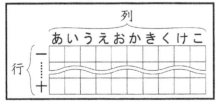

〔図４〕１個の石を真上の方向 から見た場合

　石は白で，数が１の場合には，「①」
　　　　　　　　 とします。

　石は黒で，数が１の場合には，「❶」
　　　　　　　　 とします。

〔並べ方〕

⑦　〔図5〕のように「一」と「二」の行に，①～⑳を並べます。

④　〔図5〕の「二」の行にある石をすべてひっくり返し，〔図6〕のようにします。

⑨　〔図6〕の石の色はそのままで，並べる行を1行増やし，「一」～「三」の行に並べかえ，〔図7〕のようにします。

㋑　〔図7〕の「三」の行にある石をすべてひっくり返し，〔図8〕のようにします。

㋕　さらに，並べる行を1行増やし，石の色はそのままで並べかえ，増やした行にある石をすべてひっくり返します。

㋔　㋕を「十」の行まで続けます。

〔図5〕

〔図6〕

〔図7〕

〔図8〕

【グループ活動による検査】 （40分）　＜満点：200点＞

～全体の進め方～

1　自分の考えをまとめる。　　　（5分）

2　グループで話し合いをする。　（35分）

【注意】　1　「はじめ」の合図があるまで，この検査用紙を開いてはいけません。

2　「やめ」の合図があったら，途中でも活動をやめましょう。

3　 自分の考えをまとめる。 は，それぞれで取り組みましょう。

4　 グループで話し合いをする。 は，司会や書記などの係は決めないで，みんなで取り組みましょう。

（参考）　受検者を男女別に8人程度のグループに分け，相模原中等教育学校，平塚中等教育学校ともに3回の検査を実施した。

検査　第1回・第2回　──　検査課題　 課題1

検査　第3回　　　　　──　検査課題　 課題2

課題1 　　次の文章を読んで，あとの(1)～(4)に取り組みましょう。

> あなたは，神奈川県立中等教育学校の1年生とします。県立中等教育学校では，学年やクラスの交流を深める行事の1つとして，宿泊学習を行っています。
>
> その宿泊学習のキャンプファイヤーの時間に，今年は「みんなで力を合わせる」をテーマとして班ごとに10人で出し物を行うことになりました。あなたは班員として，出し物の内容をどのようにすればよいか，具体的に計画しましょう。

自分の考えをまとめる。 （5分）

(1)　みんなに発表できるように，あなたの考えと，そのように考えた理由を，下の欄に書きましょう。

> あなたの考えとその理由
>
> ○　県立中等教育学校の6年間で，あなたはどのように行事に取り組んでいきたいと思いますか。
>
> ○　「みんなで力を合わせる」をテーマとした出し物を行うことについて，あなたはどのような内容にすればよいと思いますか。

グループで話し合いをする。 (35分)

※次の(2)，(3)，(4)の順番で取り組みましょう。

(2)　あなたの考えと，そのように考えた理由を，1分ぐらいで発表しましょう。

(3)　それぞれの発表をもとに，「みんなで力を合わせる」をテーマとした出し物の具体的な内容について話し合いましょう。必要があれば，画用紙とフェルトペンを使いましょう。

(4)　みんなの意見をまとめて，グループとして1つの案をつくりましょう。

課題2　次の文章を読んで，あとの(1)～(4)に取り組みましょう。

> あなたは，神奈川県立中等教育学校の１年生とします。県立中等教育学校では，学年やクラスの交流を深める行事の１つとして，宿泊学習を行っています。
>
> その宿泊学習のキャンプファイヤーの時間に，今年は「みんなで支え合う」をテーマとして班ごとに10人で出し物を行うことになりました。あなたは班員として，出し物の内容をどのようにすればよいか，具体的に計画しましょう。

自分の考えをまとめる。（5分）

(1)　みんなに発表できるように，あなたの考えと，そのように考えた理由を，下の欄に書きましょう。

> あなたの考えとその理由
>
> ○　県立中等教育学校の６年間で，あなたはどのように行事に取り組んでいきたいと思いますか。
>
> ○　「みんなで支え合う」をテーマとした出し物を行うことについて，あなたはどのような内容にすればよいと思いますか。

グループで話し合いをする。（35分）

※次の(2)，(3)，(4)の順番で取り組みましょう。

(2)　あなたの考えと，そのように考えた理由を，１分ぐらいで発表しましょう。

(3)　それぞれの発表をもとに，「みんなで支え合う」をテーマとした出し物の具体的な内容について話し合いましょう。必要があれば，画用紙とフェルトペンを使いましょう。

(4)　みんなの意見をまとめて，グループとして１つの案をつくりましょう。

2019 年 度

解 答 と 解 説

＜適性検査Ⅰ解答例＞

|問1| (1) ⑤，⑦
  (2) 急増した自動車により，道路が混雑した（ため）
|問2| (1) ア ⓘ，ⓞ イ ⓤ
  (2) ア 0.5（秒） イ ⓘ
|問3| (1) 57（枚）
  (2) 29376（cm³）
|問4| (1) 安全を確保する（ため）
  (2) ア ② イ （午前7時）31（分）49（秒）

○配点○
|問1| (1) 30点 (2) 40点 |問2| 各20点×4 |問3| (1) 30点 (2) 40点
|問4| (1)・(2)ア 各20点×2 (2)イ 40点 計300点

＜適性検査Ⅰ解説＞

|問1| （社会：資料の読みとり，横浜市電の歴史）

(1)① **会話文**より，約70年間にわたってレールを走っていた路面電車は現在路線が残っていないということが読み取れる。一部の路線を残して姿を消したのではない。

② **横浜市電に関するできごと**より，関東大震災により横浜市電の車両の半数以上を，また横浜大空襲により全車両の約25％を失ったとわかる。横浜市電はこれらの災害により全車両を失ったのではない。

③ **横浜の発展と交通**より，昭和30年代の横浜市電の乗客数は一年間あたりではなく，一日あたり約30万人であったことがわかる。

④ **横浜の発展と交通**より，横浜市営バスの開業は1928（昭和3）年であり，この時期に横浜市電の乗客数が減ったという記述はない。実際に乗客数が減ったのは1964（昭和39）年である。また横浜市営地下鉄の開業前に横浜市電はすべてはい止されている。

⑤ **横浜市電に関するできごと**より，横浜市電は1966（昭和41）年にはい止することが決められたこと，また**横浜の発展と交通**より横浜市営地下鉄の建設計画は1965（昭和40）年に発表されたとわかる。

⑥ **横浜の発展と交通**より，1964（昭和39）年に国鉄の路線が開通すると，横浜市電の利用者は大幅に減少し，その一方で横浜市営バスの乗客数が増えて横浜市電の乗客数を逆転したとわかる。

⑦ **横浜市電に関するできごと**より，横浜市電は1966（昭和41）年にはい止することが決められ，**横浜の発展と交通**より，1972（昭和47）年にすべての路線をはい止したとわかる。

(2) **横浜の発展と交通**より，昭和30年代後半から急増した自動車が，市民の生活に広く行きわた

り，道路が混雑したことで横浜市電の輸送力が低下したとわかる。横浜市電の輸送力が低下した原因を15字以上20字以内にまとめればよいので，「自動車が急増したこと」と「道路が混雑したこと」を書くとよい。

問2　（理科：ふりこの実験）

(1)ア　実験②では，おもりの重さだけが異なる2つのふりこを使用したいので，ふりこの長さとふれはばが同じで，おもりの重さが異なる条件のものを選べばよい。よって，ふりこの長さが50cm，ふれはばが30°で一致しており，おもりの重さがそれぞれ20gと10gで異なるⓘとⓞがあてはまる。

イ　実験①では，ふりこの長さだけが異なる2つのふりこを使用したいので，おもりの重さとふれはばが同じで，ふりこの長さが異なる条件のものを選べばよい。よって，おもりの重さが30g，ふれはばが20°で一致しており，ふりこの長さがそれぞれ25cmと100cmで異なるⓔとⓚがあてはまる。

実験③では，ふれはばだけが異なる2つのふりこを使用したいので，ふりこの長さとおもりの重さが同じで，ふれはばが異なる条件のものを選べばよい。よって，ふりこの長さが25cm，おもりの重さが30gで一致しており，ふれはばがそれぞれ10°と20°異なるⓐとⓔがあてはまる。

ここまでで，ⓐ，ⓘ，ⓔ，ⓞ，ⓚの条件のものを使用したので，①〜③の実験を行ったときに使わないふりこはⓤである。

(2)ア　予想では，ふりこの長さを半分にするとふりこが1往復する時間も半分になると考えているので，ふりこの長さが50cmのときのふりこが1往復する時間が1.0秒であるとき，ふりこの長さが25cmのときのふりこが1往復する時間は1.0÷2＝0.5(秒)になると考えられる。

イ　結果を表にまとめる。

ふりこの長さ (cm)	400	200	100	50	25	12.5
ふりこが1往復する時間(秒)	4.0	イ	2.0	1.4	1.0	0.7

ふりこの長さが25cm，100cm，400cmと4倍ずつ大きくなると，ふりこが1往復する時間は1.0秒，2.0秒，4.0秒と2倍ずつ大きくなる。よって同じくふりこの長さが12.5cm，50cm，200cmと4倍ずつ大きくなると，ふりこが1往復する時間は0.7秒，1.4秒，2.8秒と2倍ずつ大きくなる。

重要　**問3**　（算数：面積と容積）

(1)　部屋のゆかを次のページの図の太線のように4か所にわけると，右上，左上，左下は，横が3.6÷2＝1.8(m)，たてが2.8÷2＝1.4(m)の長方形となる。右下には，タイルカーペットをしかない1辺が1mの正方形Aの部分があることに注意する。

ここに1辺が40cm(0.4m)の正方形のタイルカーペットをしいていく。横の列には，1.8÷0.4＝4.5(m)ぶんのタイルを，たての列には1.4÷0.4＝3.5(m)ぶんのタイルをしくように図にえがくと，1辺が0.4mの正方形のタイルカーペットを44枚と，1辺が0.4mと0.2mの長方形のタイルカーペットを24枚，1辺が0.2mの正方形のタイルカーペットを3枚使用すれば，すき間なくしくことができる。

　　よって，買う1辺が0.4mの正方形のタ
　イルカーペットは，44＋12＋1＝57（枚）
　あればよいとわかる。

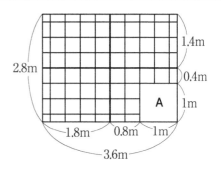

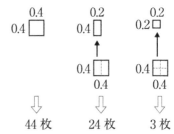

(2)　まず，棚の2番目の部分の，ゆかからの高さを考える。ゆかの面から**ア**の板の上の面までの高さは75cmで，そこから車輪の高さである5cm，板の厚さ1cmの3つ分，そして1段めの部分の40cmをひくと，75－5－1×3－40＝27（cm）である。

　　次に，**図1**のように棚を真上から見たときの横の長さを考える。タンスと机のすき間は20cmで，そこからタンスと棚との間にあける1cm，棚と机との間にあける1cm，板の厚さ1cmの2つ分を引くと，20－1－1－1×2＝16（cm）である。

　　最後に，おなじく**図1**のように棚を真上から見たときのたての長さを考える。タンスと棚と机の幅はすべて同じ70cmであり，そこから板の厚さ1cmの2つ分をひくと，70－1×2＝68（cm）である。

　　よって，2段目の容積は，27×16×68＝29376（cm³）である。

問4　（社会：資料の読みとり，道路と信号）

(1)　青信号が点めつすることで，青でわたりきれなかった人がそのまま横断したり引き返したりする時間を確保することができる。また交差点ですべての信号が赤になることで，交差点をまだ出ていない車が出て行くことができる。これらは車や歩行者の衝突事故の防止になることがわかる。

(2)**ア**　次のページの表のように，午前7時30分0秒に①が赤になったとき，すべての信号が赤になる時間が3秒必要なので，あは午前7時30分3秒に青になる。青は20秒間なので，午前7時30分23秒に黄色になり，黄色は5秒間なので，午前7時30分28秒に赤になる。よって午前7時30分25秒のとき，あは黄色である。

　イ　次のページの表のように進んでいくと，午前7時31分30秒のとき，すなわち①が青になって8秒後にバスが受信機Bを通過したことがわかる。信号機①は，青になって7秒後から11秒後までにバスが受信機Bを通過すると青が4秒間延長されるので，午前7時31分40秒まで青信号は続く。よって，①は午前7時31分41秒に黄色になり，午前7時31分46秒に赤になる。すべての信号が赤になる時間が3秒必要なので，あの赤信号は午前7時31分48秒まで延ばされ，午前7時31分49秒にあは青信号に変わる。

時刻	あ	い	
7：30：00	赤	赤	すべて赤の3秒
7：30：02	↓3秒		
7：30：03	青		
7：30：22	↓20秒	31秒	
7：30：23	黄		
7：30：27	↓5秒		
7：30：28	赤		すべて赤の3秒
7：30：30			
7：30：31		青	
7：30：45		↓15秒	
7：30：46	26秒	黄	
7：30：50		↓5秒	
7：30：51		赤	すべて赤の3秒
7：30：53			
7：30：54	青		
7：31：13	↓20秒	31秒	
7：31：14	黄		
7：31：18	↓5秒		
7：31：19	赤		すべて赤の3秒
7：31：21			
7：31：22		青	
7：31：30		15＋4＝19秒	
7：31：40	26秒		
7：31：41		黄	
7：31：45		↓5秒	
7：31：46		赤	すべて赤の3秒
7：31：48		↓3秒	

─ ★ワンポイントアドバイス★ ─

資料の読み取りのほかに，算数や理科の知識を合わせている問題が多い。書かれている条件を読み解く練習をしたり，算数や理科の基礎知識を深めたりしておこう。

＜適性検査Ⅱ解答例＞

問1 (1) ②，④，⑤

(2) 最も共感した回答はAです。その理由は，勉強をすると可能性が広がるという考えに共感したからです。わたしは，将来，医者になりたいと思っているので，その仕事や人体の仕組みについて勉強したいです。まずは，図書館の本やインターネットなどを利用して調べることから始め，大学では，医学部に入って経験を積みたいです。

問2 (1) 8(通り)　(2) 白　72(枚)　　オレンジ　198(枚)

問3 (1) ②, ③, ⑤
　　 (2) ア　4.5(mm)　　イ　13.5(mm)
問4 (1) 2, 4　　(2) 57
○配点○
問1 (1) 20点　　(2) 60点　　問2 (1) 30点　　(2) 40点　　問3 (1) 30点
(2) 各20点×2　　問4　各40点×2　　　計300点

＜適性検査Ⅱ解説＞

問1 （国語：資料の読み取り，作文）
(1)① 回答Aでは，休むことも大事であることと，勉強は自分の可能性を広げることが述べられている。わからないことを考えることは楽しいという内容は回答Cのものなので，まちがい。
　　② 回答Bの1段落目に「大事なのは，その勉強が自分にとって好きかきらいかと，その勉強が自分あるいは社会にとって必要かどうかを分けて考えてみることだと思う。」とあるので，正しい。
　　③ 回答Cには，知らないものを知ったり，わからないことを考えたりすることは楽しいことであり，好きなことを探求することで楽しく勉強できると述べられている。勉強をしておいたほうが得と述べられているのは回答Aなので，まちがい。
　　④ 回答Aの3段落目の内容があてはまるので，正しい。
　　⑤ 回答Bの2段落目の内容があてはまるので，正しい。
　　⑥ 回答Cで，知らないことやわからないことを調べるのは，本当はすごく楽しいことだと述べられているので，まちがい。
(2) 「注意」にしたがって字数が120〜150字と限られているので，選んだ回答とその理由は短くまとめて書くとよい。回答A，B，Cいずれを選んだ場合でも，どの点に共感したのかを書くようにする。また，自分が何を勉強したいかは具体的に1つにしぼることで，説得力のある文になる。

問2 （算数：樹形図，円周）
(1) 〔前回決まったこと〕から，条件を整理すると，次のようになる。
　　・5年生が必ず5番目。
　　・2年生は4番目にならない。
　　・1年生は1番目にならない。
　　・3・4年生は連続にしない。
　これらの条件に注意して考えると右のようになり，答えは8通りとなる。

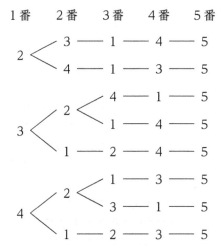

(2)　アーチ1本の花をつける部分の長さを求める。直径2mの円の円周は2×3.14＝6.28(m)で，アーチはこれを半分にしたものなので，アーチの長さは6.14÷2＝3.14(m)より，314(cm)である。このうち，両端(りょうたん)40cmずつが手で持つ部分なので，花をつけるはん囲の長さは，314－40×2＝234(cm)となる。よって，アーチ1本あたりに付ける花の個数は，234÷13＝18(個)となる。1～2枚めに使う場合，1本あたり2×18＝36(枚)必要であり，3～7枚めに使う場合，1本あたり5×18＝90(枚)必要である。白は2本のアーチで1～2枚めに使われるので，36×2＝72(枚)，オレンジは3本のアーチで1～2枚めに使われ，1本のアーチで3～7枚めに使われるので，36×3＋90＝198(枚)必要である。

問3　(算数・社会：資料の読み取り，グラフ，速さ)

(1)①　たろうさんの最初のセリフに，タカ狩りとは，人間が訓練したタカを使ってウサギなどの野生動物をつかまえる方法だとあるので，まちがい。

②　かなこさんの最初のセリフに，「するどいつめは，動いているウサギなどのえものをつかまえるために発達したそうです。」とあるので，正しい。

③　〔会話文〕からきょり5mで，すき間の幅1.5mmの場合，視力1.0と判定されるとわかるので，判定される視力が同じで，きょりが短くなっている場合，その分すき間の幅が狭くなったことがわかる。よって，正しい。

④　きょりが同じで，視力が弱く判定される場合，すき間の幅が広くなっていると考えられるので，まちがい。

⑤　きょりも視力も，すき間の幅1.5mmで視力1.0の時の2倍になっているので，すき間の幅は変わっていないとわかる。すき間の幅と輪の太さは同じであると〔会話文〕にあるので，正しい。

(2)ア　きょり5m，すき間の幅1.5mm，視力1.0を基準とする。タカと目標物のきょりは，基準と比べると，120÷5＝24(倍)となるので，すき間の幅が同じ場合，視力は24.0となる。しかし，タカの視力は8.0で，24.0の3分の1なので，すき間の幅はその分大きくなる。よって，求める幅は1.5×3＝4.5(mm)である。

イ　大きい円の直径は，輪の太さの5倍であり，輪の太さはすき間の幅と等しい。したがって，〔図1〕の図形の大きい円の直径は，4.5×5＝22.5(mm)である。小さい円の直径は，大きい円から輪の太さ2つ分を引いたものなので，22.5－4.5×2＝13.5(mm)である。直径の両端の輪の太さを引くので，2倍してから引くことに注意する。

やや難　問4　(算数：法則，条件つき問題)

(1)　12番めの石の色で1点差がついていることに着目する。12番めは偶数番めなので，黒は5点である。よって，もう一方の12番めの白は6点である。6点ということは，7番め～12番めまで，白が6個連続していることになる。6番めが白だと，白が7個連続することになるので，6番めは黒とわかる。6番め～12番めの点数を求めると，5＋1＋2＋3＋4＋5＋6＝26(点)となる。点数の合計は28点なので，1番め～5番めで2点にならなければならない。そのためには，以下の条件が必要である。

・白は連続して使わない。

・白を使えるのは2個まで。

・黒は奇数番めにのみ置く。

この条件を満たす1番め～5番めの並びは，黒，白，黒，白，黒である。したがって，白は2

番めと4番めになる。

(2) [並べ方]の通り,「十」の行まで作業を続けたとき,①～⑳はそれぞれ1～10の約数を奇数個もつ数字は白,偶数個もつ場合は黒になる。このことをふまえてそれぞれの数の色を考えると下のようになる。

①…約数：1　　　　　　　　　→　白
②…約数：1，2　　　　　　　→　黒
③…約数：1，3　　　　　　　→　黒
④…約数：1，2，4　　　　　→　白
⑤…約数：1，5　　　　　　　→　黒
⑥…約数：1，2，3，6　　　→　黒
⑦…約数：1，7　　　　　　　→　黒
⑧…約数：1，2，4，8　　　→　黒
⑨…約数：1，3，9　　　　　→　白
⑩…約数：1，2，5，10　　→　黒
⑪…約数：1　　　　　　　　　→　白
⑫…約数：1，2，3，4，6　→　白
⑬…約数：1　　　　　　　　　→　白
⑭…約数：1，2，7　　　　　→　白
⑮…約数：1，3，5　　　　　→　白
⑯…約数：1，2，4，8　　　→　黒
⑰…約数：1　　　　　　　　　→　白
⑱…約数：1，2，3，6，9　→　白
⑲…約数：1　　　　　　　　　→　白
⑳…約数：1，2，4，5，10　→　白

よって答えは，2+3+5+6+7+8+10+16＝57となる。

★ワンポイントアドバイス★

算数では，与えられた図にとらわれすぎず，考え方を自分で工夫して解く問題が多くなっている。普段から，もっとよい解き方はないか考えながら，問題に取り組むように心がけよう。

大切なことはメモしておこうネ！

平成30年度

入　試　問　題

30
年
度

平成30年度

神奈川県立中等教育学校入試問題

【適性検査Ⅰ】（45分）　＜満点：300点＞

【注意】　字数の指定のある問題は，指定された字数や条件を守り，わかりやすく，ていねいな文字で書きましょう。次の〔例〕のように，横書きで，最初のマスから書き始め，段落をかえたり，マスの間をあけたりしないで書きます。文字や数字は１マスに１字ずつ書き，文の終わりには句点〔。〕を書きます。句読点〔。，〕やかっこなども１字に数え，１マスに１字ずつ書きます。

〔例〕

１	２	月	の	詩	の	テ	ー	マ	は
，	「	冬	の	朝	」	だ	っ	た	。

問1　かなこさんとたろうさんは，総合的な学習の時間に，神奈川県の森林について，クラスのみんなに発表する準備をすることになりました。〔会話文〕，〔資料１〕～〔資料４〕を読んで，あとの(1)，(2)の各問いに答えましょう。

〔会話文〕

先生	「神奈川県の特ちょうについて調べましたか。」
たろう	「神奈川県は，全国47都道府県の中で土地の面積が５番目に小さく，2416平方キロメートルです。」
かなこ	「人口は，平成25年１月１日時点で9072533人と全国で２番目に多い県です。」
先生	「それでは，今日は神奈川県の森林について，詳しく調べましょう。」

〔資料１〕

　神奈川県の森林の面積は，年々少なくなってきて，げんざいでは県全体の約39パーセント（2013年（平成25年））となっています。

　森林は，木材を生産するほかに，緑のダムとよばれ，水源や自然かんきょうを守る大切な役割を果たしています。

　一度人間の手の加わった森林は，手入れをしないとあれてしまうので，県では自然かんきょうをこわさないような方法で林道をつくり，手入れをする手伝いをしています。

（『わたしたちの神奈川県（平成28年版）』より）

〔資料２〕

　私たちの郷土かながわは，県土面積の39％が森林におおわれており，１人あたりの森林面積は104平方メートルとなっています。これは，全国平均と比べ，非常に少ない数値となっていま

す。この貴重な森林の多くは水源地域に位置しており，^{注1)}清浄_{せいじょう}な水や空気を育む母体として，県民一人ひとりの生活にとって，かけがえのない「生命の源泉」とも言うべき重要な役割を^{注2)}担_{にな}っています。

（神奈川県環境農政局_{かんきょう}緑政部水源環境_{かんきょう}保全課　ホームページより）

^{注1)}清浄_{せいじょう}：清らかでけがれのないこと。　^{注2)}担_{にな}う：受けもつ。

〔資料３〕

　森林にたくさんの二酸化炭素を吸いこんでもらうためには，山に木を植えたり，しっかり手入れしたりして，元気な森林をつくらなければならないんだ。

　１本の元気なスギの木は，１年で14キログラムの二酸化炭素を吸いこんでくれる。これは車１台が出す量を160本のスギの木で吸いこんでしまう計算になる。

　元気な森林は，これだけじゃなく，土の中にたくさんのすき間があってスポンジみたいにたくさんの水をたくわえてくれる。だから，洪水_{こうずい}や水不足を防ぐ「緑のダム」になる。それに，しっかりと根を張って土や石をつかんでいるから，土砂崩れ_{どしゃくず}も防いでいる。強い風を防いだり，水や空気をきれいにする働きもあるんだ。

（林野庁『絵で見る森林・林業白書　森林が元気になれば…』より　※一部表記を改めたところがある。）

〔資料４〕神奈川県の土地利用の様子（2012年）

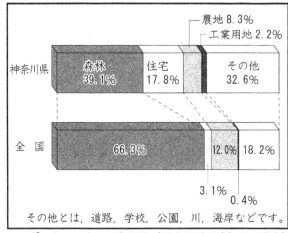

その他とは，道路，学校，公園，川，海岸などです。

（『わたしたちの神奈川県（平成28年版）』より作成）

(1)　〔会話文〕，〔資料１〕～〔資料４〕の内容として，あてはまるものを次の①～⑤の中からすべて選び，その番号を書きましょう。

①　１年で，160本のスギの木が吸いこむ二酸化炭素の量は14kgになる。

②　神奈川県は人口が多く，土地利用は全国平均と比べて住宅や工業用地の割合が大きく，森林の割合が小さい。

③　神奈川県の土地の面積は，全国の都道府県の中で，大きい順で第43位である。

④　神奈川県では森林を守るために，住宅や工場をできるだけつくらないようにし，森林面積を増やしている。

⑤ 神奈川県では，一度人間の手が加わった森林をそのままにして，回復するのを待っている。

(2) かなこさんとたろうさんは，〔資料１〕～〔資料３〕に書かれていることをふまえて，「かながわの森林について」というタイトルで，発表の原こうを作っています。

次の〔原こう〕の中の ☐ にあてはまる内容を，25字以上30字以内でまとめて書きましょう。

〔原こう〕かながわの森林について

森林は，木材を生産するほかに，二酸化炭素を吸いこむなど，きれいな水や空気を育む母体として「生命の源泉」とも言うべき役割をもっています。また，森林は，＿＿＿＿＿＿＿＿＿＿＿＿＿＿＿＿＿＿＿＿＿＿＿＿＿＿＿ ので，こう水や水不足を防ぐ働きがあり，水源や自然かんきょうを守る「緑のダム」と言われています。さらに，しっかりと根を張って土や石をつかんでいるから，土砂くずれも防ぐことができます。

かながわでは，自然かんきょうをこわさないように気をつけながら，林道をつくり，森の手入れをする手伝いをしています。

問2 中等教育学校では，生徒たちが新入生用の学校紹介パンフレットを作っています。次の(1)，(2)の各問いに答えましょう。

(1) 学校紹介パンフレットを〔内容の構成〕に従って作ります。

〔内容の構成〕を読んで，6ページと18ページはどの内容になるか，あとの①～⑦の中からそれぞれ選び，その番号を書きましょう。

〔内容の構成〕

○ 内容は，「年間行事」，「部活動紹介（運動部）」，「部活動紹介（文化部）」，「体育祭」，「文化祭」，「学習」，「上級生からのアドバイス」とします。

○ それぞれの内容ごとに，まとめてのせます。

○ 1つのページには，2つ以上の内容をのせないようにします。

○ 内容は，全部で24ページとします。

○ 部活動を紹介する内容を中心にまとめるため，「部活動紹介（運動部）」と「部活動紹介（文化部）」を合わせたページ数は，すべての内容のページ数の3分の1にします。

○ 「部活動紹介（運動部）」と「部活動紹介（文化部）」のページ数の割合は部の数がちがうため，3：1にします。

○ はじめの3ページは，「年間行事」にします。

○ 「学習」は，ページ数を3ページ分にし，全体の前半にのせます。

○ 「体育祭」は，11，12ページにのせます。

○ 「体育祭」と「文化祭」は，同じページ数にし，「体育祭」「文化祭」，または「文化祭」「体育祭」の順で連続してのせます。

○ 「部活動紹介（運動部）」は，「体育祭」の前または後にし，「体育祭」と連続してのせます。

○ 「部活動紹介（文化部）」は，「文化祭」の前または後にし，「文化祭」と連続してのせます。

○ 最後の内容は，「上級生からのアドバイス」にします。

① 年間行事　② 部活動紹介(運動部)　③ 部活動紹介(文化部)　④ 体育祭

⑤ 文化祭　⑥ 学習　⑦ 上級生からのアドバイス

(2) 学校紹介パンフレットを，〔ページの構成〕に従って〔図1〕のように7枚の紙を使い製本します。〔図2〕を見て，下から数えて5枚目の紙のア，イ，ウ，エに入るページ番号を，それぞれ書きましょう。

〔ページの構成〕　〔図1〕

・表紙
・まえがき
・目次
・1ページ
・2ページ
・3ページ
〜
・24ページ
・裏表紙

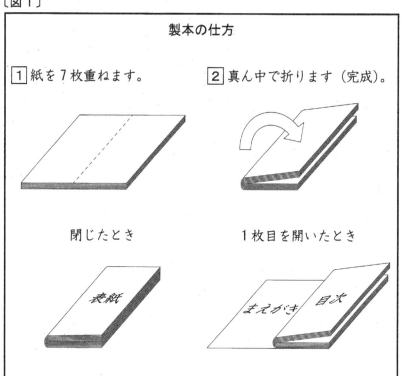

製本の仕方

1 紙を7枚重ねます。

2 真ん中で折ります（完成）。

閉じたとき

1枚目を開いたとき

表紙

まえがき　目次

〔図2〕

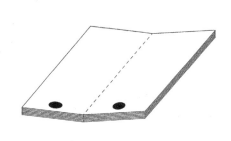

パンフレットを真ん中で開いて，
下から数えて5枚目の紙を，向き
を変えずにそのままぬき出します。

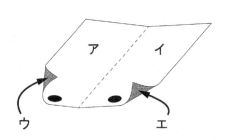

ア　イ

ウ　エ

下から数えて5枚目の紙

※各ページの下の●の位置には，ページ番号が入ります。

問3 たろうさんとかなこさんは，理科の授業で，回路について学習しています。次の(1)，(2)の各問いに答えましょう。

(1) 〔図1〕のような，豆電球3個と，たんし4個がついた，中が見えない箱があります。この箱の中では，豆電球⑦〜⑦と，たんし④〜⑩が導線でつながっています。たろうさんとかなこさんは，たんし④〜⑩に〔図2〕のかん電池をつなぎ，豆電球⑦〜⑦の明かりがつくか，つかないかを実験し，〔実験結果〕にまとめました。〔図1〕の中が見えない箱の中で，豆電球⑦〜⑦と，たんし④〜⑩は導線でどのようにつながっているでしょうか。あてはまるものを，あとの①〜⑤の中から1つ選び，その番号を書きましょう。

〔図1〕中が見えない箱

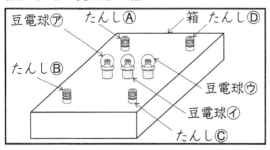

〔図2〕かん電池と導線

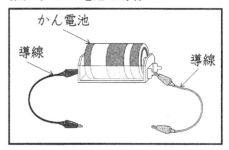

〔実験結果〕

つないだたんし	④と⑧	⑧と©	④と©	⑧と⑩	©と⑩	④と⑩
豆電球⑦	つく	つく	つかない	つく	つかない	つかない
豆電球④	つかない	つく	つく	つかない	つく	つかない
豆電球⑦	つかない	つかない	つかない	つく	つく	つく

①
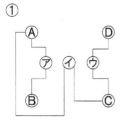

②
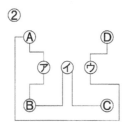

③
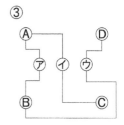

④
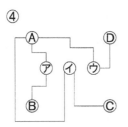

⑤
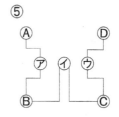

(2) たろうさんとかなこさんは，スイッチがある回路について，先生と話しています。〔会話文〕を読み，〔図3〕，〔図4〕を見て，階段のスイッチの回路として，あてはまるものを，あとの①〜⑥の中から1つ選び，その番号を書きましょう。

〔会話文〕

> 先生　「〔図3〕のようなスイッチでは，スイッチを切ると電流が流れないので，豆電球の明かりはつきません。スイッチを入れると回路に電流が流れるので，豆電球の明かりがつきます。それでは，〔図4〕のようなスイッチでは，スイッチが**あ**に入っているときは，豆電球⑦の明かりがつきますが，スイッチを**い**に切りかえて入れると，どうなりますか。」
>
> たろう　「豆電球④の明かりがつきますが，豆電球⑦の明かりはつきません。」
>
> 先生　「そうですね。〔図4〕のようなスイッチを組み合わせると，1階でも2階でも電灯をつけたり，消したりすることができる回路が作れます。」
>
> かなこ　「学校の階段にあるスイッチの回路がそうですね。」
>
> 先生　「そのとおりです。それでは，〔図4〕のようなスイッチ，豆電球とかん電池を使って，階段のスイッチの回路を考えてみましょう。」

〔図3〕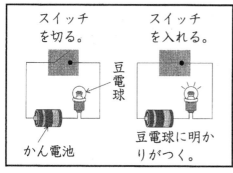

〔図4〕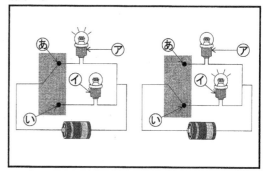

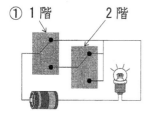

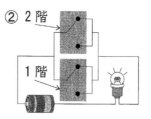

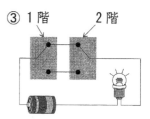

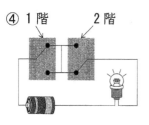

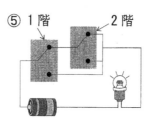

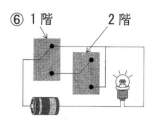

問4 かなこさんとたろうさんは，校外学習で横浜税関を訪れました。次の(1)，(2)の各問いに答えましょう。

(1) かなこさんとたろうさんは，横浜港の貿易について調べ，〔資料1〕，〔資料2〕にまとめました。
〔資料1〕，〔資料2〕から読みとれる内容としてあてはまるものを，あとの①～⑥の中からすべて選び，その番号を書きましょう。

〔資料1〕平成28年貿易額

貿易額	輸出額の合計	輸入額の合計
横浜港	6兆8847億円	3兆7999億円
全　国	70兆 358億円	66兆 420億円

(横浜税関「横浜港貿易概況」平成28年（2016年）分（確定値）より作成)

〔資料2〕平成28年横浜港の主な商品の貿易額と，主な地域や国との貿易額

	主な商品の貿易額	主な地域や国との貿易額
輸出額	・自動車　　　　　　1兆7019億円 ・自動車の部分品　　　3574億円 ・注1)原動機　　　　　　3313億円	・アジア　　　　　　3兆5246億円 　（うち中国が1兆2697億円） ・アメリカ合衆国　　1兆1753億円 ・注2)EU　　　　　　　6312億円
輸入額	・注3)非鉄金属　　　　　2492億円 ・衣類とその付属品　　1725億円 ・液化天然ガス　　　　1542億円	・アジア　　　　　　2兆1453億円 　（うち中国が1兆1516億円） ・アメリカ合衆国　　　4119億円 ・EU　　　　　　　　5321億円

(横浜税関「横浜港貿易概況」平成28年（2016年）分（確定値）より作成)

注1)原動機：モーターやエンジン類。　　注2)EU：ヨーロッパ連合。　　注3)非鉄金属：鉄以外の金属。

① 横浜港の輸出額の合計から輸入額の合計を引いた額は，3兆848億円である。
② 全国の貿易額では，輸出額の合計より輸入額の合計の方が多くなっている。
③ 横浜港の輸出額の合計は，全国の輸出額の合計の1割を上回っている。
④ 横浜港のアメリカ合衆国との輸出額と輸入額の差は，6000億円を上回っている。
⑤ 横浜港のEUへの輸出額は，アメリカ合衆国への輸出額の半分以下である。
⑥ 横浜港の中国との輸出額，輸入額は，それぞれアメリカ合衆国との輸出額，輸入額を上回っている。

(2) 次のページの〔会話文〕を読み，下線部の「日本の会社の利益が減る」理由を考え，その説明を解答欄のわくの中にわかりやすく書きましょう。説明は，1ドルと交かんできる金額が120円と100円の場合に，アメリカ合衆国で日本の自動車1台を25000ドルで売り，日本のお金に交かんしたときのそれぞれの金額を示し，**円高ドル安**と**利益が減る**という言葉を使って，文で具体的に書きましょう。ただし，円やドルなどの単位は必ずつけて書きましょう。

〔会話文〕

たろう	「横浜港から輸出される商品では，自動車が多いと聞きました。」
先生	「そうですね。日本は自動車などの工業製品を多く輸出しています。」
たろう	「日本から輸出された自動車は，日本のお金で売られているのですか。」
先生	「海外に輸出された商品は，ドルで売られる場合が多いです。」
かなこ	「ドルはアメリカ合衆国などで使われているお金ですよね。テレビのニュースで円高ドル安や円安ドル高という言葉を聞いたことがあります。」
たろう	「円が高くなったり，安くなったりするのですか。」
先生	「そうです。１ドルと交かんできる金額は，毎日変わります。１ドルと交かんできる金額が，120円から100円になるような場合を，円高ドル安になると言います。」
たろう	「120円から100円になると，円が安くなったように見えますが，どうして円高ドル安と言うのですか。」
先生	「例えば日本からアメリカ合衆国に旅行に行き，値段が３ドルの商品を買うとします。１ドルが120円のときは，日本のお金にするとその値段は360円になりますが，１ドルが100円になると，その商品の値段は何円になりますか。」
かなこ	「300円です。同じ商品を買ったのに，得した気分になります。」
先生	「そうですね。このような場合，円がドルに対して高い価値になるので，円高ドル安になると言います。円高ドル安になると，海外で買い物をしやすくなるので，日本から海外に旅行に行く人が増えたり，輸入した商品が安くなったりします。」
たろう	「円高ドル安になると，いいことばかりなんですね。」
先生	「そうとは限りません。１ドルと交かんできる金額が120円から100円になると，アメリカ合衆国で，日本の商品を売ったとき，<u>日本の会社の利益が減る</u>場合があります。」
かなこ	「１ドルと交かんできる金額が変わると，いろいろなところに影響があるのですね。」

【適性検査Ⅱ】 （45分）　＜満点：300点＞

【注意】 字数の指定のある問題は，指定された字数や条件を守り，わかりやすく，ていねいな文字で書きましょう。次の〔例〕のように，横書きで，最初のマスから書き始め，段落をかえたり，マスの間をあけたりしないで書きます。文字や数字は１マスに１字ずつ書き，文の終わりには句点〔。〕を書きます。句読点〔。，〕やかっこなども１字に数え，１マスに１字ずつ書きます。

〔例〕

１	２	月	の	詩	の	テ	ー	マ	は
，	「	冬	の	朝	」	だ	っ	た	。

問1　かなこさんとたろうさんは，人工知能（AI）について調べています。〔**資料１**〕，〔**資料２**〕を読んで，あとの(1)，(2)の各問いに答えましょう。

〔**資料１**〕

　　人工知能（AI）とは，その名のとおり人間の有しているような知性・知能を人工的に実現する技術をさします。現在のところ，人間の知能と同等の仕組みを実現する技術は存在していません。（中略）

　　AI研究の第一人者である東京大学の松尾 豊 先生は，子どもが成長に合わせて言葉をしゃべるようになったり，ものをつかんで動かすようになったりなど，子どもが経験から学んでいくような知的活動を「子どものAI」と呼んでいます。（中略）

　　人間にしかできないと思われていた，さまざまな作業が次々と実現しています。たとえば視覚情報からコーヒーカップといすを識別すること，２本の脚で歩き回るロボット，ベッドルームからリビングまでの経路を見つけるといったことが実現しているのです。そのため，AIやロボットのビジネス活用に対する今までにない可能性が高まるとともに，[注1]既存の職業に対する支えんや[注2]代替の可能性が高まると予想されているのです。（中略）

　　日本は世界でも類を見ないスピードで少子高れい化が進展しています。人口[注3]推移のうち，経済・労働環境を考える上でとくに問題になるのは，「生産年れい人口」です。「生産年れい人口」は生産活動に[注4]従事しうる15〜64歳の人口で，日本では1995年の8726万人をピークに減少し始めています。（中略）

　　このように，日本では単に人口が減少するだけでなく，「生産年れい人口」が大幅に減少するという事態に直面することになります。世界の中でも，日本はこうした課題にいち早く直面する先進国であり，これらの課題の解決に向けた，AIやロボットの活用に期待が広がっています。（中略）

　　現在，「子どものAI」が利用可能となり，[注5]従来不可能であった[注6]業務に対しても，AIやロボットが活用できつつあります。その結果，日本がかかえる人材不足の問題を，業務の効率化によって対応できる可能性も高まっています。一部の業務を除き，現在の技術では[注7]コストや機能の面で，AIやロボットによって人の業務を完全に代替することは困難ですが，人を支

えんすることにより業務効率を向上できる可能性は今後ますます拡大するでしょう。

（日経文庫『ＡＩ（人工知能）まるわかり』古明地正俊　長谷佳明著より

※一部表記を改めたところがある。）

注1）　既存：すでに存在すること。　　　　　　　注2）　代替：代わりにすること。

注3）　推移：時がたつにつれて状態が変わること。　注4）　従事：仕事として関わること。

注5）　従来：今まで。　　　　　　　　　　　　　注6）　業務：仕事。

注7）　コスト：必要な費用。

〔資料２〕日本の人口（2015年と2030年（予測））

年	総人口	0 〜 14 歳人口	15 〜 64 歳人口	65 歳以上人口
2015	12710 万人	1595 万人	7728 万人	3387 万人
2030	11913 万人	1321 万人	6875 万人	3716 万人

（国立社会保障・人口問題研究所『日本の将来推計人口（平成29年推計)』より作成）

(1)　〔資料1〕，〔資料2〕から読みとれる内容としてあてはまるものを，次の①〜⑤の中からすべて選び，その番号を書きましょう。

①　AIの進化によって，人間のすべての仕事を，ロボットが行うことができるようになった。

②　AIは，初めて開発されたときから，視覚情報をもとに物を識別することができる性能をもっていた。

③　日本の生産年れい人口が減少する速さは，世界の中ではゆるやかな方である。

④　子どもが経験から学んでいくのと同じように，学習することができるAIが利用可能になってきている。

⑤　日本の生産年れい人口は，2015年から2030年の間で，800万人以上減少すると予測されている。

(2)　次の２つのことについて，全体で120字以上150字以内で書きましょう。

ただし，AIは，AとIをそれぞれ１マスに１字ずつ書きましょう。

・〔資料1〕から，日本の課題または問題と，AIやロボットを活用することにより，その課題（問題）の解決に向けてどのような可能性があるかについて書きましょう。

・AIを活用していくために，あなたはこれから具体的にどのようなことを，どのような理由で学びたいと思いますか。自分の考えを書きましょう。

問２　たろうさんの学級では，体育の授業でバスケットボールを行っています。次の〔会話文1〕，〔特別ルール〕を読んで，あとの(1)，(2)の各問いに答えましょう。

〔会話文1〕

> たろう　「前回，バスケットボールの試合をしたときに，わたしはバスケットボールが苦手なので，１度もシュートをすることができませんでした。」
>
> かなこ　「わたしも，ほとんどボールを持つことができませんでした。」
>
> 先生　　「そうですね。では，今回は〔特別ルール〕で試合をしてみましょう。」

〔特別ルール〕

○ 5人ずつの2つのチームで，試合を行います。

○ 試合は，チームごとに，こうげき側と守備側に分かれて行います。

○ こうげき側のチームが5回連続でこうげきをし，5回のこうげきが終わったら，守備側と交代します。

○ 先に守備側だったチームが5回こうげきをしたら，試合は終わりになります。

○ 1回のこうげきは，シュートの成功や失敗にかかわらず，こうげき側のチームのだれかがシュートをするか，パスやドリブルを失敗し，相手にボールをとられた場合に終了となります。

○ シュートを入れた得点は5点としますが，その試合で，同じ人が再びシュートを入れた場合の得点は1点とします。

○ 1回のこうげきで，こうげき側のチーム全員がボールを持ち，シュートが成功した場合は，さらに5点を追加します。

○ 5回のこうげきの得点の合計が，チームの点数となります。

(1) 〔**会話文1**〕の下線部「〔**特別ルール**〕」について，先生が〔**特別ルール**〕を考えた理由として，あてはまるものを，次の①～⑤の中からすべて選び，その番号を書きましょう。

① シュートの得点を5点とすることで，チームのシュート数を増やすため。

② バスケットボールの苦手な人が，長くボールを持ち続けるようにするため。

③ より多くの人がシュートをするようにするため。

④ こうげき側のチームが5回連続でこうげきをすることで，守備の時間を短くし，こうげきの時間を長くするため。

⑤ バスケットボールが苦手な人もボールを持つ機会を増やすため。

(2) たろうさんのチームでは，〔**特別ルール**〕での試合の流れを，ふりかえることができるように，試合の記録の方法を考えました。〔**会話文2**〕を読み，〔**試合の記録**〕，〔**試合の記録のかき方**〕を見て，解答欄に5回目のこうげきの記録の続きをかき，〔**試合の記録**〕を完成させましょう。

〔**会話文2**〕

先生 「たろうさんたちが考えた〔**試合の記録**〕は，この試合でだれからだれにパスをしたのか，また，だれがシュートをしたのかが，〔**試合の記録のかき方**〕に従って，見やすくまとめられていますね。」

たろう 「1回目のこうげきでは，かなこさんからはなこさん，はなこさんからあきこさんへパスが成功して，あきこさんがシュートをしましたが，シュートは失敗でした。」

かなこ 「そうですね。2回目のこうげきでは，あきこさんのシュートが成功しましたね。」

たろう 「先に守備側だったわたしたちのチームがこうげき側になったとき，相手チームの点数は18点でした。5回目のこうげきで，かなこさんの判断のおかげで逆転して勝つことができました。」

先生 「そうですね。5回目のこうげきで，4本目のパスを受け取った人が，そのままシュートをして，勝敗が決まりましたね。〔**試合の記録**〕は，かなこさんがボール

を持ったところまでしか，かかれていないので，続きを完成させましょう。」

〔試合の記録〕

〔試合の記録のかき方〕

● : ボールを持つ，またはドリブル	✖ : ドリブル失敗
●——● : パス成功	●——✕ : パス失敗
Ⓢ : シュート成功	ｓ : シュート失敗

※記号ｓ，Ⓢは，シュートをした人のマスの中に記入します。

問3　中等教育学校では，生徒の通学方法を調べています。次の(1)，(2)の各問いに答えましょう。

(1)　次のページの〔表〕は，中等教育学校に通う３年生の通学方法と通学時間をまとめたものです。次のア，イの各問いに答えましょう。

ア　通学時間が15分以上90分未満で，公共の交通機関を利用して通学している生徒は何人か，書きましょう。

イ　中等教育学校では，４年生から自転車通学が認められます。〔資料〕は，次のページの〔表〕にまとめた３年生の生徒が，４年生になったらどれくらい自転車通学に変える予定なのかを調べ，まとめたものです。この学年の生徒が３年生から４年生になったときに，自転車通学に変える予定の生徒は何人か，書きましょう。

〔資料〕４年生になったら自転車通学に変える予定の生徒

徒歩のみで通学していた生徒のうち，通学時間が15分未満の生徒の８割と，通学時間が15分以上の生徒全員。
公共の交通機関を使って通学していた生徒のうち，通学時間が30分未満の生徒の６割と，通学時間が30分以上の生徒のうちの５人。

〔表〕中等教育学校に通う３年生の通学方法と通学時間

通学時間＼通学方法	徒歩のみ（人）	公共の交通機関を利用		
		バスのみを利用（人）	電車のみを利用（人）	電車とバスを利用（人）
15分未満	10	2	0	0
15分以上30分未満	6	4	9	0
30分以上60分未満	2	2	86	1
60分以上90分未満	0	0	32	1
90分以上	0	0	3	2

(2) たろうさんは歩数を数えて，家から中等教育学校までの道のりを調べました。まず，家を出てから800歩を６分間で歩きました。そこで，かなこさんに会ったので，11分間立ち止まって話した後，中等教育学校に向かいました。たろうさんが再び歩き始めてから，ちょうど400歩で中等教育学校に着きました。たろうさんが歩く速さは一定で，歩はば（１歩の長さ）はいつも0.5mであるものとし，次の**ア，イ**の各問いに答えましょう。

ア たろうさんが家を出てからの時間（分）と道のり（m）のグラフを，解答欄(らん)の〔**グラフ**〕にかきましょう。

〔**グラフ**〕には，たろうさんが家を出たとき（０分），かなこさんに会ったとき，再び歩き始めたとき，中等教育学校に着いたときを点（・）でかき，となり合う点（・）と点（・）を直線（━━━）で結びましょう。

〔グラフ〕

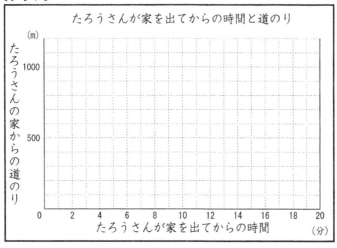

イ　たろうさんが歩く速さは分速何mか，書きましょう。答えが小数になる場合は，小数第2位を四捨五入して，小数第1位までのがい数で書きましょう。

問4　かなこさんとたろうさんは，理科の授業で，てこについて学習しています。次の(1)・(2)の各問いに答えましょう。

(1)　かなこさんとたろうさんは，次の〔実験1〕を行いました。つるした砂ぶくろの重さを変えないで，てこを水平につり合わせるとき，あとの①～③の内容について，〔実験1〕の結果から，正しいことが確認できるものは〇，まちがっていることが確認できるものは✕，〔実験1〕の結果からでは，確認できないものは△を解答欄から選んで，それぞれ線で囲みましょう。

〔実験1〕

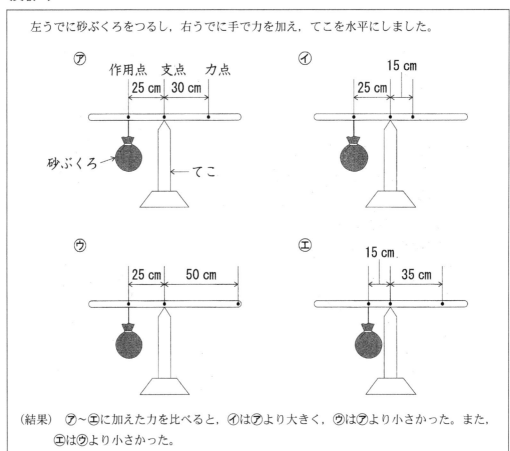

左うでに砂ぶくろをつるし，右うでに手で力を加え，てこを水平にしました。

ア　作用点　支点　力点
25 cm　30 cm
砂ぶくろ　てこ

イ　15 cm
25 cm

ウ　25 cm　50 cm

エ　15 cm　35 cm

（結果）　ア～エに加えた力を比べると，イはアより大きく，ウはアより小さかった。また，エはウより小さかった。

①　支点から作用点の距離が変わらなければ，支点から力点の距離が長い方が，力点に加える力は小さくなる。
②　支点から力点の距離が変わらなければ，支点から作用点の距離が短い方が，力点に加える力は小さくなる。
③　支点から力点の距離が，支点から作用点の距離より長い場合，支点から力点と支点から作用点の距離の差が大きいほど，力点に加える力は小さくなる。

(2) 次の〔**会話文**〕,〔**実験２**〕を読み,〔**図**〕を見て,おもりＣの重さ（g）と㋐の長さ（cm）を書きましょう。

〔**会話文**〕

かなこ 「280ｇのおもりＡ，140ｇのおもりＢ，重さのわからないおもりＣを使って，左右のうでにおもりをつるし，〔**実験２**〕を行いましたね。」

たろう 「左右につるすおもりの重さがちがっていても，（おもりの重さ）×（支点からの距離(きょり)）の値(あたい)が同じであれば，てこは水平につり合いました。」

〔**実験２**〕

○ 〔**図**〕の①のようにおもりをつるし，てこを水平につり合わせました。①の状態から，左うでのおもりＡを１個取り除き，右うでのおもりＢを３個取り除いたところ，②のように，てこは水平につり合ったままでした。

○ 次に②の状態から，③のように，右うでのおもりＣの下に，おもりＡを１個つけ，左うでのおもりＡまでの距離(きょり)が94.5cmになるように，左うでにつるしているおもりＡを移動させたところ，てこは水平につり合いました。

〔**図**〕

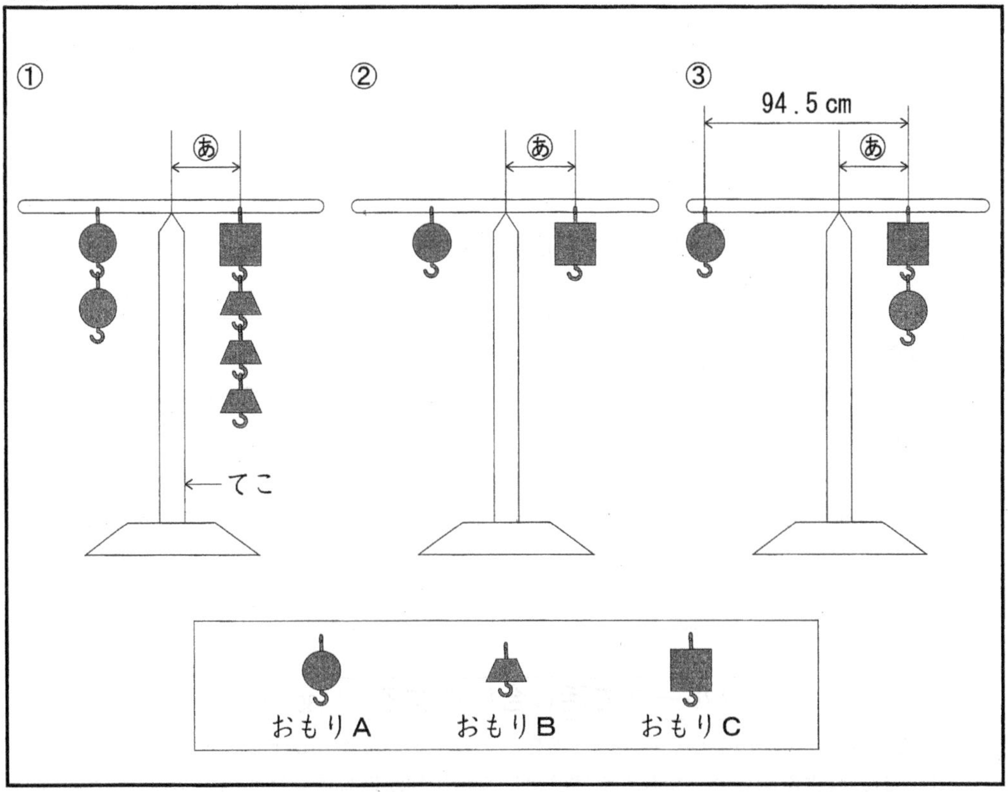

【グループ活動による検査】 （40分）　　＜満点：200点＞

～全体の進め方～

1　自分の考えをまとめる。　　　（5分）

2　グループで話し合いをする。　（35分）

【注意】　1　「はじめ」の合図があるまで，この検査用紙を開いてはいけません。

2　「やめ」の合図があったら，途中でも活動をやめましょう。

3　自分の考えをまとめる。　は，それぞれで取り組みましょう。

4　グループで話し合いをする。　は，司会や書記などの係は決めないで，みんなで取り組みましょう。

（参考）　受検者を男女別に8人程度のグループに分け，相模原中等教育学校，平塚中等教育学校ともに3回の検査を実施した。

検査　第1回・第2回　――　検査課題　課題1

検査　第3回　　　　　――　検査課題　課題2

課題1　　次の文章を読んで，あとの(1)～(4)に取り組みましょう。

> あなたは，神奈川県立中等教育学校の1年生とします。県立中等教育学校では，生徒の健康を保つことを大切にしています。そこで，体育の授業に加え，学年ごとに運動を継続的に行う取り組みをすることになりました。
>
> 今回，あなたは実行委員となり，このことについて話し合うことにしました。運動を継続的に行うためには，どのような取り組みにすればよいか，具体的に計画しましょう。

自分の考えをまとめる。（5分）

(1)　みんなに発表できるように，あなたの考えと，そのように考えた理由を，下の欄に書きましょう。

> あなたの考えとその理由
>
> ○　県立中等教育学校の6年間で，あなたはどのように体育の授業に取り組んでいきたいと思いますか。
>
> ○　体育の授業以外で，運動を継続的に行う取り組みは，どのような内容にすればよいでしょうか。

グループで話し合いをする。（35分）

(2)　あなたの考えと，そのように考えた理由を，1分ぐらいで発表しましょう。

(3)　それぞれの発表をもとに，運動を継続的に行う具体的な取り組みについて話し合いましょう。必要があれば，画用紙とフェルトペンを使いましょう。

(4)　みんなの意見をまとめて，グループとして1つの案をつくりましょう。

課題2 次の文章を読んで，あとの(1)～(4)に取り組みましょう。

あなたは，神奈川県立中等教育学校の１年生とします。県立中等教育学校では，生徒の健康を保つことを大切にしています。そこで，体育の授業に加え，クラスごとに運動を継続的（けいぞくてき）に行う取り組みをすることになりました。

今回，あなたのクラスで，このことについて話し合うことにしました。運動を継続的（けいぞくてき）に行うためには，どのような取り組みにすればよいか，具体的に計画しましょう。

自分の考えをまとめる。 （5分）

(1) みんなに発表できるように，あなたの考えと，そのように考えた理由を，下の欄（らん）に書きましょう。

あなたの考えとその理由

○ 県立中等教育学校の６年間で，あなたはどのように体育の授業に取り組んでいきたいと思いますか。

○ 体育の授業以外で，運動を継続的（けいぞくてき）に行う取り組みは，どのような内容にすればよいでしょうか。

グループで話し合いをする。 （35分）

(2) あなたの考えと，そのように考えた理由を，１分ぐらいで発表しましょう。

(3) それぞれの発表をもとに，運動を継続的（けいぞくてき）に行う具体的な取り組みについて話し合いましょう。
必要があれば，画用紙とフェルトペンを使いましょう。

(4) みんなの意見をまとめて，グループとして１つの案をつくりましょう。

大切なことはメモしておこうネ！

平 成 30 年 度

解 答 と 解 説

《平成30年度の配点は解答欄に掲載してあります。》

＜適性検査Ⅰ解答例＞

|問1| (1)　②，③

　　　(2)　土の中にたくさんのすき間があり，たくさんの水を
　　　　たくわえる（ので）

|問2| (1)　6ページ　⑥　　　　18ページ　②

　　　(2)　ア　7　　イ　16　　ウ　6　　エ　17

|問3| (1)　④

　　　(2)　③

|問4| (1)　①，④，⑥

　　　(2)　自動車1台を25000ドルで売った場合，その金額を日本のお金にすると，1ドル120円
　　　　のときには3000000円になるが，円高ドル安になり，1ドル100円のときには2500000円
　　　　になる。このように，日本のお金にしたときの金額が減るので，円高ドル安になると
　　　　日本の会社の利益が減る。

○配点○
|問1| (1)　30点　　　(2)　40点　　|問2|　各40点×2　　|問3| (1)　30点　　(2)　40点
|問4|　各40点×2　　　　計300点

＜適性検査Ⅰ解説＞

|問1|　（社会：資料の読みとり，環境問題）

(1)①　〔資料3〕に，「1本の元気なスギの木は，1年で14キログラムの二酸化炭素を吸い込んでくれ
　　　る」とあり，160本は車1台が出す二酸化炭素を吸い込むために必要なスギの数であるため，
　　　まちがっている。

　②　〔会話文〕に，人口は「全国で2番目に多い県」とある。また〔資料4〕を見ると，土地利用の
　　　割合のうち，住宅は神奈川県が17.8％，全国が3.1％で，工業用地は神奈川県が2.2％，全国が
　　　0.4％でどちらも神奈川県の方が多い。さらに森林は神奈川県が39.1％，全国で66.3％で神奈川
　　　県の方が少なく，すべてあてはまっており，正しい。

　③　〔会話文〕に，「土地面積が5番目に小さい」とあり，大きい順に考えると43番目になるので，
　　　正しい。

　④　〔資料4〕を見ると，全国平均と比べて神奈川県の土地利用における森林の割合は小さく，住
　　　宅や工業用地の割合が大きいので，まちがっている。

　⑤　〔資料1〕に，一度人間の手の加わった森林のために，「県では自然かんきょうをこわさない
　　　ような方法で林道をつく」るという取り組みをしているので，まちがっている。

(2)　〔原こう〕の空らんのうしろを読むと，森林に「こう水や水不足を防ぐ働き」があること，こ
　　の働きを「緑のダム」と呼んでいることがわかる。ここで〔資料3〕を読むと，6，7行目に「だか

ら，洪水や水不足を防ぐ『緑のダム』になる」とある。「だから」とあるのでこの直前の文章「土の中にたくさんのすき間があって，スポンジみたいにたくさんの水をたくわえている」を字数に合うようにまとめればよい。

[問2]（国語・算数：読解，規則性）

(1) 〔内容の構成〕から，まず最初の3ページに「年間行事」がくるとわかる。「『学習』を全体の前半にのせる」とあるので，次にこれを持ってくるとよい。こちらも3ページなので，6ページ目はこの「学習」の最後のページになる。

また部活動紹介が全体の3分の1になるので，24÷3＝8（ページ）になり，運動部と文化部の比が3：1になることから，「部活動紹介（運動部）」が6ページ，「部活動紹介（文化部）」が2ページになることがわかる。「体育祭」が11，12ページにくること，「体育祭」と「文化祭」が連続すること，「体育祭」と「部活動紹介（運動部）」・「文化祭」と「部活動紹介（文化部）」がそれぞれ連続することを合わせて考えると，「部活動紹介（文化部）」→「文化祭」→「体育祭」→「部活動紹介（運動部）」の順にのせる。「体育祭」が12ページで終わり，「部活動紹介（運動部）」が6ページあるので，18ページ目は「部活動紹介（運動部）」の最後のページになる。

(2) 〔ページの構成〕を見ると，本は内容24ページと表紙，まえがき，目次，裏表紙の4ページの合計28ページとなることがわかる。また〔図1〕から閉じたときに表紙から始まり，その裏はまえがき，そのとなりに目次，そこからは左側に奇数，右側に偶数の番号が連続するようにし，閉じたとき最後に裏表紙が来るように製本することが推測できる。まえがきがある方を表としたとき，アは下から5枚目の表の左側，ウはその裏にくるといえる。1枚目からまえがき，1，3，5，7となり，7ページ目がアになる。ウはアと連続しており，1ページ前なので6ページ目になる。同じように一番後ろから考えたとき，裏表紙の裏側にくる24ページ目を表としたとき，イは下から5枚目の表の右側，エはその裏にくるといえる。1枚目から24，22，20，18，16となり，16ページ目がイとなる。エはイと連続しており，1ページ後なので，17ページ目となる。

重要 [問3]（理科：電気回路）

(1) 豆電球とたんしだけが見えて箱の中身が見えない，つまり，豆電球とたんしが箱の中でどのようにつながっているのか，配線を考える問題である。

〔実験結果〕をもとに1つずつ考えていく。たんしⒶとⒷをつないだ場合，豆電球㋐がついたということは豆電球㋐はたんしⒶとⒷの間になければならない。これは，すべての選択肢が満たしている。たんしⒷとⒸをつないだ場合，豆電球㋐と㋑がついたということは豆電球㋐と㋑はたんしⒷとⒸの間になければならない。ここまでで，たんしⒷとⒸの間に豆電球㋑しかない選択肢②と⑤が消える。続いて，たんしⒶとⒸをつないだ場合，豆電球㋑がついたということは豆電球㋑はたんしⒶとⒸの間になければならない。これは，残りの選択肢①③④すべてが満たしている。たんしⒷとⒹをつないだ場合，豆電球㋐と㋒がついたということは豆電球㋐と㋒はたんしⒷとⒹの間になければならない。このとき，選択肢①は確かにたんしⒷとⒹの間に豆電球㋐と㋒があるが，同時に㋑もあるのでこれが正解ならば豆電球㋑もこの時につくはずである。つまり，選択肢①は消える。また，選択肢③はたんしⒷとⒹの間に豆電球㋒しかないので，これも消える。よって，正解は残った選択肢④である。

(2) 1つの電球に対して，1階と2階という異なる場所にある両方のスイッチから操作可能な回路を選ぶ問題である。電球は，回路の輪の中で乾電池と電球がつながってはじめてつくものである。すべての選択肢は，現在電球がついた状態にある。ここから，片方のスイッチを押した時に回路が切れて電球がつかなくなり，もう片方のスイッチを押した時に再び回路がつながり電球がつき，逆のスイッチからしても同様のことが起こるものを探す。

③を見てみよう。1階のスイッチを押すと回路の輪が切れてしまい電球が消える。しかし，2階のスイッチを押すと回路の輪が再びできて電球がつく。1階と2階どちらのスイッチから押し始めても結果は同じである。よって，これが正しい選択肢である。他の選択肢も見てみる。①の場合，1階のスイッチを押しても回路の輪は切れないので電球はつきっぱなしになってしまい不適である。②④⑤の場合も同様に，1階と2階どちらのスイッチを押しても電球は消えないので不適である。⑥の場合，1階のスイッチを押したら電球は消え2階のスイッチを押したら電球は再びつく。しかし，逆に2階のスイッチから押しても電球が消えることがないので，これも不適である。

問4 （社会：資料の読みとり，輸出入）

(1)① 〔資料1〕を見ると，横浜港の輸出額の総額は6兆8847億円，輸入額の総額は3兆7999億円となっている。この差は6兆8847億－3兆7999億＝3兆848億（円）となり，正しい。

② 〔資料1〕を見ると，全国の輸出額の総額が70兆358億円，輸入額の総額が66兆420億円であり，輸出額の総額の方が多いため，まちがい。

③ 〔資料1〕から，全国の輸出額の総額の1割は，
70兆358億×0.1＝7兆35億8000万（円）
となり，横浜港の輸出額の総額の方が少ないため，まちがい。

④ 〔資料2〕を見ると，横浜港のアメリカ合衆国への輸出額は1兆1753億円，輸入額は4119億円である。この差は1兆1753億円－4119億＝7634億（円）となり，6000億円を上回っているので，正しい。

⑤ 〔資料2〕から，横浜港のアメリカ合衆国への輸出額の半分は，1兆1753億÷2＝5876億5000万（円）となる。これはEUへの輸出額の6312億円より少なく，EUへの輸出額はアメリカ合衆国への輸出額の半分を上回っているため，まちがい。

⑥ 〔資料2〕を見ると，横浜港のアメリカ合衆国への輸出額は1兆1753億円，中国への輸出額は1兆2697億円であり，中国の方が上回っている。また同じ資料を見ると，横浜港のアメリカ合衆国からの輸入額は4119億円，中国からの輸入額は1兆1516億円であり，中国の方が上回っている。どちらも中国の方が上回っているので，正しい。

(2) まずは条件を確認する必要がある。条件は「1ドルと交換できる金額が120円と100円の場合」，「自動車1台25000ドル」であるとき，円ではいくらになるかそれぞれ示すことと，文の中に「円高ドル安」と「利益が減る」という2つの言葉を使うことである。条件に合わせて，車の値段を計算すると，
1ドル120円のとき，120×25000＝3000000（円）
1ドル100円のとき，100×25000＝2500000（円）
になる。このように円高ドル安のときの値段である100円の方が金額が少ないため，利益が減るといった内容をまとめればよい。

★ワンポイントアドバイス★

資料の読みとりと，算数や理科の知識を合わせている問題が多い。条件を読み解くことと，算数や理科の基礎知識を深めておこう。

＜適性検査Ⅱ解答例＞

問1 (1) ④，⑤

(2) （例）日本がかかえる問題は，生産年れい人口の減少による人材不足です。AIやロボットが人を支えんし，業務効率を向上させることで，この問題に対応できる可能性があります。わたしは，AIのプログラミングについて学びたいと思います。それは将来，プログラマーになり，人の仕事を支えんするためのAIを開発したいからです。

問2 (1) ③，⑤

(2)

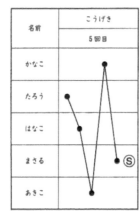

問3 (1) ア　135（人）　イ　30（人）

(2) ア　〔グラフ〕

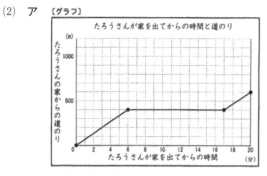

イ　（分速）　66.7（m）

問4 (1)

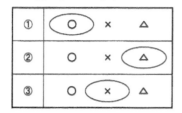

(2) C　420（g）　あ　27（cm）

○配点○

問1 (1) 20点　(2) 60点　　**問2** (1) 30点　　(2) 40点

問3 (1)ア　20点　イ　20点　　(2)ア　20点　イ　20点　　**問4** (1) 30点　(2) 40点

計300点

＜適性検査Ⅱ解説＞

問1 （社会：資料の読み取り，AI，作文）

(1)① 〔資料1〕に，AIは「現在のところ，人間の知能と同等の仕組みを実現する技術は存在していません」とあり，まだすべてを人間の代わりにできるようになったわけではないので，まちがい。

② 〔資料1〕から，視覚情報からの識別について，「人間にしかできないと思われていた，さまざまな作業が次々と」実現していく中でできるようになったことであるとわかる。最初からできたわけではないのでまちがい。

③ 〔資料1〕に，日本では，「『生産年れい人口』が大幅に減少するという事態に直面する」とあり，ゆるやかな減少ではないので，まちがい。

④ 〔資料1〕に，「子どもの経験から学んでいくような知的活動」をする「子どものAI」が生まれて，「利用可能」となったとあるので，正しい。

⑤ 〔資料1〕から，生産年れい人口は15〜64歳とわかる。〔資料2〕を見ると，2015年の15〜64歳人口は7728万人，2030年の15〜64歳人口は6875万人とある。この差は，7728万人－6875万人＝853万人になり，800万人以上減少するので，正しい。

(2) 〔資料1〕によると，日本の問題は「世界でも類を見ないスピードで少子高れい化が進展」し，「『生産年れい人口』が大幅に減少するという事態に直面する」ことである。また，「子どものAI」の登場で，「人材不足問題や業務の効率化によって対応できる可能性が高まっている」とあるので，まずこれらをまとめる。そのあと，AIを活用するためにどのようなことをなぜ学びたいかを書けばよい。

問2 （国語・算数：読解，法則性）

(1) 〔会話文1〕に，「1度もシュートすること」ができなかった，「ほとんどボールを持つこと」ができなかったとあり，これを考えて〔特別ルール〕を作ったことを理解して考える。

①シュートの得点を高くすることが，シュート数を増やすことと直接関係がないためまちがい。

②バスケットボールが苦手な人に対して特別なルールを決めているわけではないので，まちがい。

③シュートの得点について，「同じ人が再びシュートを入れた場合は1点」にしかならないこと，「1回のこうげきで，チーム全員がボールを持ち，シュートが成功した場合，さらに5点を追加」するとあるので，より多くの人がシュートできるよう考えられているので，正しい。

④こうげき側と守備側を交代して両方とも5回ずつやるので，守備の時間が特別短くなるわけではないので，まちがい。

⑤チーム全員にボールを回すようなルールになっていて，バスケットボールが苦手な人にもボールが回るようになっているので，正しい。

(2) まず4回目までの得点は，〔特別ルール〕に合わせて計算すると，0＋5＋0＋5＝10（点）となる。〔会話文2〕に，「相手チームが18点」で，「逆転した」とあるので，チーム全員にボールを回し，ちがう人がシュートを決めたことがわかる。5回目のかかれているところまででボールが回っていないのはまさるさんである。彼はシュートをまだ決めておらず，〔会話文2〕に，「パスを受け取った人が，そのままシュート」をしたので，彼がそのまま決めたことがわかる。

問3 （算数・社会：資料の読み取り，グラフ，速さ）

(1)ア 〔表〕のうち，通学時間は「15分以上30分未満」，「30分以上60分未満」，「60分以上90分未満」のところを，通学方法は「公共の交通機関を利用」のところを見る。あてはまる部分のすべ

ての合計人数は，$4+9+2+86+1+32+1=135$（人）になる。

イ 〔資料〕から，まず徒歩のみで通学していた人が，どのくらい自転車通学をするのか考える。通学時間が15分未満の生徒の8割と，通学時間が15分以上の生徒全員なので，その合計は，$10×\dfrac{8}{10}+6+2=16$（人）になる。続いて公共の交通機関を利用していた人が，どのくらい自転車通学をするのか考える。通学時間が30分未満の生徒の6割と通学時間が30分以上の生徒のうちの5人なので，その合計は，$(2+4+9)×\dfrac{6}{10}+5=14$（人）となる。

これらすべての合計人数が自転車通学をすることになるので，$16+14=30$（人）となる。

(2)**ア** まず家を出てからかなこさんに会うまで，かなこさんとわかれて再び歩き始めてから中等教育学校に着くまでのきょりを計算する。1歩の長さは0.5mなので，家からかなこさんに会うまで $0.5×800=400$（m）

再び歩き始めてから中等教育学校まで $0.5×400=200$（m）

歩く速さは一定なので，6分間で400m進み，そこから11分間立ち止まるので，動かない。その後200m進む。これをグラフに表す。止まったとき，再び歩き始めたとき，中等教育学校に着いたときに点をかくのをわすれないようにする。

イ たろうさんの歩く速さは一定であるため，歩数も歩いた距離もわかる最初の部分（6分間で800歩，つまり400m進んだ）を使って計算すればよい。$400÷6=66.66…$と割り切れないため，小数第二位を四捨五入すると，分速66.7mとなる。

問4 （理科：てこの原理，重さ）

(1) （結果）から，加えた力の大きい順に，④，⑦，⑨，④であることがわかる。

① 「支点から作用点の距離が変わらない」場合を考えるので，⑦，④，⑨で比べる。支点から力点までの距離が長い順だと⑨，⑦，④となり，力点に加える力が小さい順になっているので，正しい。

② 「支点から力点までの距離が変わらない」場合を比べたいが，すべてにおいて長さが異なっているので，これは確認できない。

③ 「支点から力点の距離が，支点から作用点の距離より長い場合」を考えるので，⑦と⑨と④で比べる。支点から力点と支点から作用点の距離の差は⑦が5cm，⑨が25cm，④が20cmになる。⑦，⑨，④では，④の力点に加える力が最も小さくなるので，まちがい。

(2) **おもりCの重さ** 〔図〕の①では，おもりA2つ分と，おもりB3つ分とおもりC1つ分がつり合っている。また②では，おもりA1つ分と，おもりC1つ分がつり合っている。支点からの距離はどちらも同じであるため，おもりだけで考える。この2つからおもりA1つ分と，おもりB3つ分がつり合うことがわかり，おもりC1つ分と同じになる。そのため，$140×3=420$（g）になる。

⑥の長さ 〔会話文〕から，おもりの重さ×支点からの距離が同じになればよいので，比を使って考えることができる。〔図〕の③から，おもりの重さと支点からの距離を，求めたおもりCの重さを入れた上で比に表すと，

$94.5-⑥：⑥=(280+420)：280=700：280=5：2$となる。全体は94.5cmであるため，比からこれを7等分することで表すことができる。1つ分あたり$94.5÷7=13.5$（cm）となり，⑥はこれの2つ分なので，$13.5×2=27$（cm）になる。

★ワンポイントアドバイス★

算数・理科ともに基本的な内容を理解していることが求められる。また問題が進むにつれて応用的な内容を問われることもある。いろいろな方法や視点で考えることで簡単に解ける問題もあるので，数パターンの解き方を練習しておくとよい。

MEMO

大切なことはメモしておこうネ！

平成29年度

入　試　問　題

29年度

平成29年度

神奈川県立中等教育学校入試問題

【適性検査Ⅰ】 （45分）　＜満点：300点＞

【注意】 字数の指定のある問題は，指定された字数や条件を守り，わかりやすく，ていねいな文字で書きましょう。次の〔例〕のように，横書きで，最初のマスから書き始め，段落をかえたり，マスの間をあけたりしないで書きます。文字や数字は１マスに１字ずつ書き，文の終わりには句点〔。〕を書きます。句読点〔。，〕やかっこなども１字に数え，１マスに１字ずつ書きます。

〔例〕

１	２	月	の	詩	の	テ	ー	マ	は
，	「	冬	の	朝	」	だ	っ	た	。

問1　たろうさんとかなこさんは，校外学習で，みなとみらいへ行きました。次の(1)，(2)の各問いに答えましょう。

(1)　たろうさんとかなこさんは，センター南駅から，みなとみらい駅まで，それぞれ電車を乗り継いで行きました。〔図〕は，たろうさんが，(注)所要時間を調べて，まとめたものです。たろうさんは，まず横浜市営地下鉄線ブルーラインに乗り，横浜駅でみなとみらい線に乗りかえて，みなとみらい駅に行きました。所要時間は30分でした。

かなこさんは，まず横浜市営地下鉄線グリーンラインに乗り，電車を乗り継いで，みなとみらい駅に行きました。〔図〕を見て，かなこさんがセンター南駅から，みなとみらい駅に行くときの，最も短い所要時間は何分か，書きましょう。

ただし，移動は〔図〕の鉄道のみを利用し，駅間の所要時間は〔図〕に書かれているものを使いましょう。また，ちがう記号の鉄道の電車に乗りかえる時間は，どれも５分かかり，同じ記号の鉄道の電車に乗りかえる時間は，かからないものとします。

(注)　所要時間：移動にかかる時間。

〔図〕鉄道の各駅間の所要時間

（例）Ａ駅からＤ駅までの所要時間

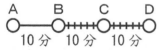

Ａ　　Ｂ　　Ｃ　　Ｄ
10分　10分　10分

Ａ駅からＢ駅まで10分，Ｂ駅での乗りかえに５分，Ｂ駅からＤ駅まで20分かかります。よって，Ａ駅からＤ駅までの所要時間は，35分となります。

鉄道の記号

■■ＪＲ線
＋＋＋＋＋東急東横線・みなとみらい線
―――横浜市営地下鉄線（ブルーライン）
＝＝＝横浜市営地下鉄線（グリーンライン）

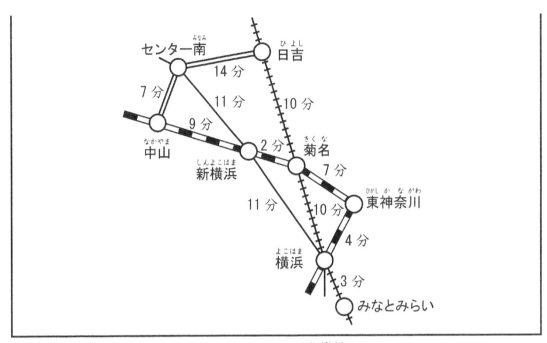

(2) たろうさんとかなこさんは，みなとみらい駅から日本丸メモリアルパークに行きました。〔メモ〕，〔写真〕は，日本丸メモリアルパークで日本丸（初代）のことを，調べたときのものです。

　日本丸（初代）が，次のページの〔地図〕のA地点から，まず南へ2時間，次に東へ5時間，最後に南へ4時間進んだとすると，日本丸（初代）は，〔地図〕のどこにいるでしょうか。その地点を，解答用紙の〔地図〕上に記号（◉）でかきましょう。

　ただし，〔地図〕の1マスの1辺の長さは10kmとします。日本丸（初代）は，東に進むときには帆だけを使い，南に進むときにはエンジンだけを使って進むものとします。また，向きを変える時間や，波のえいきょうなどはなく，〔メモ〕に書かれている速さで進むものとします。なお，解答は次のページの〔解答のかき方〕のように，解答用紙の〔地図〕に，日本丸（初代）がいる最終地点にのみ，記号（◉）をかきましょう。

〔メモ〕日本丸（初代）について

日本丸（初代）は帆とエンジンの両方がある船で，帆で風を受けて進んだり，エンジンを使って進んだりすることができる。	
帆だけを使って進む速さ	時速24km
エンジンだけを使って進む速さ	時速15km

〔写真〕日本丸（初代）

（日本丸メモリアルパーク）

〔地図〕

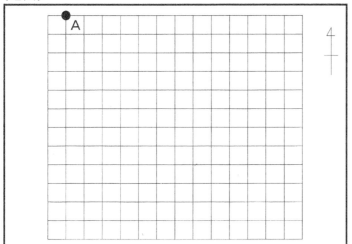

〔解答のかき方〕

問2 かなこさんは，かながわテニスクラブに通っています。〔表〕は，かながわテニスクラブの選手を，サービス（サーブ）の成功率（サービス練習でのサービスが成功した割合）でグループに分けたものと，ヨコハマスポーツクラブの選手との試合結果の関係をまとめたものです。〔表〕を見て，あとの(1)，(2)の各問いに答えましょう。

〔表〕サービスの成功率と，ヨコハマスポーツクラブの選手との試合結果の関係

グループ ＼ 試合結果	4勝0敗	3勝1敗	2勝2敗	1勝3敗	0勝4敗
サービスの成功率が80%以上のグループ	4人	1人	1人	0人	0人
サービスの成功率が60%以上80%未満のグループ	3人	1人	1人	0人	0人
サービスの成功率が40%以上60%未満のグループ	3人	2人	2人	1人	1人
サービスの成功率が20%以上40%未満のグループ	2人	1人	1人	1人	1人
サービスの成功率が20%未満のグループ	0人	1人	3人	2人	3人

(1) 前のページの〔表〕から読みとれる内容として，あてはまるものを次の①～⑤の中からすべて
選び，その番号を書きましょう。

① サービスの成功率が６割以上の選手の人数は，サービスの成功率が６割未満の選手の人数よ
り多い。

② サービスの成功率が20％未満であっても，勝ち越している（勝った試合数が負けた試合数よ
り多い）選手がいる。

③ サービスの成功率が４割以上６割未満のグループ内では，勝ち越している選手の人数の方が
多い。

④ サービスの成功率が高いグループほど，グループ内での勝ち越している選手の割合は高くな
る。

⑤ サービスの成功率が60％以上80％未満のグループの選手は，必ず勝ち越している。

(2) かながわテニスクラブの選手が，ヨコハマスポーツクラブの選手と再び試合をしました。かな
こさんはＡコートにいたため，Ｂコートの第１試合～第３試合で，だれとだれが試合をしたのか
が，わかりませんでした。わかっているのは，〔メモ〕に書いてある Ｂコートの出場選手 と
情報 のみです。

〔メモ〕の 情報 に，あとの①～⑤の情報の，どれか１つを加えれば，Ｂコートの第１試合
～第３試合で，だれとだれが試合をしたのかが，わかるようになります。その情報を①～⑤の中
から１つ選び，その番号を解答欄の〔加える情報〕に書きましょう。

また，Ｂコートで試合をした選手の組み合わせとなるように，解答欄の〔Ｂコートで試合をし
た選手の組み合わせ〕の名前を，それぞれ選んで線で囲みましょう。

〔メモ〕

Ｂコートの出場選手

かながわテニスクラブの選手　　　こうたさん　まさやさん　かずおさん
ヨコハマスポーツクラブの選手　　あきらさん　たろうさん　しんじさん

情報

・まさやさんは，あきらさんと試合をした。

・こうたさんは，第３試合に出た。

・Ｂコートの出場選手は，全員１回ずつ試合をした。

---

① しんじさんの試合は，第１試合ではなかった。

② しんじさんは，こうたさんと試合をした。

③ まさやさんとあきらさんの試合は，第２試合だった。

④ たろうさんは，あきらさんより前に試合をした。

⑤ しんじさんは，あきらさんより後に試合をした。

問3　かなこさんとたろうさんは，学校の授業で，反復横とびと50m走を行いました。〔反復横とびの測定方法〕と〔50m走の測定方法〕を読んで，あとの(1)，(2)の各問いに答えましょう。

〔反復横とびの測定方法〕

　　中央ラインをまたいで立ち，「はじめ」の合図で右側のラインを越すか踏むまでサイドステップし，次に中央ラインにもどり，さらに左側のラインを越すか踏むまでサイドステップし，中央ラインにもどります。

　　この運動を20秒間くり返し，それぞれのラインを越すか踏むごとに1点が与えられます。（スタートを中央ラインからとし，右，中央，左，中央で4点になります。）

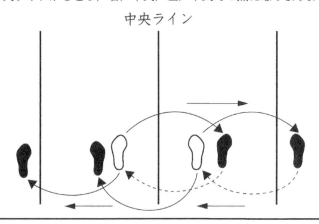

〔50m走の測定方法〕

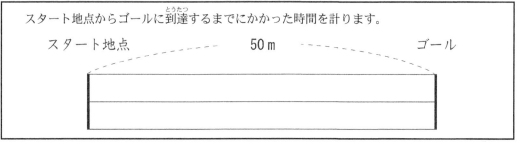

(1)　たろうさんが反復横とびを行ったところ，得点は45点でした。このとき左側のラインを越すか踏んだのは何回か，書きましょう。ただし，たろうさんは毎回それぞれのラインを越すか踏んだものとします。

(2)　かなこさんとたろうさんは，50m走を行いました。かなこさんがゴールしたとき，たろうさんはゴールから5m手前の地点を走っていました。

　　そこで，次のページの〔図〕のようにかなこさんのスタート地点だけを5m下げて，もう一度2人で走ったところ，2回目も，かなこさんの方が先にゴールしました。

　　次のページの〔会話文〕を読み，かなこさんが2回目も先にゴールした理由を考え，その説明を解答欄のわくの中にわかりやすく書きましょう。図を入れるなど，説明の書き方は自由ですが，数字を使って，文で具体的に説明しましょう。

　　ただし，かなこさんとたろうさんは，2回とも同時にスタートしたものとします。また，2人の走る速さはスタートから一定であり，それぞれ1回目と同じ速さで走ったものとします。

〔図〕 2回目の50m走のスタート地点

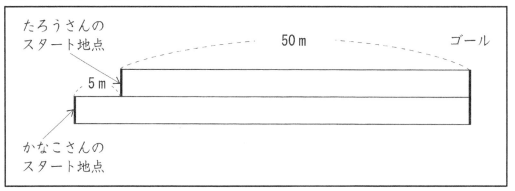

〔会話文〕

かなこ	「わたしもたろうさんも，それぞれ1回目と同じ速さで走ったのに，2回目も，わたしの方が先にゴールしましたね。」
たろう	「1回目に5mの差があったので，かなこさんのスタート地点を5m下げれば，同時にゴールすると思ったのですが，どうしてかなこさんの方が先にゴールしたのでしょうか。」
かなこ	「わたしの方が，たろうさんよりも走る速さが速いからだと思います。」
たろう	「その説明だけでは，なぜ2回目もかなこさんの方が先にゴールしたのか，わかりません。」

問4 先生が算数の授業で，たろうさんたちに，次の〔例題〕を出しました。その〔例題〕と〔会話文〕を読み，あとの(1)，(2)の各問いに答えましょう。

〔例題〕

〔図1〕のように，1辺が9cmの正方形から，1辺が3cmの正方形を切り抜いた図形A，Bがあります。それぞれの上に，〔図2〕の縦3cm，横6cmの長方形4枚を，重ならないように，すき間なくしきつめることができるでしょうか。

〔図1〕

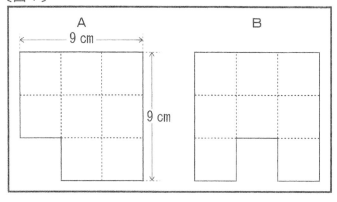

A
9 cm

9 cm

B

〔図2〕

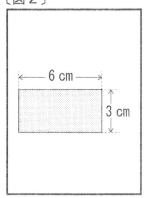

6 cm

3 cm

〔会話文〕

| たろう | 「Aには，前のページの〔図2〕の長方形4枚をしきつめることができましたが，Bには，しきつめることができませんでした。」 |
| 先生 | 「そうですね。切り抜く場所によって，しきつめることができる場合と，できない場合があります。」 |

(1) 〔図3〕のように，1辺が12cmの正方形から，1辺が3cmの正方形を3個分切り抜き，1辺が3cmの正方形に番号を1から13まで書きました。さらに，番号3の正方形を切り抜くと，〔図2〕の長方形6枚を重ならないように，すき間なくしきつめられるようになります。番号3以外で，どの番号の正方形を切り抜けば，同じように〔図2〕の長方形6枚をしきつめることができますか。あてはまる番号を解答欄の中からすべて選び，それぞれ線で囲みましょう。

〔図3〕

```
←―――― 12 cm ――――→
┌─────────────────┐  ↑
│  1   2   3   4  │  │
│      5       6  │  │
│  7   8   9   10 │ 12 cm
│  11      12  13 │  │
└─────────────────┘  ↓
```

(2) 〔図4〕の，1辺が3cmの立方体の積み木1個と，縦3cm，横3cm，高さ6cmの直方体の積み木13個をすき間なく置いて，1辺が9cmの立方体を作ります。

〔図5〕は，1辺が3cmの立方体の積み木を左下の奥に置き，そこに，1個目の直方体の積み木を置いた様子を表しています。さらに，残りの積み木をすべて置くと，〔図6〕のような1辺が9cmの立方体になりました。〔図6〕のアの方向（正面から見て左側）から見た場合，積み木はどのように見えますか。〔正面から見た図〕を参考にして，解答欄の〔アから見た図〕の点線部分に線（――）をかきましょう。（〔図6〕，〔正面から見た図〕は次のページにあります。）

〔図4〕

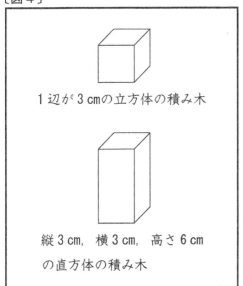

1辺が3cmの立方体の積み木

縦3cm，横3cm，高さ6cm
の直方体の積み木

〔図5〕

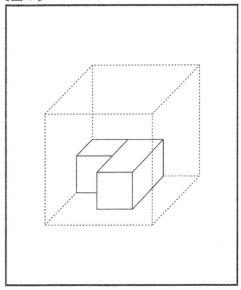

〔図6〕

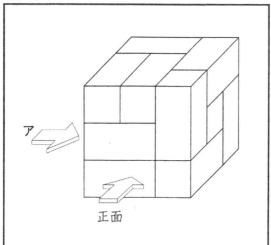

ア

正面

〔正面から見た図〕

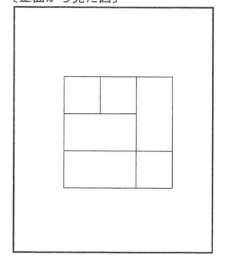

【適性検査Ⅱ】 （45分）　＜満点：300点＞

【注意】　字数の指定のある問題は，指定された字数や条件を守り，わかりやすく，ていねいな文字で
　　　　書きましょう。次の〔例〕のように，横書きで，最初のマスから書き始め，段落をかえたり，
　　　　マスの間をあけたりしないで書きます。文字や数字は１マスに１字ずつ書き，文の終わりに
　　　　は句点〔。〕を書きます。句読点〔。，〕やかっこなども１字に数え，１マスに１字ずつ
　　　　書きます。

〔例〕

１	２	月	の	詩	の	テ	ー	マ	は
，	「	冬	の	朝	」	だ	っ	た	。

問1　たろうさんとかなこさんは，保健の授業で，運動やスポーツを行うことの意味について学
んでいます。〔資料〕を読んで，あとの(1)，(2)の各問いに答えましょう。

〔資料〕

> 　運動習慣を身につけるための条件（社会の変化に左右されないで）として，以下のような項目
> をあげることができる。
> 　　ア　楽しいこと　　　　イ　仲間がいること　　　　ウ　場所と施設があること
> 　　エ　安全であること　　オ　良い指導者がいること　　カ　効果があること
> 　物理的条件（施設・用具など）が整うだけでスポーツ人口が増加することは注1)周知の事実
> である。身近に，気軽に使えるスポーツ施設の充実が望まれる。全国各地に体育・スポーツ施
> 設の整備は進んでいるが，まだ十分とはいえず，学校施設などの活用も注2)模索されている。
>
> 　（中略）
>
> 　ただ，安全で効果的なスポーツ注3)実践には，良い指導者とともに一緒に楽しむ仲間がいる
> ことは，欠かせない条件となる。ここでも地域スポーツクラブの活用が有効な手段の一つとな
> る。
> 　身体活動が健康の保持・増進に有効であること，特に近年話題にされている生活習慣病の予
> 防や改善に有効であることが認められてきた。また夢中になれるものがあれば，精神的ストレ
> スを軽減することができる。スポーツは，身体的機能の低下を防ぐとともに，精神的ストレス
> の解消にもつながる。さらにより豊かな生活を営むうえに，スポーツは欠かすことのできない
> 文化の一つであることも理解されるようになってきた。

（『改訂版　運動と健康』臼井永男著より　※一部表記を改めたところがある。）

注1)周知：みんなが知っていること。　注2)模索：いろいろ試みること。　注3)実践：実際に行うこと。

(1)　〔資料〕に書かれている内容として最もあてはまるものを，次の①～⑤の中から１つ選び，その
　　番号を書きましょう。
　　①　スポーツ施設の整備が進むだけでは，実際にスポーツを行う人の数の増加には結びつかない。
　　②　日本のスポーツ施設の数は，十分であるといえる。
　　③　良い指導者や仲間がいなくても，よく考えて工夫すれば，安全面で問題はない。
　　④　スポーツを行うことは，身体の健康を保ち，病気を予防するために大切だが，常に精神的ス

トレスがかかる。

⑤　スポーツを行うことは，健康で豊かな生活を送ることにつながるという考え方が，認められるようになってきた。

⑵　〔資料〕の中で，あなたが運動やスポーツを行っていく習慣を身につけるために大切だと思うことを書きましょう。また，〔会話文〕を読み，〔グラフ〕を見て，あなたは30年後，どのような理由で，運動やスポーツを行うことが望ましいと思いますか。具体的な運動やスポーツの名前をあげて，書きましょう。

　　２つのことについて，〔資料〕，〔グラフ〕の内容をふまえて，全体で120字以上150字以内で書きましょう。

〔会話文〕

たろう	「わたしは週末，地域の野球チームで野球をすることが，とても楽しいです。」
先生	「楽しいだけでなく，〔資料〕からわかるように，運動習慣を身につけることは，健康を保ち，生活習慣病を予防するために，とても重要だと考えられるようになってきています。」
かなこ	「わたしの母も健康のためにウォーキングをしています。」
先生	「〔グラフ〕は20歳(さい)以上の人に，アンケートをした結果ですが，大人になっても，さまざまな理由で運動やスポーツを行っていることがわかります。」
たろう	「わたしは，仲間と野球をすることが楽しいので，大人になっても野球を続けたいと思います。」
かなこ	「わたしも，運動やスポーツを行う習慣をもち続けたいと思います。」

〔グラフ〕

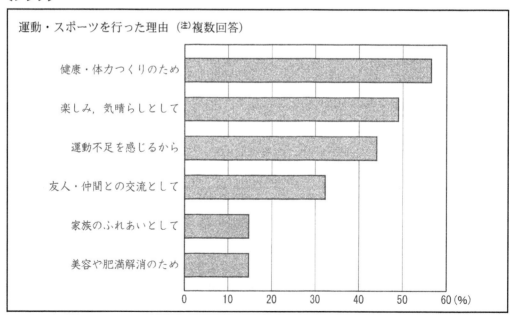

（文部科学省「体力・スポーツに関する世論調査（平成25年１月調査）」より作成）

(注)複数回答：回答をいくつ選んでもよいこと。

問2 かなこさんとたろうさんは，金属について調べています。次の〔会話文〕を読み，〔資料〕を見て，あとの(1)，(2)の各問いに答えましょう。

〔会話文〕

かなこ	「金属といえば，鉄，アルミニウム，銅などが有名ですが，それ以外にもたくさんの種類の金属があるのですね。」
先生	「そうです。それでは，金属の種類を見分けるには，どうしたらよいでしょうか。」
たろう	「色のちがいだけだと，同じような色をした金属どうしもあるので，見分けるのは難しいですね。どのように見分ければいいのですか。」
先生	「1 cm³あたりの重さを調べることで，見分けることができます。体積が同じでも，プラスチックとガラスのように，物によって重さがちがいます。金属も，〔資料〕のように金属の種類によって1 cm³あたりの重さはそれぞれちがいます。それでは，体積が30 cm³，重さが237 gの金属があったとすると，その金属の種類は何だと考えられますか。」
かなこ	「1 cm³あたりの重さを計算すると，7.9 gなので，鉄になります。」
先生	「そのとおりですね。」

〔資料〕1 cm³ あたりの金属の重さ (g)

金属名	鉄	アルミニウム	銅
1 cm³ あたりの重さ (g)	7.9	2.7	9

(1) 1辺が3 cmの鉄の立方体が2個あります。〔図1〕のように，てんびんの一方に，この2個の立方体をのせ，もう一方に水の入ったビーカーをのせます。てんびんがつり合ったとき，このビーカーには何 cm³の水が入っているか，書きましょう。

ただし，水の1 cm³あたりの重さは1 gとし，ビーカーの重さは196 gとします。また，鉄の立方体の内部に，すき間はないものとします。

〔図1〕

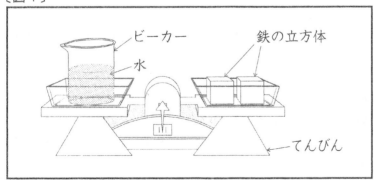

⑵　鉄，アルミニウム，銅のいずれかの金属でできた〔図2〕のような立体A～Cがあります。立体Aの体積は1㎤，立体Bの体積は2㎤，立体Cの体積は3㎤です。それぞれの立体がどの金属でできているかを調べるために，〔実験〕をしました。〔実験〕を読み，〔資料〕を見て，立体A～Cの金属名をそれぞれ答えましょう。答えは，解答欄の金属名をそれぞれ選んで，線で囲みましょう。ただし，立体A～Cはそれぞれ別の金属でできており，内部にすき間はないものとします。

〔図2〕

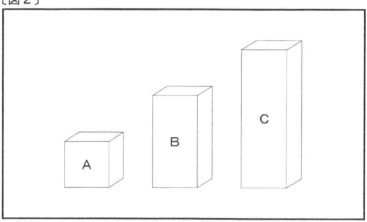

〔実験〕

○立体Aと立体Bの重さをてんびんで比べると，立体Bの方が重かった。
○立体Aと立体Cの重さをてんびんで比べると，立体Cの方が重かった。
○立体Bと立体Cの重さをてんびんで比べると，立体Bの方が重かった。

問3　たろうさんとかなこさんは，ロボットについて話をしています。〔会話文〕を読み，次のページの〔図1〕～〔図3〕を見て，あとの⑴，⑵の各問いに答えましょう。

〔会話文〕

たろう　「私は科学館に行き，自分で〔図1〕のロボットへ，命令を入力して，動かす体験をしてきました。」
かなこ　「ロボットは，どのように動かすのですか。」
たろう　「〔図2〕のように命令を入力し，スイッチを入れると，〔図3〕のようにロボットが動きます。」
かなこ　「ロボットは，どのようにして前に進むのですか。」
たろう　「左車輪と右車輪を同時に注1）正回転させることで，前に進みます。」
かなこ　「ロボットの方向を変えるには，どのようにするのですか。」
たろう　「左車輪を正回転させると同時に，右車輪を注2）逆回転させることで，その場で右に方向を変えることができます。」

注1）正回転：車輪を前進方向に回転させること。

注2）逆回転：車輪を前進方向とは逆向きに回転させること。

〔図1〕 ロボットを真上から見た図

前進方向
左車輪 ———→ ←——— 右車輪

〔図3〕 実際に動いた様子

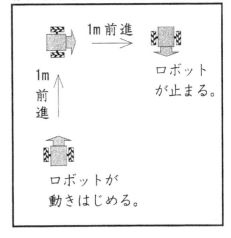

1m前進
ロボット
が止まる。

1m
前進

ロボットが
動きはじめる。

〔図2〕 ロボットへの命令（その1）

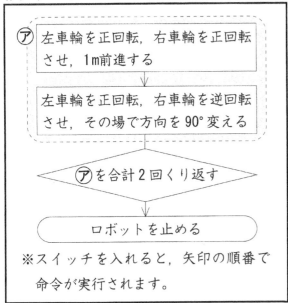

⑦ 左車輪を正回転, 右車輪を正回転
させ, 1m前進する

左車輪を正回転, 右車輪を逆回転
させ, その場で方向を90°変える

⑦を合計2回くり返す

ロボットを止める

※スイッチを入れると, 矢印の順番で
命令が実行されます。

⑴ ロボットは〔図2〕の命令で,〔図3〕のように1m前進し, 方向を90°変えて, 再び1m前進して, 方向を90°変えて止まりました。ロボットが動きはじめてから止まるまで何秒かかるか, 書きましょう。

　　ただし, ロボットは1秒間で8cm前進し, 方向を90°変えるには1回につき3秒かかるものとします。

⑵ ロボットへ次のページの〔図4〕のように命令を入力し, スイッチを入れると, ロボットが通った道すじはどのようになるでしょうか。次のページの①〜⑤の中から1つ選び, その番号を書きましょう。

　　ただし, ①〜⑤の 🏁 は, スイッチを入れたときのロボットの位置と向きを表し, 点線（…………）は, ロボットが通った道すじを表しています。

〔図4〕ロボットへの命令（その2）

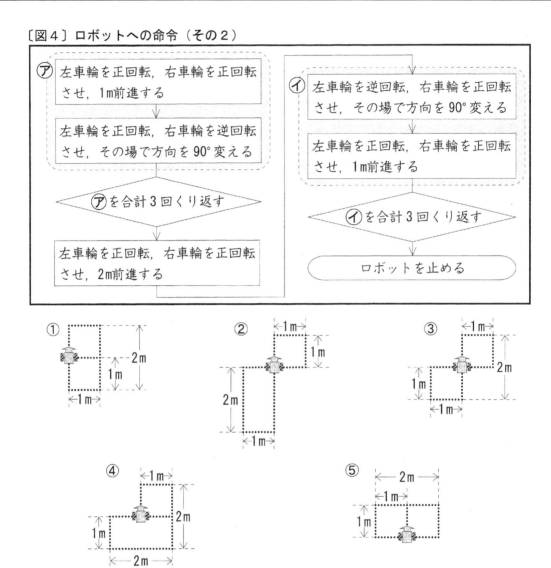

問4　たろうさんは，図画工作の時間に鳥の巣箱を作りました。巣箱は，次のページの〔図1〕のように，厚さ10mmの材料の板から各部分を切り出して，16ページの〔図2〕～〔図4〕の形に組み立てます。次の(1)，(2)の各問いに答えましょう。

(1)　〔図1〕のイの板の表の面は，〔図2〕～〔図4〕のように組み立てると巣箱の外側になります。このとき，残りのア，ウ，エ，オ，カの各板の中で，板の表の面が巣箱の内側にくるようにしなければならないものを選び，解答欄の記号を線で囲みましょう。ただし，表，裏のどちらの面が内側にきても組み立てられる板は除きます。

(2)　〔図1〕～〔図4〕のとおりに完成させた巣箱の容積（内部の空間の体積）は何cm³になるか，書きましょう。答えが小数になる場合は，小数第1位を四捨五入して，整数で書きましょう。
　　ただし，板と板の継ぎ目の部分にすき間はなく，巣箱の容積に丸い穴はふくめないものとします。また，板を切るときに削れて減る分は，ないものとします。

〔図1〕 材料の板の切り方

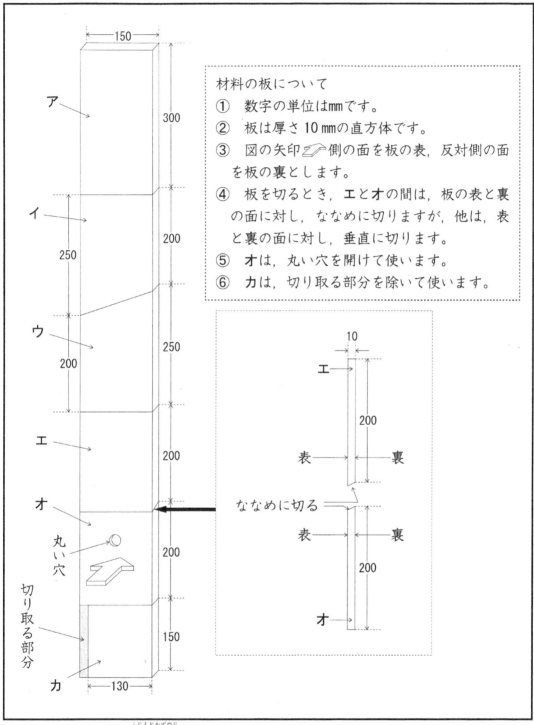

材料の板について
① 数字の単位はmmです。
② 板は厚さ10mmの直方体です。
③ 図の矢印 ◢ 側の面を板の表，反対側の面を板の裏とします。
④ 板を切るとき，エとオの間は，板の表と裏の面に対し，ななめに切りますが，他は，表と裏の面に対し，垂直に切ります。
⑤ オは，丸い穴を開けて使います。
⑥ カは，切り取る部分を除いて使います。

（藤本和典著『身近な自然のつくり方　庭や窓辺に生き物を呼ぶ法』より作成）

〔図２〕前方から見た図

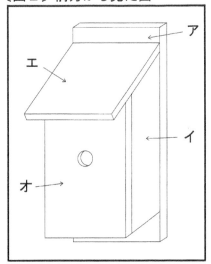

〔図３〕横から見た図

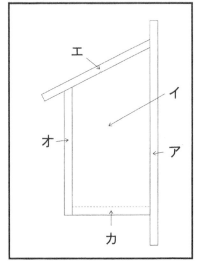

〔図４〕下から見た図

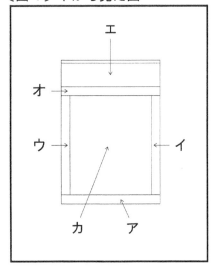

〔図の見方〕

① 〔図３〕のカの板はイの板にかくれているので横からは見えません。

② 〔図４〕でイ，ウ，オ，カの板がつくる巣箱の外側の面は，一つの平らな面になります。

【グループ活動による検査】 （40分）　　＜満点：200点＞

〜全体の進め方〜
1　自分の考えをまとめる。　　　（5分）
2　グループで話し合いをする。　（35分）

【注意】　1　「はじめ」の合図があるまで，この検査用紙を開いてはいけません。
　　　　2　「やめ」の合図があったら，途中でも活動をやめましょう。
　　　　3　自分の考えをまとめる。は，それぞれで取り組みましょう。
　　　　4　グループで話し合いをする。は，みんなで取り組みましょう。

（参考）　受検者を男女別に8人程度のグループに分け，相模原中等教育学校，平塚中等教育学校ともに3回の検査を実施した。

検査　第1回・第2回　——　検査課題　課題1
検査　第3回　　　　　——　検査課題　課題2

課題1　次の文章を読んで，あとの(1)〜(4)に取り組みましょう。

> あなたは，神奈川県立中等教育学校の1年生とします。県立中等教育学校では，人との交流を大事にして6年間を過ごしてほしいと考えています。
> 今回，すべての学年において，人との交流を深める取り組みの1つとして，「あいさつ運動」をすることになりました。そこで，あなたの学年の係が集まって，具体的な内容について話し合いをすることになりました。その係の一員として，「あいさつ運動」をどのような内容にすればよいか，具体的に計画しましょう。

自分の考えをまとめる。（5分）

(1)　みんなに発表できるように，あなたの考えと，そのように考えた理由を，下の欄に書きましょう。

> あなたの考えとその理由
> ○　県立中等教育学校の6年間で，あなたはどのように人と交流をしたいと思いますか。
>
> ○　「あいさつ運動」について，あなたはどのような内容にすればよいと思いますか。

グループで話し合いをする。（35分）

(2)　あなたの考えと，そのように考えた理由を，1分ぐらいで発表しましょう。
(3)　それぞれの発表をもとに，「あいさつ運動」の具体的な内容について話し合いましょう。必要があれば，画用紙とフェルトペンを使いましょう。
(4)　グループとして1つの案をつくりましょう。

課題2　次の文章を読んで，あとの(1)～(4)に取り組みましょう。

あなたは，神奈川県立中等教育学校の1年生とします。県立中等教育学校では，人との交流を大事にして6年間を過ごしてほしいと考えています。

今回，あなたのクラスでは，人との交流を深める取り組みの1つとして，「あいさつ運動」をすることになりました。そこで，あなたのクラスの学級活動の時間に，具体的な内容について話し合いをすることになりました。クラスの一員として，「あいさつ運動」をどのような内容にすればよいか，具体的に計画しましょう。

自分の考えをまとめる。（5分）

(1)　みんなに発表できるように，あなたの考えと，そのように考えた理由を，下の欄に書きましょう。

あなたの考えとその理由

○　県立中等教育学校の6年間で，あなたはどのように人と交流をしたいと思いますか。

○　「あいさつ運動」について，あなたはどのような内容にすればよいと思いますか。

グループで話し合いをする。（35分）

(2)　あなたの考えと，そのように考えた理由を，1分ぐらいで発表しましょう。

(3)　それぞれの発表をもとに，「あいさつ運動」の具体的な内容について話し合いましょう。必要があれば，画用紙とフェルトペンを使いましょう。

(4)　グループとして1つの案をつくりましょう。

平 成 29 年 度

解 答 と 解 説

《平成29年度の配点は解答欄に掲載してあります。》

＜適性検査Ⅰ解答例＞

問1 (1) 41（分）

(2) 右図

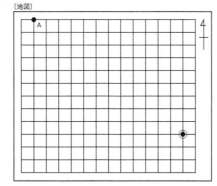

〔地図〕

問2 (1) ②，③，④

(2) 〔加える情報〕 ④

〔Bコートで試合をした選手の組み合わせ〕

第一試合：かずおさん　と　たろうさん

第二試合：まさやさん　と　あきらさん

第三試合：こうたさん　と　しんじさん

問3 (1) 11（回）

(2) 1回目の結果から，かなこさんとたろうさんが同じ時間で走った道のりの比は10：9となる。この比より，2回目は，かなこさんが55m走り，ゴールしたときに，たろうさんは49.5mしか走っていないので，ゴールしていない。よって，かなこさんの方が先にゴールした。

問4 (1) 1，5，6，9，13

(2) 右図

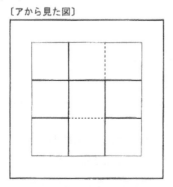

〔アから見た図〕

○配点○

問1	(1)	30点	(2)	40点	**問2**	各完答40点×2	**問3**	(1)	40点	(2)	40点	
問4	(1)	完答30点	(2)	40点		計300点						

＜適性検査Ⅰ解説＞

基本 問1 （算数：時間，位置）

(1) 問題文より，かなこさんはまず横浜市営地下鉄線グリーンラインに乗っている。その条件のもとで，なるべく乗りかえの回数が少なく，駅間の所要時間が少ないルートを考える。まずグリーンラインに7分乗って中山駅へ行き，JR線に乗りかえて菊名駅まで11分，東急東横線・みなとみらい線に乗りかえて，みなとみらい駅まで13分のルートが，7＋11＋13＋5×2＝41（分）で，最も所要時間が少ない。

(2) 地図の右上の方位を示す記号から，地図の上側が北であることを確認する。問題文と〔メモ〕より，日本丸は南へ進むときは時速15km，東へ進むときは時速24kmの速さなので，南へ15×（2＋4）＝90（km），東へ24×5＝120（km）進んだことになる。これを〔地図〕上に表すと，南は下，東は右にあたり，1マスは10kmなので，A地点から下に9マス，右に12マス進んだ位置が最終地点である。

問2 （算数：表の読み取り，組み合わせ）

(1) 〔表〕を正しく読みとって，サービスの成功率と試合結果の間の関係をつかむ。①サービスの成功率が6割以上の選手は表の上2段で，11人。6割未満の選手は24人なのであやまり。②正しい。20％未満で3勝1敗の選手がいる。③正しい。40％以上60％未満のグループでは3勝1敗以上が5人，それ以外が4人。④正しい。表の左上と右下に近づくほど人数が多くなっている。⑤60％以上80％未満で，試合結果が2勝2敗の選手がいるため，あやまり。

(2) 〔メモ〕の情報をまとめると，かながわテニスクラブの選手の試合順について，下の4つの組み合わせがありえる。

あ
まさやさん	あきらさん
かずおさん	たろうさん
こうたさん	しんじさん

い
かずおさん	たろうさん
まさやさん	あきらさん
こうたさん	しんじさん

う
まさやさん	あきらさん
かずおさん	しんじさん
こうたさん	たろうさん

え
かずおさん	しんじさん
まさやさん	あきらさん
こうたさん	たろうさん

〔加える情報〕によって，組み合わせがひとつに定まるかを見ていく。④の情報に合うのは，表の「い」だけなので，④を選んでいの組み合わせを書く。そのほかの選択しは，①は「あ」「い」「う」，②は「あ」「い」，③は「い」「え」，⑤は「あ」「い」「う」，というように，複数の場合がありえるので不適切。

問3 （算数：道のりと時間）

(1) 中央ラインから右，中央，左，そして再び中央に戻る動きを1セットとすると，1セットで4点が与えられるので，得点が45点のとき，45÷4＝11あまり1より，たろうさんは11セットをくり返し，最後に右側のラインを越すか踏んだことが分かる。1セットに1回左側のラインを越すか踏むかするので，求める回数は11回。

(2) かなこさんが50mを走る時間と，たろうさんが45mを走る時間が等しいので，2人が同じ時間に走る距離の比は50：45＝10：9である。かなこさんが55mを走るとき，同時にたろうさんが走る距離は55×$\frac{9}{10}$＝49.5（m）となり，ゴールに達していない。2人の走る速さが違うとき，道のりが長くなるほどかかる時間の差は大きくなることを思い出そう。

[問4] （算数：平面図形，立体図形）

(1) 〔図2〕の長方形1枚は，〔図3〕の正方形2つ分である。すべての正方形が隣り合う2枚ずつの組に分けられるかどうかを見ていけばよい。

(2) アの方向から見たとき，〔図5〕に示されているように，左下には立方体の積み木がある。また，〔図6〕と〔図7〕の正面のようすからからわかる積み木の置き方と，〔図5〕に示された積み木の置き方から，残る積み木の置かれ方を考える。

★ワンポイントアドバイス★

問1と問2は，与えられた情報を整理してていねいに解いていけば比較的わかりやすい問題である。問3，問4がやや複雑な分，きちんと解答しておきたい。

＜適性検査Ⅱ解答例＞

[問1] (1) ⑤

(2) 日常生活の中で運動やスポーツを行う習慣を身につけるためには，楽しさを感じられることが大切で，そのためにも，ともに楽しむことのできる友人や仲間がいることも大切です。わたしはサッカーが大好きなので，30年後も健康と体力つくりやストレス解消のために，仲間と楽しくサッカーを行うことが望ましいと思います。

[問2] (1) 230.6(cm³)　(2) 立体 A鉄　立体 B銅　立体C　アルミニウム

[問3] (1) 31(秒)　(2) ③

[問4] (1) ウ　(2) 4193(cm³)

○配点○

[問1] (1)	20点	(2)	60点	[問2] (1)	40点	(2)	完答40点
[問3] (1)	30点	(2)	40点	[問4] (1)	30点	(2)	40点　計300点

＜適性検査Ⅱ解説＞

基本 [問1] （保健・国語：運動の意義，課題作文）

(1) 〔資料〕の内容を読み取る問題。同じ内容の言い換えに注意して本文と選択しを照らし合わせる。①本文6～7行目の内容と食いちがうのであやまり。②8行目に「まだ十分とはいえず」とあるのであやまり。③あやまり。11～12行目参照。④15～17行目に，スポーツによって精神的ストレスが軽減・解消されるとあるのであやまり。⑤14～15行目と17～19行目に一致するので正しい。

(2) 〔資料〕中のア～カの条件から1つ以上選んで書く。スポーツを行う理由については，〔会話文〕と〔グラフ〕に共通しているのは，「健康・体力つくり」と「楽しみ・気晴らし」，「友人・仲間との交流」であり，これらを入れて具体的な運動やスポーツをあげて自分の考えをまとめる。2つのことを書く上で，それぞれどちらについて書いているかわかるようにしよう。

[問2] （理科：金属の体積と重さ）

(1) 〔会話文〕から，立方体の重さは，（1cm³あたりの重さ）×（体積）で求められることがわかる。

また、〔資料〕から、鉄の1cm³あたりの重さは7.9gである。鉄の立方体1個の体積は$3 \times 3 \times 3 = 27$(cm³)だから、立方体2個の重さは$7.9 \times 27 \times 2 = 426.6$(g)。これとつり合う水の重さは、ビーカーの重さをのぞくと、$426.6 - 196 = 230.6$(g)。水は1cm³あたり1gなので、体積は230.6cm³。

(2) 立体A, B, Cの体積の比は、1：2：3である。〔実験〕の結果から、立体CはBより軽く、Aより重いので、Cの1cm³あたりの重さはBの$\frac{2}{3}$cm³より軽く、Aの$\frac{1}{3}$cm³より重い。この条件を満たす金属を、〔資料〕から選ぶ。

問3 （総合：プログラミング）

(1) 〔図2〕〔図3〕より、ロボットは合計で2m前進し、2回方向を90°変えている。ロボットは1秒間に8cm前進し、方向転換に1回あたり3秒かかるので、動き始めてからの時間を単位に注意して求めると、$(2 \times 100) \div 8 + 3 \times 2 = 31$(秒)。

(2) 〔会話文〕より、左車輪を正回転させると同時に、右車輪を逆回転させると右に方向を変えられる。車輪の左右を逆にすれば、向きを左に変えられる。〔図4〕では、〔図2〕と同じ⑦の操作が行われ、⑦の操作はそれと逆向きなので、〔図3〕を参考に道すじを考える。

問4 （算数：立体図形）

(1) 〔図2〕～〔図4〕より、イの板は側面にあり、前に向かって低く傾斜している。ウの板はイの板の反対側にあり、同じように傾斜している。〔図1〕では、イとウの板の傾斜の向きは逆になっているので、板の面の表と裏に注意すると、組み立てるときウの板はイの板と反対の面を向いていなければならない。

(2) 巣箱の容積は、直方体と三角柱の体積の和として求められる。板の厚さと単位に注意して計算すると、直方体の体積は$150 \times 130 \times (200 - 10) = 3705000$(mm³) $= 3705$(cm³)、三角柱の体積は$(250 - 200) \times 150 \div 2 \times (150 - 20) = 487500$(mm³) $= 487.5$(cm³)。よって容積は、$3705 + 487.5 = 4192.5$より、小数第1位を四捨五入して、4193cm³。

★ワンポイントアドバイス★

計算がやや多いので、計算ミスに気をつけたい。また、手順や論理を筋道立てて考える力が必要になる。日ごろから基本的な計算力と、情報を整理する力を身につけよう。

データ対応

収録から外れてしまった年度の
解答解説・解答用紙を弊社ホームページで公開しております。
巻頭ページ＜収録内容＞下方のQRコードからアクセス可。

※都合によりホームページでの公開ができない問題については，
　次ページ以降に収録しております。

平成28年度

神奈川県立中等教育学校入試問題

【適性検査Ⅰ】 （45分） ＜満点：300点＞

【注意】 字数の指定のある問題は，指定された字数や条件を守り，わかりやすく，ていねいな文字で書きましょう。次の〔例〕のように，横書きで，最初のマスから書き始め，段落をかえたり，マスの間をあけたりしないで書きます。文字や数字は１マスに１字ずつ書き，文の終わりには句点〔。〕を書きます。句読点〔。，〕やかっこなども１字に数え，１マスに１字ずつ書きます。

〔例〕

１	２	月	の	詩	の	テ	ー	マ	は
，	「	冬	の	朝	」	だ	っ	た	。

問1 あさおさんは，「神奈川県の各地域の特色を調べる」という課題で，『わたしたちの神奈川県』を使って，５つの地域の主な地形や名所と農産物や水産物について次のページの〔地図〕にまとめています。〔地図〕を見て，あとの(1)，(2)の各問いに答えましょう。

(1) ゆうこさんは，川崎・横浜地域，湘南地域，県央地域，県西地域の４つの地域の特色をまとめることにしました。あさおさんがまとめた〔地図〕から読みとれる内容として，それぞれの地域に最もあてはまるものを，次の①～⑧の中から１つずつ選び，その番号を書きましょう。

① 南側は海に面していて，東側は山が多い。 トマトや小松菜，落花生が生産されている。

② 神奈川県の水源となっているダムがある。農産物はしいたけやトマトなど，水産物はあゆがとれる。

③ 地域の中心には城があり，まわりはすべて山に囲まれている。梅や茶がさいばいされている。

④ 山が北側にあり，名所として大仏がある。キウイやみかんなどの農産物がとれる。

⑤ 三方が山に囲まれていて，だいこんなどの農産物や遠洋漁業の基地があり，まぐろが有名である。

⑥ 南側は海に面していて，北西に山がある。落花生やトマト，ねぎやいちごなどを生産している。

⑦ 東側は海に面していて，日本を代表する貿易港や県庁がある。小松菜やなしなどを生産している。

⑧ 南東側は海に面していて，西側に山や湖や温泉がある。みかんやキウイなどを生産している。

(2) ゆうこさんが４つの地域の特色をまとめたように，三浦半島地域の特色を〔地図〕から読みとれる地形や名所と，農産物や水産物の具体例をあげながら，36字以上45字以内で書きましょう。

〔地図〕神奈川県の各地域の主な地形や名所と農産物や水産物

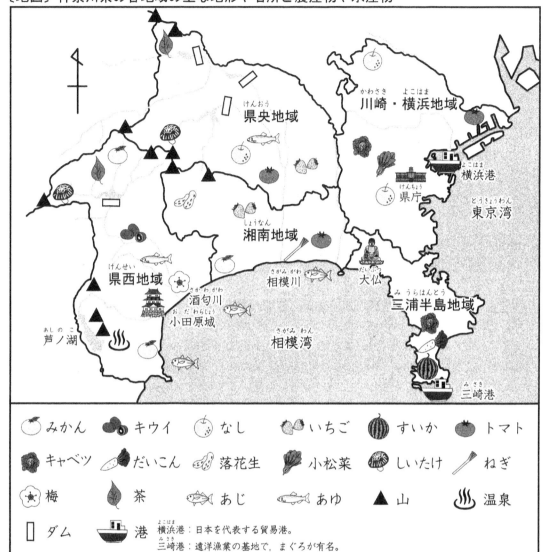

（『わたしたちの神奈川県（平成26年版)』より作成）

| 問2 | あかねさんとゆうとさんは，折り紙について調べ，学習発表会で作品を展示することにしました。〔会話文〕を読み，〔『オルガン』の折り方〕と〔図〕を見て，あとの(1)，(2)の各問いに答えましょう。なお，折り紙は，作る途中で回転させたり，向きを変えたりしないこととします。また，検査用紙，解答用紙等を折り曲げて考えてはいけません。 |

〔会話文〕

> あかね　「折り紙は日本に古くからある伝統的な遊びです。」
> ゆうと　「現在でも新しい折り方を研究している人がいて，とても高度な折り方を見たことがあります。」

あかね 「わたしも『オルガン』や『ほかけぶね』など，昔からあるものは知っています。」

ゆうと 『『オルガン』は，よく本にもしょうかいされていて，わたしも折ることができます。
〔『オルガン』の折り方〕のとおり折っていくと，まず 7 の『家』ができます。ここから『オルガン』など，他の作品へつなげることができます。」

あかね 「完成した『オルガン』は〔写真〕の実物のオルガンによく似ていますね。」

先　生 「三角形と四角形が組み合わされていて，図形の学習にもなりますね。」

〔『オルガン』の折り方〕

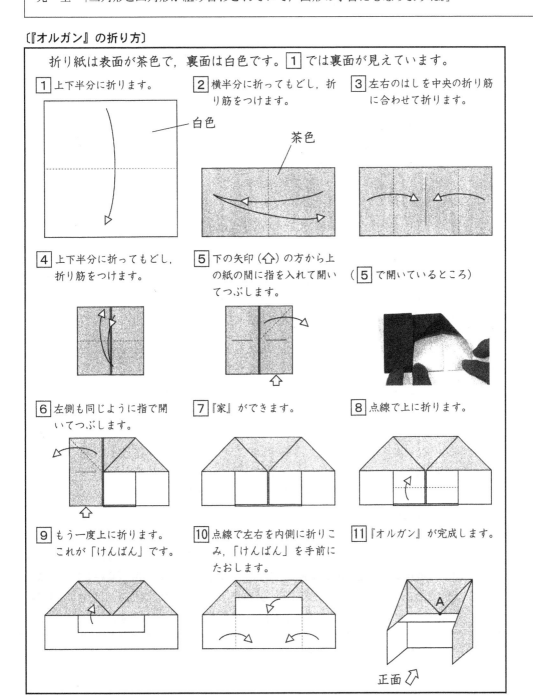

折り紙は表面が茶色で，裏面は白色です。1 では裏面が見えています。

1 上下半分に折ります。

2 横半分に折ってもどし，折り筋をつけます。

3 左右のはしを中央の折り筋に合わせて折ります。

白色

茶色

4 上下半分に折ってもどし，折り筋をつけます。

5 下の矢印（⬆）の方から上の紙の間に指を入れて開いてつぶします。

（ 5 で開いているところ）

6 左側も同じように指で開いてつぶします。

7 『家』ができます。

8 点線で上に折ります。

9 もう一度上に折ります。これが「けんばん」です。

10 点線で左右を内側に折りこみ，「けんばん」を手前にたおします。

11 『オルガン』が完成します。

A

正面

〔図〕

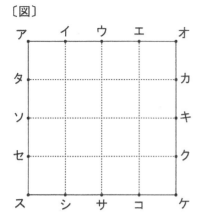

〔写真〕実物のオルガン

(1) 〔図〕は,〔『オルガン』の折り方〕の④の折り紙を①の状態に広げ,各点をア〜タの記号で示したものです。〔『オルガン』の折り方〕の⑪の点Aで示した位置には,〔図〕のア〜タのうちの５つの点が重なります。５つの点はア〜タのうちのどれか,あてはまる記号を書きましょう。

(2) 折り紙の大きさは１辺が10cmの正方形です。〔『オルガン』の折り方〕の⑪で『オルガン』の茶色の部分の面積は何cm²か,書きましょう。

ただし,面積には,『オルガン』の正面のほかに横と後ろの部分もふくみます。

問3　はるおさん,あきなさん,なつきさんの３人は,総合的な学習の時間に神奈川県の花であるヤマユリについて調べたことを話し合っています。〔会話文〕を読み,次のページの〔資料１〕,〔資料２〕を見て,あとの(1),(2)の各問いに答えましょう。

〔会話文〕

> はるお　「ヤマユリは,日本特産のユリです。〔写真〕を見つけました。」
>
> あきな　「『わたしたちの神奈川県』で調べたところ,ヤマユリは日本最初の県花として,_{注)}公募により1951年に制定されたと書いてありました。」
>
> なつき　「なぜ,ヤマユリが県の花に選ばれたのでしょうか。」
>
> はるお　「祖母の話によると,昔は神奈川県の野山にたくさんさいていて,美しいヤマユリの花は,多くの人々に愛されていたそうです。」
>
> なつき　「なるほど。当時の神奈川県には,ヤマユリがたくさんあって,多くの人々に愛されていたから,県の花に選ばれたのですね。」
>
> あきな　「ところで,ユリの球根はユリ根と呼ばれ,昔は日本から外国にたくさん輸出されていたそうです。1906年に日本から輸出したすべてのユリ根について,〔資料１〕は輸出港別に,〔資料２〕は輸出相手国別に,それぞれまとめていますが,〔資料２〕は,まだまとめ終わっていません。〔資料１〕,〔資料２〕を見ると,ユリ根１個あたりの値段は,輸出港や輸出相手国によっても少しちがっていたことがわかります。」

注)公募：広く一般から募集すること。

〔写真〕ヤマユリ

〔資料1〕ユリ根の輸出港別の数量
と輸出額（1906年）

輸出港	数量（個）	輸出額（円）
横浜 よこはま	12062194	あ
神戸 こうべ	66680	2178
大阪 おおさか	1006	44

（JACAR（アジア歴史資料センター）
Ref.B06151090600（第55画像目から），
条約改正準備関税調査資料　第四巻（2,
5，1）（外務省外交史料館）より作成）

〔資料2〕ユリ根の輸出相手国別の数量と
輸出額（1906年）

輸出相手国	数量（個）	輸出額	
		金額（円）	百分率(%)
ベルギー	174125	7396	1.50…
カ　ナ　ダ	146635	6762	
ド　イ　ツ	628025	29414	5.97…
イギリス	4510294	189410	38.45…
オランダ	243975	9825	1.99…
アメリカ	6206456	235850	
そ　の　他	220370	13927	2.82…
合計	12129880	492584	

※空欄は，数値がまだ記入されていないものとする。
※輸出相手国は，現在の国名にしている。
（JACAR（アジア歴史資料センター）
Ref.B06151090600（第54画像目から），条約改正準
備関税調査資料　第四巻（2，5，1）（外務省外交史
料館）より作成）

(1)　〔資料1〕の横浜港から輸出したユリ根の輸出額はいくらか，〔資料1〕，〔資料2〕を見て，
　　　あ　にあてはまる数を書きましょう。

〔グラフのかき方〕

1　〔資料2〕の百分率（%）を四捨五
　　入して，一の位までのがい数にしま
　　す。

2　輸出額が多い順に3番目までの国
　　がわかるように，0%から右まわり
　　に百分率の大きい順に線を引いて区
　　切り，国名を書きます。

3　4番目以下の国は，「その他」にま
　　とめて最後に表し，「その他」と書き
　　ます。

4　何%を表しているかわかるように，
　　目盛りにはっきり線を引きます。

5　円グラフの中に国名などが書けな
　　い場合は，〔グラフの例〕の「オース
　　トラリア」のように線を引き，円の
　　外に国名などを書きます。

〔グラフの例〕

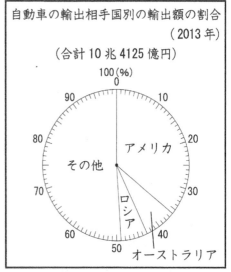

自動車の輸出相手国別の輸出額の割合
（2013年）
（合計10兆4125億円）

（財務省ウェブサイト貿易統計「日本の自動車輸
出相手国上位10カ国の推移」より作成）

(2) あきなさんが〔資料2〕の輸出額の百分率（％）を求め，はるおさん，なつきさんの2人が円グラフに表すことにしました。はるおさんが〔グラフのかき方〕の①に従って百分率（％）をがい数にして合計したところ，ちょうど100になりました。

〔グラフのかき方〕を読み，〔資料2〕の輸出額の百分率（％）にあてはまる数を求め，〔グラフの例〕のように輸出相手国別の輸出額の割合について，円グラフをかきましょう。

（〔資料2〕・〔グラフのかき方〕・〔グラフの例〕は前のページにあります。）

問4 はるみさんとあきらさんは，はるみさんが親せきの方から送ってもらったかぶを見ながら話をしています。〔会話文〕を読んで，あとの(1)，(2)の各問いに答えましょう。

〔会話文〕

はるみ	「親せきのおじさんが畑で作ったかぶを送ってくれました。」
あきら	「おいしそうなかぶですね。そういえば『おおきなかぶ』というロシアの民話を知っていますか。」
はるみ	「はい。おじいさんが育てた大きなかぶをぬこうとしたら，なかなかぬけないので，おばあさんや孫などに順番に手伝ってもらってやっとぬけたというお話ですね。」
あきら	「その通りです。はじめはおじいさん1人でぬこうとしました。しかし，ぬけないので，おばあさんを呼んできて2人でぬこうとしましたが，ぬけませんでした。次に孫を呼んできて3人でぬこうとしましたが，まだぬけません。そこで，次々と犬，ねこ，ねずみと加えて^注4人，5人，6人でぬこうとして，6人で引っ張ったときにやっとぬけましたというお話です。」
はるみ	「6人もかかってやっとぬけたなんて，きっととても大きなかぶだったのでしょうね。ところで，かぶのような形のものの体積はどのようにしたら調べられるでしょう。」
あきら	「容器に水をいっぱいに入れて，その中にかぶをしずめてみたらどうでしょうか。」
はるみ	「そうですね。完全にかぶが水の中にしずめば，あふれ出た水の体積がかぶの体積と同じになるので，かぶの体積がわかりますね。さっそく実験してみましょう。」

※絵は都合により掲載できませんでした。

^注 4人，5人，6人：民話の中でのことなので，犬，ねこ，ねずみも人と同じように数え，「人」という単位を用いています。

(1) はるみさんとあきらさんは，送ってもらったかぶの体積を求めるために，次のような〔実験〕を行いました。〔実験〕を読み，このかぶの体積が何cm³になるか，書きましょう。

ただし，円周率は3.14とし，答えは小数第1位を四捨五入して，がい数で書きましょう。また，ペトリ皿（シャーレ）の厚さとかぶをしずめるために使ったガラス棒の体積や，容器についた水の体積は考えないものとします。

〔実験〕かぶの体積を求めるための実験

かぶの体積を求めるために，かぶ全体が入る容器を，底面の直径が12cmの円柱状のペトリ皿の中に置きました。はじめに，容器に水をいっぱいに入れ，次に容器の中にかぶを入れ，完全にしずむようにガラス棒でおしました。水があふれ出たあと，かぶを入れたままの容器をペトリ皿から出し，ペトリ皿にたまった水の高さをはかると，1.5cmでした。

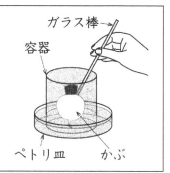

(2) はるみさんとあきらさんは，『おおきなかぶ』という民話の中で，かぶをぬく作業に参加した6人で，ぬけたかぶを分けることを考えました。次の〔かぶの分け方〕，〔かぶを引く強さとかぶをぬくために使った力の考え方〕に従ってかぶを分けるとき，5回目からかぶをぬく作業に参加したねこがもらえるかぶは，かぶ全体のどのくらいになるか，分数で答えましょう。答えは，約分して最も簡単な分数で書きましょう。

　ただし，引くときのかぶの状態は，6回目でぬけるまで毎回同じであるものとし，かぶをぬくために必要な力と，同じ登場人物がかぶを引く強さは，常に同じであるものとします。

〔かぶの分け方〕

　1回目から6回目までに，その登場人物がかぶをぬくために使った力の割合に応じて，かぶを分けることにします。

〔かぶを引く強さとかぶをぬくために使った力の考え方〕

　○　おじいさんとおばあさんがかぶを引く強さは同じとします。

　○　孫がかぶを引く強さは，おばあさんが引く強さの半分とします。

　○　犬がかぶを引く強さは，孫が引く強さの半分とします。

　○　ねこがかぶを引く強さは，犬が引く強さの半分とします。

　○　ねずみがかぶを引く強さは，ねこが引く強さの半分とします。

　○　かぶをぬくために使った力とは，その登場人物がかぶを引く強さにその登場人物がかぶをぬく作業を行った回数をかけることにより，求めるものとします。

　　例）おじいさんがかぶを引く強さを1としたとき，6回かぶを引いたおじいさんがかぶをぬくために使った力は，1×6＝6となります。

【適性検査Ⅱ】 （45分） ＜満点：300点＞

【注意】 字数の指定のある問題は，指定された字数や条件を守り，わかりやすく，ていねいな文字で書きましょう。次の〔例〕のように，横書きで，最初のマスから書き始め，段落をかえたり，マスの間をあけたりしないで書きます。文字や数字は１マスに１字ずつ書き，文の終わりには句点〔。〕を書きます。句読点〔。，〕やかっこなども１字に数え，１マスに１字ずつ書きます。

〔例〕

１	２	月	の	詩	の	テ	ー	マ	は
，	「	冬	の	朝	」	だ	っ	た	。

問1	ゆきなさんとたかしさんは，総合的な学習の時間に水資源について調べました。〔資料〕，〔会話文〕を読んで，あとの(1)，(2)の各問いに答えましょう。

〔資料〕

　　日本は食料輸入を通じて，海外から大量の水を輸入しています。食料をつくる過程では大量の水が使われることから，その輸入は注1)間接的に水を輸入していることになります。こうした見方は，仮想水（バーチャル・ウォーター）と呼ばれています。

　　日本は注2)カロリーベースの自給率が４割で，残り６割を海外からの食料輸入でまかなっています。仮に，日本が輸入している主要食料をすべて国内生産するとすれば，年間約640億トン（琵琶湖の貯水量の約2.4倍）もの水が必要となる計算になります。　（中略）

　　これほど水豊かな日本にもかかわらず，現在，世界有数の食料輸入国である日本は，世界一の水輸入国といわれています。

　　農業には水が不可欠で，大量の水を必要とします。

　　農産物を輸入するということは，その農産物をつくるのに必要とされる水にも注意を払わなければなりません。もし輸入した農産物の生産のためにその国の環境が破壊されるのであれば，長続きはしないでしょう。つまり，農産物の輸入は，その生産の背景にある水にも注意を払うべきなのです。

（『ダイナミックレイク　琵琶湖から世界へ』山口隆雄著より　※一部表記を改めたところがある。）

注1)間接的：他の何かを通してはたらきかけるさま。ここでは水そのものではなく，別の形で，の意味。

注2)カロリーベースの自給率：食料自給率をカロリー（供給熱量）をもとに計算したもの。

〔会話文〕

ゆきな	「〔資料〕にあるとおり，日本の食料自給率は約４割だそうです。わたしたちの食生活は，多くは海外から輸入した食材でまかなわれ，海外の国の水を消費することで成り立っていると言えますね。」
先生	「環境省のウェブサイトには，わたしたちがふだんの食事で消費している仮想水の量がしょうかいされています。〔表〕はそれぞれの食品中の仮想水の量をまとめたものです。」

ゆきな 「昨日，わたしの家に5人の友だちが遊びに来て，昼食で各自，ハンバーガー1個を食べ，オレンジジュース1ぱいを飲みました。この場合，6人で合計 □ Lの仮想水を消費したことになるのですね。」

先生 「日本ではまだ食べられるのに捨てられている食品は年間に500〜800万tあると言われています。これは，日本人1人あたりで考えると，おにぎり約1〜2個分が毎日捨てられていることになります。まだ食べられる物を捨てるのは，その食料をつくるのに使われた水をむだに流すことにもなります。」

たかし 「仮想水という考え方を知って，今まで，限られた地球の水資源をむだにしていたことに気がつきました。」

〔表〕 食品中の仮想水の量 （単位 L）

ハンバーガー（1個）	999	牛 丼（1人前）	1889
トマトスパゲティ（1人前）	651	カレーライス（1人前）	1095
オレンジジュース（1ぱい）	170	コーヒー（1ぱい）	210

（環境省ウェブサイト「MOEカフェ」より作成）

⑴ 〔会話文〕の中の □ にあてはまる数を，〔表〕を見て計算して答えましょう。

⑵ 〔グラフ〕は，食卓に出した料理を食べ残した理由について調べたものです。〔資料〕の文章から「仮想水」という考え方を通して筆者が伝えたかったことは何かを書き，そのことと〔グラフ〕をふまえて，〔会話文〕の中の下線部「限られた地球の水資源をむだにしていた」について，あなたは今後の日々の食生活の中で具体的にどのようなことをするのが望ましいと思うか，全体で120字以上150字以内で書きましょう。

〔グラフ〕

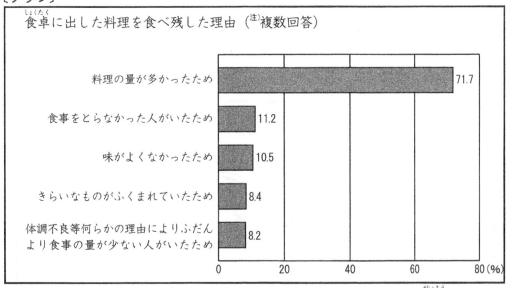

食卓に出した料理を食べ残した理由（注）複数回答）

- 料理の量が多かったため 71.7
- 食事をとらなかった人がいたため 11.2
- 味がよくなかったため 10.5
- きらいなものがふくまれていたため 8.4
- 体調不良等何らかの理由によりふだんより食事の量が少ない人がいたため 8.2

（農林水産省「平成21年度食品ロス統計調査（世帯調査）結果の概要」より作成）

注）複数回答：回答をいくつ選んでもよいこと。

問2　しんやさんは算数の授業で立方体について学びました。そこで，〔図1〕のような立方体をつくり，立方体の面には，向かい合った面の数字の和が7になるように1，2，3，4，5，6の数字をそれぞれ書きました。そして，〔図1〕の立方体と同じ立方体を8個つくり，それらの立方体を組み合わせて置きました。〔立方体の組み合わせ方〕を読んで，あとの(1)，(2)の各問いに答えましょう。

〔図1〕

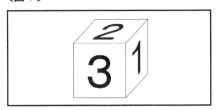

〔立方体の組み合わせ方〕

はじめに，8個の立方体を，〔図2〕のように置きました。

次に，〔図2〕の太線をじくとして，立方体Aと立方体Bをそれぞれ回転させ，〔図3〕のようにしました。

ただし，どの立方体もいずれかの面が他の立方体の面と接しています。

〔図2〕

〔図3〕

(1) 前のページの〔図3〕の**ア，イ，ウ，エ**に書かれている数字の合計を書きましょう。

(2) 〔図3〕のそれぞれの立方体の面どうしが接しているのは全部で何か所か，答えましょう。

〔図4〕

ただし，立方体の面どうしが接しているとは，〔図4〕のぬりつぶされた部分を1か所と数えるものとします。

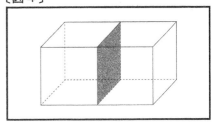

問3 みどりさんとまことさんは，家庭科の授業でほうれんそうのゆで方について学習しました。〔資料〕，〔会話文〕を読んで，あとの(1)，(2)の各問いに答えましょう。

〔資料〕

ゆでる調理　＜ほうれんそうをゆでておひたしをつくろう＞
【材料と分量（1人分）】 　　ほうれんそう…2株（約50g） 　　水…十分な量（大きめのなべにたっぷり） 　　かつおぶし，しょうゆ…少し
【調理の手順】 1　湯をわかす。 2　ほうれんそうを水でよく洗う。 3　ふっとうしたことを確かめ，湯に入れる。 4　もう一度ふっとうしたら火を止めて水に入れ，すぐに取り出す。 5　水気をしぼり4〜5cmの長さに切りそろえる。 6　盛りつける。
【ゆでるコツ】 ○　水で洗ったほうれんそうを，ふっとうしているたっぷりの湯に，火の通りにくい「根元」の部分から先に入れる。もう一度ふっとうするまでゆでる。短時間でゆで，ゆですぎないように気をつける。 ○　ほうれんそうのように主に葉を食べる野菜は火の通りが早いので，ふっとうしてから湯に入れ，高温のままで一気に火を通すと，ゆですぎず，ちょうどよくゆでることができる。
【生のほうれんそうと，ゆでたほうれんそう】※どちらも2株

生のほうれんそう

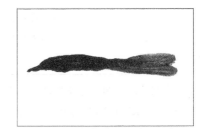

ゆでたほうれんそう

〔会話文〕

先生	「生のほうれんそうと，ゆでたほうれんそうを比べてみて，気がついたことはありますか。」
みどり	「ゆでることで，火が通ってやわらかくなり，食べやすくなったと思います。」
先生	「そうですね。生のまま食べる場合と，ゆでてから食べる場合とでは他にどのようなちがいがあると思いますか。」
まこと	「　　　　　　　　　　　と思います。」
先生	「そうですね。では，ゆで方を学習して，気がついたことはありますか。」
みどり	「はい。高温で一気に火を通すためには，お湯の量が多い方がよい，ということがわかりました。わたしのグループは，まことさんのグループよりもお湯の量が多くたっぷりだったので，ほうれんそうをふっとうしているお湯に入れたあとも，高温のままで一気に火を通すことができました。」
まこと	「わたしのグループは，お湯の量が少なかったので，みどりさんのグループと同じようにゆでることができませんでした。」
先生	「そうですね。ゆでるコツについても復習しておきましょう。」

(1) 〔会話文〕の中の　　に最もあてはまる内容を，次の①～⑤から１つ選び，その番号を書きましょう。

① 水分をふくんで重くなるので，生のときの方がたくさんの量を食べることができる

② かさが減るので，生のときよりもたくさんの量を食べることができる

③ 水分をふくんで重くなるので，生のときよりも栄養素が多くなる

④ かさが減るので，生のときよりも栄養素が多くなる

⑤ 他には特に変化はない

(2) まことさんが，〔会話文〕の中の下線部「みどりさんのグループと同じようにゆでることができませんでした。」と言ったのはなぜか，下の〔理由〕の中の　　にあてはまる語句を６字以上８字以内で書き，文を完成させましょう。

〔理由〕

まことさんのグループはお湯の量が少なかったので，ほうれんそうを入れたときに，みどりさんのグループよりもお湯の　　　　　から。

問4　さとしさんとえみこさんは，理科の授業の中で，もののとけ方について学習しています。〔会話文〕を読み，あとの(1)，(2)の各問いに答えましょう。

〔会話文〕

先生	「今日は，最初に今までに行った実験の復習をしましょう。最初の実験では温度が30℃の水50mLに，食塩がさじですり切り何ばいとけるかを調べましたね。その結果はどうなりましたか。」
さとし	「食塩は，さじですり切り７はい入れたところでとけ残りが出ました。」

先生　　「この結果からどのようなことが考えられますか。」

えみこ　「　　　　あ　　　　と思います。」

先生　　「そうですね。次の実験では，温度が60℃の水50mLに，食塩がさじですり切り何ばい
　　　　とけるかを調べましたね。その結果はどうなりましたか。」

えみこ　「食塩は，さじですり切り7はい入れたところでとけ残りが出ました。」

先生　　「これらの結果からどのようなことが考えられますか。」

さとし　「　　　　い　　　　と思います。」

先生　　「そうですね。その次の実験では温度が30℃の水100mLに，食塩がさじですり切り何
　　　　ばいとけるかを調べましたね。その結果はどうなりましたか。」

さとし　「食塩は，さじですり切り14はい入れたところでとけ残りが出ました。」

えみこ　「水の量が2倍になると，食塩のとける量は2倍になりました。」

先生　　「そうですね。水の量と食塩のとける量は比例することを学びましたね。では，今日
　　　　は温度が30℃の水50mLに，食塩が何gとけるか〔実験〕で調べてみましょう。」

(1)　〔会話文〕の中の　あ　と　い　に最もあてはまる内容を，次の①～⑤の中からそれぞれ1つず
　つ選び，その番号を書きましょう。

　①　決まった量の水にとける食塩の量は，水の温度が低い方が多い

　②　決まった量の水にとける食塩の量は，水の温度によって大きくは変化しない

　③　決まった量の水にとける食塩の量は，水の温度が高い方が多い

　④　決まった量の水に食塩はいくらでもとける

　⑤　決まった量の水にとける食塩の量には限りがある

(2)　さとしさんとえみこさんは，〔実験〕の結果を次のページの〔グラフ〕に表しました。このと
　き，水の量だけを50mLから25mLに変えて〔実験〕を行うと〔グラフ〕はどのようになるか，
　〔会話文〕を参考にして考え，解答欄の〔グラフ〕にかき加えましょう。

　　〔グラフ〕には，入れた食塩の重さが0g，9g，18g，20gのときのビーカー全体の重さを点
　（・）でかき，となり合う点（・）と点（・）を直線（──）で結びましょう。ただし，水1mL
　の重さは1g，ビーカーの重さはすべて同じものとし，ろ過のときにろ紙などに吸収される水の
　重さは考えないものとします。

　　〔実験〕30℃の水50mLに食塩が何gとけるかを調べる実験

　　　1　30℃の水50mLの入ったビーカー全体の重さをはかる。
　　　2　食塩を1g入れてかき混ぜ，ビーカー全体の重さをはかる。
　　　3　入れた食塩の重さの合計が20gになるまで2をくり返す。
　　　4　食塩を入れてかき混ぜ，とけ残りがでた場合は，次のページの〔図〕のようにろ過して，
　　　　とけ残った食塩をとり除いてから，ビーカー全体の重さをはかる。

〔グラフ〕

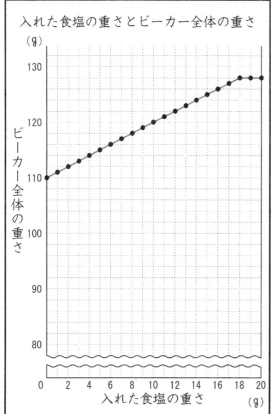

入れた食塩の重さとビーカー全体の重さ

〔図〕　ろ過の方法

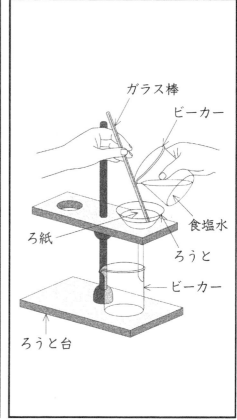

【グループ活動による検査】 （40分）　＜満点：200点＞

～全体の進め方～

1　自分の考えをまとめる。　　　（5分）

2　グループで話し合いをする。　（35分）

【注意】　1　「はじめ」の合図があるまで，この検査用紙を開いてはいけません。

2　「やめ」の合図があったら，途中<ruby>途中<rt>とちゅう</rt></ruby>でも活動をやめましょう。

3　 自分の考えをまとめる。 は，それぞれで取り組みましょう。

4　 グループで話し合いをする。 は，みんなで取り組みましょう。

（参考）　あらかじめ指定した時間に集合した受検者を男女別に7～8人のグループに分け，平塚中等教育学校，相模原中等教育学校とも3回の検査を実施した。

検査　第1回・第2回　──　検査課題　 課題1

検査　第3回　　　　　──　検査課題　 課題2

課題1 　次の文章を読んで，あとの(1)～(4)に取り組みましょう。

> あなたは，神奈川県立中等教育学校の1年生の図書委員とします。県立中等教育学校の図書委員会では，さまざまな活動を行っていますが，今回，「すべての学年において図書室をより多くの人に利用してもらう取り組み」を行うことにしました。
>
> あなたの学年の図書委員が集まって，図書委員会での具体的な取り組みの方法を考えた結果，まず1年生に対して，体育館のステージで「図書室の利用を呼びかける発表」をすることになりました。発表の時間は3分，全員が必ず話すこととします。体育館のステージで行う「図書室の利用を呼びかける発表」は，どのような内容にすればよいか具体的に計画しましょう。

自分の考えをまとめる。 （5分）

(1)　みんなに発表できるように，あなたの考えと，そのように考えた理由を，下の欄<ruby>欄<rt>らん</rt></ruby>に書きましょう。

> あなたの考えとその理由
>
> ○　中等教育学校の6年間で，あなたは図書室をどのように利用していきたいと思いますか。
>
> ○　図書室をより多くの人に利用してもらうために，あなたはどのようにすればよいと思いますか。

グループで話し合いと発表の準備をする。 (35分)

⑵　あなたの考えと，そのように考えた理由を，1分ぐらいで発表しましょう。

⑶　それぞれの発表をもとに，1年生に対して，体育館のステージで行う「図書室の利用を呼びかける発表」について考え，グループとして1つの案をつくりましょう。必要があれば，画用紙とフェルトペンを使いましょう。

⑷　1つの案をつくったら，実際に役割分担を決めて，発表に向けた練習をしましょう。

課題2　次の文章を読んで，あとの⑴～⑷に取り組みましょう。

> あなたは，神奈川県立中等教育学校の1年生の図書委員とします。県立中等教育学校の図書委員会では，さまざまな活動を行っていますが，今回，「すべての学年において図書室をより多くの人に利用してもらう取り組み」を行うことにしました。
>
> あなたの学年の図書委員が集まって，図書委員会での具体的な取り組みの方法を考えた結果，まず1年生の各教室を，1年生の図書委員全員でほう問して「図書室の利用を呼びかける発表」をすることになりました。発表の時間は3分，全員が必ず話すこととします。各教室をほう問して行う「図書室の利用を呼びかける発表」は，どのような内容にすればよいか具体的に計画しましょう。

自分の考えをまとめる。 (5分)

⑴　みんなに発表できるように，あなたの考えと，そのように考えた理由を，下の欄に書きましょう。

> あなたの考えとその理由
>
> ○　中等教育学校の6年間で，あなたは図書室をどのように利用していきたいと思いますか。
>
> ○　図書室をより多くの人に利用してもらうために，あなたはどのようにすればよいと思いますか。

グループで話し合いと発表の準備をする。 (35分)

⑵　あなたの考えと，そのように考えた理由を，1分ぐらいで発表しましょう。

⑶　それぞれの発表をもとに，1年生の各教室を，1年生の図書委員全員でほう問して行う「図書室の利用を呼びかける発表」について考え，グループとして1つの案をつくりましょう。必要があれば，画用紙とフェルトペンを使いましょう。

⑷　1つの案をつくったら，実際に役割分担を決めて，発表に向けた練習をしましょう。

平成27年度

神奈川県立中等教育学校入試問題

【適性検査Ⅰ】　（45分）　　＜満点：300点＞

【注意】　字数の指定のある問題は，指定された字数や条件を守り，わかりやすく，ていねいな文字で
書きましょう。次の〔例〕のように，横書きで，最初のマスから書き始め，文字や数字は1
マスに1字ずつ書き，文の終わりには句点〔。〕を書きます。句読点〔。，〕やかっこな
ども1字に数え，1マスに1字ずつ書きます。

〔例〕

１	２	月	の	詩	の	テ	ー	マ	は
，	「	冬	の	朝	」	だ	っ	た	。

問1　みどりさんは，神奈川県にあるダムについて調べました。次のページの〔図〕，〔表〕を見
て，〔会話文〕を読み，あとの(1)，(2)の各問いに答えましょう。

〔会話文〕

みどり	「神奈川県内にはたくさんのダムがあります。ダムは水をたくわえることにより，わたしたちの飲み水や農業などに使われる水を確保するほか，その水は発電などに利用されています。」
あきら	「水は重要な資源なのですね。」
よしお	「宮ヶ瀬ダムの近くに2つの導水路がありますね。」
みどり	「この2つの導水路は，宮ヶ瀬ダムの建設にあわせて造られたもので，城山ダムの上流の道志川の水を宮ヶ瀬ダムへ送るための水路と，宮ヶ瀬ダムの水を城山ダムに送るための水路です。」
よしお	「なぜ，そのような導水路を造ったのですか。」
みどり	「相模ダム・城山ダムと宮ヶ瀬ダムの有効貯水量と集水面積との関係を比べてみてください。」
あきら	「相模ダム・城山ダムの集水面積は宮ヶ瀬ダムに比べてかなり広いので，流れこんでくる水の量が多いのですが，有効貯水量は少ないです。」
みどり	「そうですね。ダムの有効貯水量が少ないと海に流れ出る量が多くなり，水はダムで有効に活用されなくなりますね。」
よしお	「宮ヶ瀬ダムは，相模ダム・城山ダムに比べるとかなり多くの水をためることができますね。」
あきら	「道志導水路は，城山ダム上流の道志川の水を有効貯水量の多い宮ヶ瀬ダムに送るためにあるのですね。」
よしお	「城山ダムの水が少ないときは，宮ヶ瀬ダムにためてある水を津久井導水路を通して城山ダムへ送るのですね。」

> みどり 「つまり2つの導水路は，お互いのダムが連けいし合いながら [　　　　　　] ために
> 造ったのです。」

〔図〕 神奈川県にある主なダム

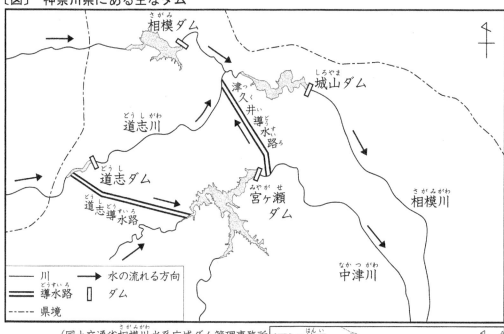

（国土交通省相模川水系広域ダム管理事務所
ホームページより作成）

〔図〕の範囲

〔表〕 ダムの注1)集水面積と注2)有効貯水量

ダム	集水面積（km²）	有効貯水量（万m³）
相模ダム	1201.3	4820
城山ダム		5470
道志ダム	112.5	61
宮ヶ瀬ダム	101.4	18300

（日本ダム協会ホームページ 「ダム便覧2014」より作成）

注1)集水面積：ダムの上流で降った雨が最終的にダムに流れてくると考えられる範囲の面積。
注2)有効貯水量：ダム利用のために，ためることができる水の量のこと。

(1) 神奈川県における１日あたりの水の使用量は301万㎥です。平成26年９月８日の，宮ヶ瀬ダムの水の量は，有効貯水量を100％としたときの91％でした。このとき，宮ヶ瀬ダムに確保されている水は，神奈川県における水の使用量の何日分か，書きましょう。答えが小数になるときは，小数第１位を切り捨てて，整数で書きましょう。

(2) ２つの導水路が造られた目的は何か，〔会話文〕の中の □□□ にあてはまる内容を，文中の語句を使って８字以上13字以内で書きましょう。

問２　えみこさん，まさやさん，はるかさん，ともやさん，ゆきえさんの５人は，農家でりんごの収穫体験に参加しました。次の(1)，(2)の各問いに答えましょう。

(1) えみこさんたちは，収穫した赤くておいしそうなりんごの味見をさせてもらいました。農家の方は，〔写真〕のように左手でりんごを持ち，右手でナイフを持って，皮をむきました。りんごの皮は，ほぼ同じはばで１本につながった状態でとてもきれいにむけました。

〔写真〕　りんごの皮をむいている様子

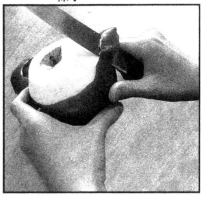

むき終わったりんごの皮をテーブルの上に置いたときの様子として，最もあてはまるものを次の①〜⑥から１つ選び，その番号を書きましょう。

ただし，テーブルの上のりんごの皮は，皮の赤い面を上にして平らに置いたものを上から見ているものとします。

① 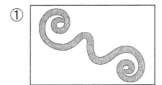 ②  ③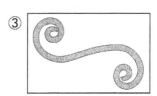

④  ⑤ 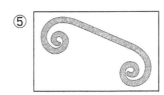 ⑥

(2) えみこさんたち５人は，収穫したりんごを，次のページの〔図１〕のような直方体の箱につめ，１人５箱ずつ組み合わせて，次のページの〔図２〕のような立体になるように床の上に置きました。〔図２〕のように箱を置いたときにできる立体の，すべての面の面積の合計が，最も大きくなるように置いた人と，最も小さくなるように置いた人の名前をそれぞれ答えましょう。また，その面積の差は何cm²か，書きましょう。答えは，解答欄の名前をそれぞれ選んで，線で囲み，面積の合計の差は解答欄に数を書きましょう。

ただし，面のうち，床や箱の面どうしが接している部分はふくまないものとします。また，箱はつねに〔図１〕の面Ａが上になるように置くこととし，面どうしを接して置く場合は，〔図２〕

のように面どうしがずれないように置くものとします。

〔図1〕 りんごをつめた箱

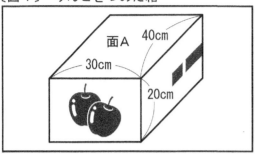

〔図2〕 組み合わせて置かれた箱の様子

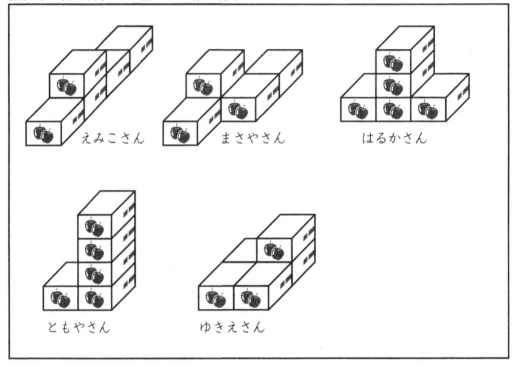

えみこさん　　まさやさん　　はるかさん

ともやさん　　ゆきえさん

問3　まことさんとようこさんは，音楽の授業でバイオリンの演奏をきき，楽器や作曲者のベートーベンについて興味をもちました。〔会話文1〕を読み，あとの(1)，(2)の各問いに答えましょう。

〔会話文1〕

先生　「今日は，バイオリンの演奏をききましたね。感想を話してみましょう。」

まこと　「とても美しい音色でした。バイオリンは弦が4本しかないのに，どうしてあんなにいろいろな高さの音を出すことができるのでしょうか。」

ようこ　「左手の指で，弦をおさえて音の高さを変えているからです。指で弦をおさえると弦の長さが変わり，いろいろな高さの音を出すことができます。また，弦の太さや張る

> 強さによっても，音の高さを変えることができます。」
>
> 先生 「弦は太さと張る強さが同じ場合，長いと低い音，短いと高い音が出ます。」
>
> まこと 「なるほど。ということは，1本の弦を張る強さを変えずに長さを変えることで，いろいろな高さの音を出すことができそうですね。1本の弦をしっかりと張り，張る強さを変えずに弦の長さを変えることができる装置をつくり，いろいろな高さの音を出す実験をしてみたいと思います。」
>
> ようこ 「ところで，今日きいたベートーベン作曲の^{注)}バイオリンソナタ第5番は，とてもすばらしかったですね。」
>
> まこと 「こんなに美しい音楽が，約200年前につくられたとは，おどろきました。」

^{注)}バイオリンソナタ：バイオリンとピアノで演奏する楽曲。

(1) まことさんは，音の高さと弦の長さについて調べました。〔図1〕の⑦～㋒は，〔図2〕のア～エの弦を指でおさえずにひいたときにそれぞれ出る音を楽ふに示したものです。また，アの弦の長さを3分の2にしたとき，㋑の音が出ることがわかりました。同じようにイの弦の長さを3分の2にしたとき，㋒の音が出て，ウの弦の長さを3分の2にしたとき，㋓の音が出ました。そこで，まことさんは⑦の音が出るようにした〔図3〕のような装置をつくり，㋑～㋓の音が出るように留め具で調整しました。⑦の音が出るときの装置の弦の長さを1としたとき，㋓の音が出るときの〔図3〕の装置のBとCの間の弦の長さを書きましょう。

　ただし，弦の長さと音の高さの関係は，バイオリンの場合と同じものとし，弦を張る強さは変えないこととします。答えが整数にならない場合は，約分して最も簡単な分数で答えましょう。

〔図1〕弦を指でおさえずにひいたときに出る音　〔図2〕　バイオリンの4本の弦の様子

〔図3〕　まことさんがつくった装置

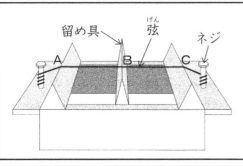

・　1本の弦が張ってあり，ネジで弦を張る強さを変えられます。

・　装置と弦は，A，B，Cの3点で接しています。

・　留め具を移動して，BとCの間の長さを調整し，音の高さを変えます。

・BとCの間をはじいて音を出します。

(2) 次のページの〔資料〕，〔会話文2〕を読み，授業できいたベートーベンのバイオリンソナタ第5番が作曲されたのは何年か，西暦で書きましょう。

〔資料〕 ベートーベンの^注交響曲の作曲年表

1800 年	交響曲第 1 番を作曲
1802 年	交響曲第 2 番を作曲
1804 年	交響曲第 3 番を作曲
1806 年	交響曲第 4 番を作曲
1808 年	交響曲第 5 番，第 6 番を作曲
1812 年	交響曲第 7 番，第 8 番を作曲
1824 年	交響曲第 9 番を作曲

（平凡社『音楽大事典』より作成）
^注交響曲：主にオーケストラで演奏される大規模な楽曲。

〔会話文２〕

> 先生 「ベートーベンはバイオリンソナタ第 1 番～第 3 番を同じ年に作曲し，その 3 年後に第 4 番と第 5 番を作曲しました。さらにその翌年には 3 曲のバイオリンソナタを作曲し，その翌年にもバイオリンソナタを作曲しています。また，交響曲第 1 番を作曲した 6 年後には，^{注1)}バイオリン協奏曲を作曲しました。バイオリン協奏曲は 1 曲しか作曲しませんでしたが，バイオリンソナタは，その後もう 1 曲作曲しました。」
>
> まこと 「ベートーベンは，作曲活動がうまくいかなくなってなやんでいたことがあるそうですね。」
>
> ようこ 「はい。バイオリン協奏曲を作曲する 4 年前に作曲活動に行きづまり，^{注2)}遺書を書いたそうです。」
>
> 先生 「でも，その困難をのりこえ，その後も亡くなるまで20年以上，作曲活動を続けました。」
>
> ようこ 「もし，遺書を書いた次の年から作曲をやめてしまっていたら，ベートーベンの交響曲は 2 曲になってしまい，バイオリンソナタも 8 曲になってしまいますね。」

^{注1)}バイオリン協奏曲：独奏バイオリンとオーケストラによって演奏される楽曲。

^{注2)}遺言：死後のために書き残す文書や手紙。

問4 　ひとしさんの学級では，学級新聞を発行することになりました。〔会話文〕，〔資料〕を読み，あとの(1)，(2)の各問いに答えましょう。

〔会話文〕

> 先生 「新聞づくりの流れと，作業日数の案を〔資料〕にまとめました。今日は，みんなで流れを確かめ，必要な作業日数について考えてください。」
>
> ひとし 「今日はまだ，内容については考えないのですね。」
>
> さえこ 「それは検討会での作業になりますね。どんな記事をのせていくのかは，それまでに，各自いろいろなアイディアを考えておきましょう。」
>
> まもる 「完成した記事を持ち寄った後に，みんなでそれらを読みながら，もう一度考える時間

がほしいですね。」

さえこ 「それは割り付けをしていく中で一緒（いっしょ）に進めていきましょう。その分，割り付けを案より2日間増やしましょう。」

ひとし 「検討会でしっかりとどのような記事にするのか話し合っておけば，各班に分かれての取材・記事作成は10日間もかからないと思います。」

まもる 「そうですね。では，取材・記事作成は7日間にして，検討会を案より1日増やしましょう。」

ひとし 「取材・記事作成以外の作業は，学校に集まって進めていくので，学校が休みの日は行わないことにしましょう。また，作業を行うと決めた日は，必ず作業をすることにしましょう。」

さえこ 「1月のカレンダーでは，土曜日，日曜日に加えて，12日が祝日となっていて，学校が休みです。」

ひとし 「最後に，検討会は学校が始まる1月8日の木曜日から始めたいと思います。今決めた作業日数で進めていきますが，みなさんいかがですか。」

全員 「そうしましょう。」

〔資料〕 新聞づくりの流れ

	作業名	注意することなど	作業日数の案
1	検討会	記事の内容，取材先などを話し合い，決めます。	2日間
2	取材・記事作成	取材は，学校が休みの日も行うこととします。また，記事作成も各自で進めることができるので，同様に学校が休みの日も行うこととします。記事は，原稿（げんこう）用紙に清書して提出します。	10日間
3	割り付け	集まった記事の分量や見出しなど，この作業の中で，調整することがあります。	3日間
4	印刷		2日間
5	配達	学校周辺の家へ，配達します。1日あたり同じ枚数を1人で配ると88日かかります。	5日間

(1) 学級新聞の印刷を始めるのは何月何日か，書きましょう。ただし，各作業は必ず〔会話文〕の中で決定した日数かかるものとします。

(2) 印刷が終わったので，16人で配達を始めたところ，最初の3日間で，〔資料〕のとおりの進み具合で，1人で42日間作業をしたとするときの枚数を配り終えました。

〔資料〕のとおり5日間で配達を終えるためには，残りの2日間で配達を行う人を1日あたり最低何人増やせばよいか，書きましょう。

ただし，1日あたり1人が配達する枚数は3日目までと同じものとし，作業の進み具合は，全員が同じであるとします。また，増やす人数は，2日間とも同じ人数とします。

【適性検査Ⅱ】（45分）　＜満点：300点＞
【注意】　字数の指定のある問題は，指定された字数や条件を守り，わかりやすく，ていねいな文字で
　　　　書きましょう。次の〔例〕のように，横書きで，最初のマスから書き始め，文字や数字は1
　　　　マスに1字ずつ書き，文の終わりには句点〔。〕を書きます。句読点〔。，〕やかっこな
　　　　ども1字に数え，1マスに1字ずつ書きます。

〔例〕

| １ | ２ | 月 | の | 詩 | の | テ | ー | マ | は |
| ， | 「 | 冬 | の | 朝 | 」 | だ | っ | た | 。 |

<u>問1</u>　たかしさんは，図書室で〔**資料**〕を読んで，読書について考え，調べたところ，〔**グラフ**〕
を見つけました。〔**資料**〕を読み，〔**グラフ**〕を見て，あとの(1)，(2)の各問いに答えましょう。

〔**資料**〕

　　テレビのドラマは，登場人物がどういう顔をしているか，その人がどういう声でしゃべるか，
背景になっているのはどういうところか，すべて見せてくれます。視聴者が，どういう気持ち
になればいいのか，悲しい音楽やうれしい音楽まで付けてくれます。

　　これは，ある意味では楽です。でも，楽だというのはおそろしいことでもあります。

　　わたしは，この間，転んで肩の骨を痛めました。固定していたのは，さほど長い間でもない
のですが，なかなか，元のようには腕が動きません。リハビリの先生によれば，使わないでい
ると，筋肉が動かし方を忘れてしまうそうです。

　　文字で書かれた物語を読む時，人は，その情景や登場人物を自然に頭の中でこしらえ，動か
しています。そこに，本を読む喜びがあります。□□□□，この「心の筋肉」を使わないでい
ると，しだいに動かすのが面倒になってくるかも知れません。文字ばかりの本を読むのが，
おっくうになるかもしれない。それは，おそろしいし，何よりもったいないことです。テレビ
やパソコンの注1)普及した現代です。本に慣れるというのが，われわれの世代が考える以上に
大事なことなのかも知れません。

　　こう書いても，わたしはテレビや映画を否定しているのではありません。表現の方法が違
う，ということです。だからこそ作ることのできた注2)傑作が，数多くあります。

　　つまり，どちらにも心が向かうというのが，本当だと思います。（中略）

　　ものの見方ということを考えると，「裏から読んでも」という視点に気づかない人は，多分，
百年たっても気づかない。ところが，われわれは本を読むことができる。それによって，他の
人の目や耳を持つことができます。

　　さらに大事なことがあります。われわれは，それによって，ただ一度，そこにしか通用しな
い豆知識を得るのではありません。ゆっくりとでも確実に，<u>「心の筋力」</u>がつくのです。自分の
ものの見方を広げることができるのです。

　　一度しかない人生です。会って話すことのできる友だち，先生の数は，どうしても限られま
す。それが，本さえ開けば，注3)古今東西の色々な人々の声に耳を傾けられる。すばらしいこ
とですね。

（北村薫「裏から読んでも――」『みんな本を読んで大きくなった』朝の読書推進協議会編より

※一部表記を改めたところがある。）

注1）普及：広く一般に行きわたること。　　注2）傑作：できばえが非常にすぐれている作品。

注3）古今東西：昔から今までとすべてのところ。

〔グラフ〕　読書実態と意識に関する調査（中学生・高校生調査）

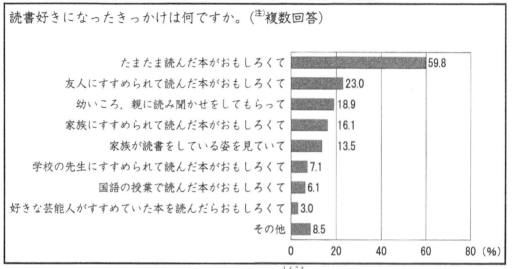

読書好きになったきっかけは何ですか。（注）複数回答）

- たまたま読んだ本がおもしろくて　59.8
- 友人にすすめられて読んだ本がおもしろくて　23.0
- 幼いころ，親に読み聞かせをしてもらって　18.9
- 家族にすすめられて読んだ本がおもしろくて　16.1
- 家族が読書をしている姿を見ていて　13.5
- 学校の先生にすすめられて読んだ本がおもしろくて　7.1
- 国語の授業で読んだ本がおもしろくて　6.1
- 好きな芸能人がすすめていた本を読んだらおもしろくて　3.0
- その他　8.5

（財団法人　出版文化産業振興財団『現代人の読書実態調査』より作成）

注）複数回答：回答をいくつ選んでもよいこと。

(1)　〔資料〕の中の　□　に最もあてはまる語句を次の①〜⑥から１つ選び，その番号を書きましょう。

　　①まるで　　②さらに　　③せめて　　④しかし　　⑤または　　⑥しかも

(2)　〔資料〕の中の下線部「心の筋力」とは何かを書き，テレビやパソコンの普及した現代において，心の筋力をつけるために，今後どのように読書に取り組もうと思うか，あなたの考えを〔グラフ〕の内容にふれながら，全体で120字以上150字以内で書きましょう。

問2　たけしさんとゆみこさんの学校では，遠足で神奈川県伊勢原市にある大山に行きました。次の(1)，(2)の各問いに答えましょう。

(1)　大山のふもとにあるバス停からしばらく歩くと，「こま参道」という道がありました。〔会話文〕，次のページの〔資料１〕を読み，こま参道にあるこまの絵がかかれたタイルの枚数は全部で何枚か，書きましょう。

〔会話文〕

> たけし　「こま参道は坂になっていて，石段を上がっていくのは大変でした。」
> ゆみこ　「石段の途中には，何か所か注）おどり場がありました。」
> たけし　「数えてみたら，おどり場は全部で27か所ありました。それぞれのおどり場には，〔資料１〕のようなこまの絵がかかれたタイルがありました。」
> ゆみこ　「タイルの種類は，全部でア〜エの４種類でした。」

> たけし 「ふもとから数えて，1番目のおどり場には**ア**，2番目には**イ**，3番目には**ウ**，10番目には**エ**のタイルがそれぞれ1枚ありました。」
>
> ゆみこ 「**ア～エ**のタイルを何枚か組み合わせておどり場の順番を表す数になるようにしていましたね。例えば18番目のおどり場では，**イ**が1枚，**ウ**が2枚，**エ**が1枚の合計4枚のタイルを組み合わせていました。」
>
> たけし 「また，どのおどり場でも，最も少ない枚数のタイルの組み合わせで，その順番を表す数にしていました。」

注）おどり場：石段の途中に設けられた広くて平らな場所。

〔資料1〕 こまの絵がかかれたタイルに関する説明

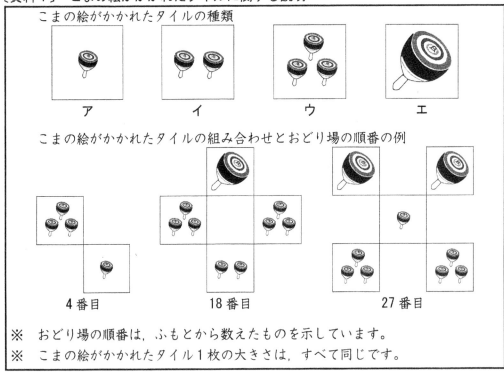

※ おどり場の順番は，ふもとから数えたものを示しています。

※ こまの絵がかかれたタイル1枚の大きさは，すべて同じです。

(2) たけしさんの学級では，神奈川県にある主な山について調べて班ごとに発表することになりました。たけしさんは，神奈川県にある主な山の高さを〔表〕にまとめ，それらの山の高さを比べられる棒グラフを紙テープを用いて作成しようと考えました。〔表〕を見て，次のページの〔資料2〕を読み，棒グラフを作成するのに必要な紙テープを合計した長さは何cmか，書きましょう。

〔表〕

神奈川県にある主な山の高さ			(m)
山の名前	山の高さ	山の名前	山の高さ
塔ノ岳	1491	蛭ケ岳	1673
丹沢山	1567	大山	1252
大室山	1587	金時山	1212

（国土地理院ホームページ「日本の主な山岳標高」より作成）

〔資料2〕棒グラフの作成のしかた

> ○ グラフは，1辺の長さが5mmの方眼がかかれている紙を使います。
> ○ グラフの横のじくは山の名前，縦のじくは山の高さとし，0mから均等に方眼1マスあたり10mとします。
> ○ それぞれの山について，〔表〕の山の高さ（m）の1の位を四捨五入した数で必要な紙テープの長さを切り取ります。
> ○ 切り取った1本の紙テープを，方眼にはりつけて棒グラフを表します。

問3 すみれさんとあきおさんは，保健委員会が行った，食生活を考えるためのアンケートの結果を見ながら朝食について先生と話しています。〔会話文〕はその内容です。〔会話文〕を読み，あとの(1)，(2)の各問いに答えましょう。

〔会話文〕

すみれ	「アンケートでは，朝食をほぼ毎日食べている人，1週間に2日～3日食べないことがある人，1週間に4日～5日食べないことがある人，ほとんど毎日食べない人の4つに分け，それぞれの人数を調べました。」
あきお	「朝食は，1日の始まりの食事なので，だれもが食べていると思っていましたが，食べない人もいるのですね。」
すみれ	「アンケートの結果を見ると，全児童800人のうち，672人がほぼ毎日食べている，と答えていますが，朝食を食べないことがある人もいます。」
あきお	「1週間に4日～5日食べないことがある人は，1週間に2日～3日食べないことがある人よりも40人少ないので，それほど多くないように見えます。しかし，ほとんど毎日食べない人と1週間に4日～5日食べないことがある人を合わせると，1週間に2日～3日食べないことがある人との差は16人に縮まります。」
すみれ	「ほとんど毎日食べない人と1週間に4日～5日食べないことがある人を合わせると，全児童の7％になるのですね。」
先生	「食事をすると，食事から取り入れたさまざまな栄養素が，血管を通って体じゅうに届けられます。脳の活動を活発にする栄養素は，取り入れてから約12時間しか体にたくわえられないので，夕食をしっかり食べていても，朝には栄養素が不足した状態になっています。また，夜ふかしをしないようにしたり，おやつや夜食を食べ過ぎないようにして，1日の生活リズムをつくることが大切です。」
すみれ	「すべての栄養素をちょうどよい割合にふくんでいる食品はないので，いろいろな食品を上手に組み合わせて食べる必要があります。そして，朝食をしっかり食べることによって，エネルギーを得て，学習や活動を行うことができます。」
あきお	「わたしは，朝は学校に出かける準備があり，あまり食事に時間がかけられないので，朝食は果物だけの日もありますが，毎日食べています。」
先生	「朝は，学校や仕事に出かける準備があり，あまり食事に時間をかけられないかもしれませんが，朝食は，食べるだけではなく，栄養素をバランスよく取れるように考えた

こんだてにすることが大切です。朝食を食べることによって，食べ物を消化する器官が動き始め，ねている間に低下した体温を上げ，1日の活動の準備を整えることができます。」

(1) 〔会話文〕の内容にあてはまらないものを，次の①～⑤から1つ選び，その番号を書きましょう。

① 朝目覚めた時には，夕食を食べてから長い時間がたっているが，朝食を食べることで頭も体も目覚めさせ，脳の活動を活発にすることができる。

② 朝食をしっかり食べることは，1日の活動の準備を整える上で大切なことである。

③ 朝食をしっかり食べると，午前中の学習に取り組みやすくなる。

④ 朝食を用意するときは，栄養素をバランスよく取れるこんだてを工夫することが大切である。

⑤ 朝食のこんだてに果物を取り入れると，すべての栄養素を必ずちょうどよい割合に取ることができる。

(2) すみれさんは，アンケートの結果を帯グラフにまとめることにしました。〔答えのかき方〕に従って，解答欄の帯グラフに表しましょう。

〔答えのかき方〕

○ 朝食をほぼ毎日食べている人を「あ」，1週間に2日～3日食べないことがある人を「い」，1週間に4日～5日食べないことがある人を「う」，ほとんど毎日食べない人を「え」として，全児童に対するそれぞれの割合（％）を求めます。

○ 帯グラフは，割合に従って線で区切り，「あ」～「え」を，割合の多い順に左から記入します。

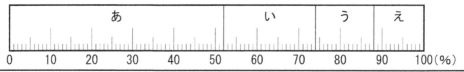

問4 あやかさんは，住んでいる町にある駅の表示や電車の運行について調べています。次の(1)，(2)の各問いに答えましょう。

(1) あやかさんは，駅にあった文字が流れて見えるように表示される電光けい示板に興味をもち，そのことについて調べています。〔資料1〕，次のページの〔資料2〕を読み，〔資料2〕の電光けい示板の発光ダイオード①～⑩のうち，〔資料2〕のアが最初に表示されてから，20秒後に点灯している発光ダイオードはどれか，あてはまるものを解答欄の中からすべて選び，それぞれ線で囲みましょう。

〔資料1〕 駅で見た電光けい示板に関する説明

・ 電光けい示板には，発光ダイオードが規則正しく並んでいます。

・ 電光けい示板のいくつかの発光ダイオードを点灯させることで，文字や図形を表示させることができます。

〔資料2〕 電光けい示板に表示された図形が流れて見えるしくみ

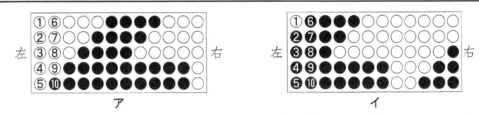

・ となりあう発光ダイオードどうしで時間を少しずつずらしながら点めつさせると，文字や図形が流れて見えるようになります。

・ 縦5個，横12個の発光ダイオードを並べてある電光けい示板があります。

「●」は点灯している発光ダイオード，「○」は点灯していない発光ダイオードを表しています。

・ この電光けい示板に表示された**ア**の図形が，1秒ごとに発光ダイオード4個分右から左へ移動して見えるように発光ダイオードが点めつするものとします。

・ **イ**は，**ア**が最初に表示されてから1秒後の電光けい示板の状態を示しています。この電光けい示板の左側2列にある10個の発光ダイオード①〜⑩のうち，例えば「❷」とあるのは，その番号の発光ダイオードが点灯していることを表しています。

(2) あやかさんは，電車の路線や運行についてまとめました。〔資料3〕，〔資料4〕を読み，〔資料4〕の時刻表2の**ア**，時刻表5の**イ**の電車の種別と発車時刻は13時何分か，それぞれ書きましょう。ただし，解答欄の「各駅停車」，「急行」，「特急」の中から1つを選んで線で囲み，時刻を数で書きましょう。

〔資料3〕 路線図

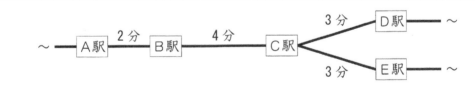

・ 駅と駅の間に書かれている時間は，電車が次の駅までにかかる時間を表しています。ただし，電車の種別でちがいはないものとします。

〔資料4〕 駅の時刻表と電車の運行に関する説明

時刻表1		時刻表2		時刻表3		時刻表4		時刻表5	
時	分	時	分	時	分	時	分	時	分
13	49	13	ア 41	13	34	13	42 45 46	13	イ

・ 時刻表1〜5は，A駅〜E駅のいずれかの時刻表です。

・ 各時刻表は，13時30分〜14時の間に駅を発車する時刻を表しています。

・ 時刻表1では，13時49分に発車する電車があることを表しています。

・ 13時30分〜14時の間に，A駅側からC駅へと向かう電車は3本です。

- 電車の種別は，各駅停車，急行，特急の３つです。各駅停車は，終点まですべての駅に停車します。急行と特急は，特定の駅にしか停車しません。
- Ａ駅～Ｅ駅の中で急行の停車駅はＢ駅，Ｃ駅，Ｅ駅，特急の停車駅はＣ駅です。
- 13時30分～14時の各駅停車，特急はＣ駅からＤ駅方面へ，急行はＣ駅から
  Ｅ駅方面へと向かいます。
  　Ｃ駅では，各駅停車の後に特急や急行がとう着する場合は，特急や急行をすべて先に発車させた後にその各駅停車は発車します。
- Ａ駅，Ｂ駅，Ｄ駅，Ｅ駅の各駅では，停車する電車のとう着する時刻と発車する時刻は同じです。

【グループ活動による検査】 （40分）　＜満点：200点＞

~全体の進め方~

1　自分の考えをまとめる。　　（5分）

2　グループで話し合いをする。（35分）

【注意】　1　「はじめ」の合図があるまで，この検査用紙を開いてはいけません。

2　「やめ」の合図があったら，途中でも活動をやめましょう。

3　自分の考えをまとめる。は，それぞれで取り組みましょう。

4　グループで話し合いをする。は，みんなで取り組みましょう。

（参考）　あらかじめ指定した時間に集合した受検者を男女別に7～8人のグループに分け，平塚中等教育学校，相模原中等教育学校とも3回の検査を実施した。

検査　第1回・第2回　──　検査課題　課題1

検査　第3回　　　　　──　検査課題　課題2

課題1　　次の文章を読んで，あとの(1)～(4)に取り組みましょう。

> あなたは，神奈川県立中等教育学校の1年生とします。県立中等教育学校で毎年行われる体育祭では，1年生から6年生まで同じ色になった学級どうしでまとまって，色別で競い合います。あなたの学級は，赤組に決まりました。
>
> 今年の体育祭では「学年をこえて自分たちの色を応援し合う」取り組みとして，自分たちの色の他の学年を応援するための旗を学級ごとにつくることになりました。縦1m50cm，横2mの大きな布を用います。旗には，学年をこえて応援し合うのにふさわしい絵や文字をかくことになっています。
>
> あなたの学級では，学級全員で協力して旗づくりをすることになりました。期間は1か月です。どのような手順や方法で作業を進めるのがよいか，そして，「学年をこえて自分たちの色を応援し合う」ためにふさわしいデザインとはどのようなものか，旗づくりについて具体的に計画しましょう。

自分の考えをまとめる。（5分）

(1)　みんなに発表できるように，あなたの考えと，そのように考えた理由を下の欄に書きましょう。

> あなたの考えとその理由
>
> ○　学級全員で協力して旗づくりをするには，どのような手順や方法で作業を進めるのがよいと思いますか。
>
>
> ○　「学年をこえて自分たちの色を応援し合う」ためにつくる学級ごとの旗のデザインは，具体的にどのようなものにすればよいでしょうか。

グループで話し合いをする。 (35分)

⑵　あなたの考えと，そのように考えた理由を，1分ぐらいで発表しましょう。

⑶　それぞれの発表をもとに，旗づくりの「具体的な手順や方法」と「具体的なデザイン」を考え，そのくわしい内容について話し合いましょう。必要があれば，画用紙とフェルトペンを使いましょう。

⑷　グループとして1つの案をつくりましょう。

課題2　次の文章を読んで，あとの⑴～⑷に取り組みましょう。

あなたは，神奈川県立中等教育学校の1年生とします。県立中等教育学校で毎年行われる体育祭では，1年生から6年生まで同じ色になった学級どうしでまとまって，色別で競い合います。あなたの学級は，赤組に決まりました。

今年の体育祭では「学年をこえて自分たちの色の団結を高める」取り組みとして，自分たちの色の他の学年との団結を高めるための旗を学級ごとにつくることになりました。縦1m50cm，横2mの大きな布を用います。旗には，学年をこえて団結を高めるのにふさわしい絵や文字をかくことになっています。

あなたの学級では，学級全員で協力して旗づくりをすることになりました。期間は1か月です。どのような手順や方法で作業を進めるのがよいか，そして，「学年をこえて自分たちの色の団結を高める」ためにふさわしいデザインとはどのようなものか，旗づくりについて具体的に計画しましょう。

自分の考えをまとめる。 (5分)

⑴　みんなに発表できるように，あなたの考えと，そのように考えた理由を下の欄に書きましょう。

> あなたの考えとその理由
>
> ○　学級全員で協力して旗づくりをするには，どのような手順や方法で作業を進めるのがよいと思いますか。
>
>
> ○　「学年をこえて自分たちの色の団結を高める」ためにつくる学級ごとの旗のデザインは，具体的にどのようなものにすればよいでしょうか。

グループで話し合いをする。 (35分)

⑵　あなたの考えと，そのように考えた理由を，1分ぐらいで発表しましょう。

⑶　それぞれの発表をもとに，旗づくりの「具体的な手順や方法」と「具体的なデザイン」を考え，そのくわしい内容について話し合いましょう。必要があれば，画用紙とフェルトペンを使いましょう。

⑷　グループとして1つの案をつくりましょう。

平成26年度

神奈川県立中等教育学校入試問題

【適性検査Ⅰ】 （45分）　　＜満点：300点＞

【注意】　字数の指定のある問題は，指定された字数や条件を守り，わかりやすく，ていねいな文字で書きましょう。次の〔例〕のように，横書きで，最初のマスから書き始め，文字や数字は1マスに1字ずつ書き，文の終わりには句点〔。〕を書きます。句読点〔。，〕やかっこなども1字に数え，1マスに1字ずつ書きます。

〔例〕

１	２	月	の	詩	の	テ	ー	マ	は
，	「	冬	の	朝	」	だ	っ	た	。

問1　はるこさんは，校外学習で神奈川県庁を訪れました。〔会話文〕は，はるこさんと先生が，神奈川県庁前の「日本大通り」という通りについて話している内容です。次のページの〔図1〕は，日本大通り付近の地図です。〔写真〕は，現在の神奈川県庁前の日本大通りです。〔会話文〕を読み，あとの(1)，(2)の各問いに答えましょう。

〔会話文〕

はるこ	「日本大通りは，〔写真〕のようにとても整備された通りですね。海沿いの象の鼻パークから横浜公園までまっすぐに延びていますね。」
先生	「そうですね。象の鼻パークは江戸時代末期に横浜の港として開港した場所です。日本大通りは，通りの幅が約36mもあります。通りが造られた当時も，現在とほぼ同じ幅の広い通りでした。そして，通りをはさんで北西側の日本人の住む日本人区域と，南東側の(注)外国人居留地に分かれていました。」
はるこ	「でも，なぜこんなに幅の広い通りを造ったのでしょうか。」

(注)外国人居留地：開港当時，外国人の居住や営業が認められていた地域。

(1)　はるこさんが，日本大通りを象の鼻パークの入り口から横浜公園の入り口まで，時間を計りながらまっすぐに歩いてみると，9分36秒かかりました。また，〔図1〕の地図では，象の鼻パークの入り口から横浜公園の入り口までの点線（‥‥‥）の長さは5.4cmでした。はるこさんが，時速2.7kmの速さで象の鼻パークの入り口から横浜公園の入り口まで止まらずに歩いたとすると，〔図1〕の地図の縮尺は何分の1か，書きましょう。

〔写真〕

〔図1〕

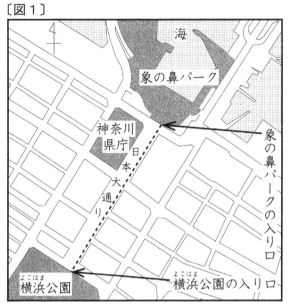

（国土地理院地形図『関内』をもとに作成）

(2) はるこさんは，日本大通りについて調べました。〔**資料1**〕は，江戸時代末期に来日したスエンソンという人が，1866年11月26日に横浜で起きた大火事の様子を書いた文章です。〔**資料2**〕は，はるこさんが日本大通りに関係する横浜の歴史と日本大通りが造られた目的についてまとめたものです。〔**図2**〕は，〔**図1**〕と同じ場所の1865年当時の地図で，この地域の大部分は，〔**資料1**〕の火事で大きな被害を受けました。〔**図2**〕の ▆◻◻◻ の部分は，その後日本大通りができた場所を示しています。はるこさんは，〔**資料2**〕を作ることを通して，日本大通りができたきっかけを理解することができました。はるこさんが調べたことからわかることとして，日本大通りが造られた目的は何か，〔**資料2**〕の中の ▭ あてはまる内容を18字以内で書き，〔**資料2**〕を完成しましょう。（**資料2，図2**は次のページにあります。）

〔資料1〕

> 　（日本人区域より）朝の八時に出火，五分も経たないうちに注1)日本区の注2)大方が火の海と注3)化し，そこここの家々は木と紙でできていたため，マッチの束に火をつけたような炎が空をなめ，人々はたちまちのうちに燃え尽きた家屋から命からがら逃げ出したのだった。火は注4)西洋区の北側の部分にまで広がり，今にも注5)総なめの勢いだった。大きな石造の建物をいくつか爆破することで，短期間のうちにようやく食い止めることができた。と同時に風向きが南に変わって，西洋区の南の部分を救うことができ，午後七時にはなんとか火を消し止めた。

（『江戸幕末滞在記　若き海軍士官の見た日本』E.スエンソン著　長島要一訳より
※一部表記を改めたところがある。）

注1)日本区：日本人区域。　　注2)大方：大部分。　　注3)化し：変わり。　　注4)西洋区：外国人居留地。
注5)総なめ：災害などの勢いが全体をおおうこと。

〔資料2〕

1859 年	横浜港が開港。
1866 年	11 月 26 日　横浜で大火事が起こる。
	12 月 29 日　防火対策を中心とした地区を整
	備する計画が決まる。
1870 年	計画にもとづき，現在の横浜公園と象の鼻
	パークを結ぶ通りが完成する。後に「日本
	大通り」と名付けられる。

（日本大通りが造られた目的）日本人区域と外国人居
留地の間に，幅の広い通りを造ることにより，
□□□□□□□□□□□□□□□□□□□□□□ ため。

〔図2〕

□□ 日本人区域（日本区）
▦▦ 外国人居留地（西洋区）

（『横浜絵図面（1865 年）』横浜
開港資料館蔵をもとに作成）

問2　まさやさんは，図画工作の授業の中でいろいろな活動をしています。次の(1)，(2)の各問い
に答えましょう。なお，検査用紙や解答用紙を折ったり，切ったりして考えてはいけません。

(1)　まさやさんは，ろう下のかべにあるけい示板に，授業で作った長方形のポスターをはることに
しました。ポスターには，縦の長さが横の長さより長い「縦型」と横の長さが縦の長さより長い
「横型」の2種類があります。〔ポスターのはり方〕に従って，まず，けい示板に最も多くの枚数
のポスターをはるようにし，さらに，はったポスターの縦型と横型の枚数の差が最も小さくなる
ようにしました。このとき，けい示板にはったポスターの縦型の枚数，横型の枚数はそれぞれ何
枚か，書きましょう。

〔ポスターのはり方〕

○　けい示板の大きさは，縦 105 cm，横 200 cmの長方形です。
○　ポスターの大きさは，縦型は縦 42 cm，横 30 cmで，横型は縦 30 cm，横 42 cmです。
○　縦型のポスターは，縦が長くなるように，横型のポスターは，横が長くなるよ
　うにけい示板にはります。
○　けい示板には，縦型と横型をそれぞれ1枚以上はるものとします。
○　ポスターを折り曲げたり，一部を切りはなしてはってはいけません。
○　ポスターの一部を重ねたり，けい示板からはみ出すようにはってはいけません。

(2)　まさやさんは，開くと立体的な形になるカードを作っています。〔資料1〕は，カードの作り方
の例，〔資料2〕は，まさやさんの作っているカードが完成したときの状態を示しており，〔資料
3〕は，〔資料2〕の説明です。〔型紙〕は，〔資料2〕のカードを作るための用紙です。〔資料2〕
のカードを作るとき，〔型紙〕で山折りにするところはどこか，〔答えのかき方〕に従って，解答
欄の方眼の線の上にかきましょう。

（資料1，資料2，型紙は次のページにあります。資料3，答えのかき方は5ページにあります。）

〔資料１〕

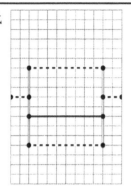

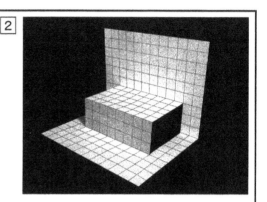

　|1|の型紙の大きさは，縦18cm，横12cmで，方眼の1辺の長さは，1cmで表されているものとします。型紙の線（＝＝）は切るところです。線（——）を山折り，線（‥‥）を谷折りにして，それぞれを直角に折ると|2|のようになります。
※型紙にかいた線の両はしには，点（●）をつけてあります。

〔資料２〕

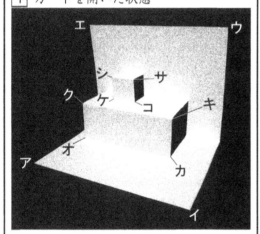

1 カードを開いた状態

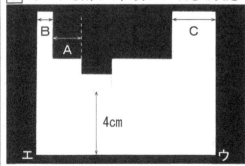

2 カードを閉じて，真上から見た状態

〔型紙〕

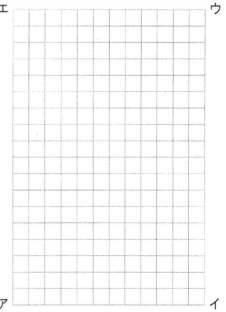

※〔型紙〕の大きさは，縦18cm，横12cmで，方眼の1辺の長さは，1cmで表されているものとします。

〔資料３〕

- 〔資料２〕**1**のように，開いたカードの点の一部を**ア～シ**とします。
- 〔資料２〕**1**の点**オ～シ**は，〔型紙〕の方眼の線が交わるいずれかの点上にあります。
- 〔資料２〕**1**のカードの折るところは，それぞれ直角に折るものとします。
- 〔資料２〕**2**のように，カードを閉じたとき，点**ア**と点**エ**，点**イ**と点**ウ**は，それぞれ重なります。また，点**シ**と点**サ**を結ぶ直線と点**ク**と点**キ**を結ぶ直線とは，ぴったりと重なります。
- 面**オカキク**は長方形，面**ケコサシ**は正方形です。
- 面**オカキク**の面積は，面**ケコサシ**の面積の６倍です。
- 〔資料２〕**2**に示すＡ，Ｂ，Ｃのそれぞれの長さの関係は，Ｂ＜Ａ＜Ｃです。

〔答えのかき方〕

- 答えは，山折りにするところだけを線（――）でかきます。
- 答えの線の両はしに点（●）をかきます。
- ※解答欄には，文字，答え以外の線や点をかいてはいけません。

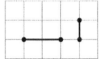

問3 まことさんたちは，農作物について調べました。〔表〕は，米の収穫量の多い上位10都道府県の収穫量とその作付面積を表したものです。次のページの〔グラフ〕は，とうもろこし，大豆の生産量の多い国とその割合をそれぞれ表したグラフです。次のページの〔会話文〕は，先生とまことさんたちが〔表〕や〔グラフ〕をもとに自分たちで調べたことを話している内容です。あとの(1)，(2)の各問いに答えましょう。

〔表〕

米の収穫量の多い上位10都道府県の収穫量と作付面積（平成24年）					
都道府県	収穫量(t)	作付面積(ha)	都道府県	収穫量(t)	作付面積(ha)
北海道	640600	112000	福島県	368700	66200
岩手県	305200	54600	茨城県	409300	75800
宮城県	392400	70200	栃木県	343800	63200
秋田県	522000	91100	千葉県	334000	60500
山形県	403500	66800	新潟県	655700	117500

（農林水産省『平成24年産水陸稲の収穫量』をもとに作成）

〔グラフ〕 とうもろこしと大豆の生産量の多い国とその割合

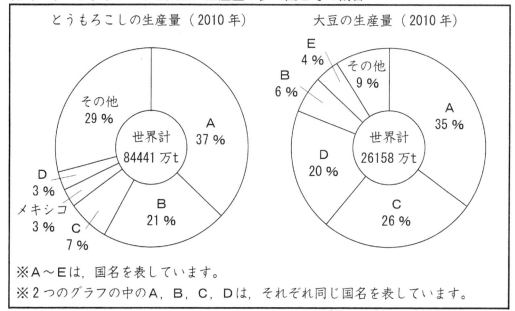

とうもろこしの生産量（2010年）

大豆の生産量（2010年）

※A～Eは，国名を表しています。
※2つのグラフの中のA，B，C，Dは，それぞれ同じ国名を表しています。

（『世界国勢図会 2012／13年版』をもとに作成）

〔会話文〕

まこと	「わたしは，日本の米の生産について調べました。〔表〕を見ると，米の収穫量が最も多いのは新潟県だということがわかります。」
ひかり	「新潟県は，作付面積も広いですね。」
先生	「収穫量の多い上位5位までの都道府県で比べてみると，作付面積1haあたりの収穫量が多いのはどの都道府県でしょうか。」
まこと	「最も多いのは　あ　で，新潟県は　い　位になります。」
先生	「その通りです。ところで，ひかりさんは何を調べましたか。」
ひかり	「わたしは，世界の農作物に興味を持ち，日本の輸入量が多いとうもろこしと大豆について，各国の生産量をそれぞれ調べました。」
先生	「調べてみて，何か気がついたことがありましたか。」
ひかり	「〔グラフ〕を見ると，とうもろこしの生産量の多い上位5か国では，ブラジルよりも中国の方が生産量が多いのですが，大豆の生産量が多い上位5か国では，中国よりもブラジルの方が生産量が多いことがわかりました。」
先生	「ほかに気がついたことはありますか。」
まこと	「わたしは，とうもろこしの生産量が大豆の生産量に比べてとても多いことに気がつきました。例えば，中国のとうもろこしの生産量は，アメリカの大豆の生産量より約8500万t多く，アルゼンチンのとうもろこしの生産量は，インドの大豆の生産量の約2.4倍になっています。」
先生	「世界には，とうもろこしを主食としている国があります。また，農作物は食用以外にも利用されています。今度は，それぞれの農作物が，どのように利用されているのか

```
を調べてみるとおもしろそうですね。」
```

(1) 〔**会話文**〕の中の あ にあてはまる都道府県名と い にあてはまる数を書きましょう。

(2) 〔**会話文**〕から，〔**グラフ**〕のA，B，C，D，Eの国名として最もあてはまるものを，次の①
～⑤の中からそれぞれ１つずつ選び，その番号を書きましょう。

① アルゼンチン ② アメリカ ③ 中国 ④ インド ⑤ ブラジル

問4 さとしさんとなおこさんは，遠足の日にバスの中から見かけた２種類の道路標識につい
て，先生と話しています。〔**図1**〕，〔**図2**〕は，なおこさんたちが見かけた道路標識です。〔**会話文**〕
は，そのときの会話の内容です。〔**会話文**〕と〔**図1**〕，〔**図2**〕を見て，あとの(1)，(2)の各問いに答
えましょう。

〔**図1**〕

〔**図2**〕

〔**会話文**〕

なおこ 「〔**図1**〕の標識の『R＝310』とは，どういう意味で
すか。」

先生 「この道路のカーブが，『半径310ｍの円の円周と同じ
曲線』という意味です。」

なおこ 「ということは，『310ｍ』の数の部分が A なれ
ばなるほど，急なカーブの道路ということですね。」

さとし 「〔**図2**〕の標識は，道路が坂になっているというこ
とを表しているのですか。」

先生 「そうです。標識の『8％』は，水平に進んだ距離に対
して，坂道の高さが高くなる割合を表しています。」

さとし 「ということは，この『8％』の坂道の場合は，水平
な距離で425ｍ進むとすると， B ｍ高くなると
いうことですね。」

(1) 〔**会話文**〕の中の A に最もあてはまる語句を，解答
欄の「大きく」，「小さく」のどちらか１つを選んで線で囲
み， B には，あてはまる数を書きましょう。

(2) さとしさんとなおこさんは，遠足で通った道路のカー
ブや坂道での速さについて，家に帰ってからまとめてみ
ました。次の**ア**，**イ**の各問いに答えましょう。

ア 〔**図3**〕は，なおこさんが〔**図1**〕の標識をもとに円
をかき，その円周上をバスが走るものとして，図に表し
たものです。バスは，〔**図3**〕の円の円周上を，矢印
（→）の向きに時速45kmで38秒間走りました。〔**図
3**〕のａはなおこさんが時間を計り始めた地点，ｂは38
秒後の地点，ｃは円の中心とします。またａ，ｂをそれ
ぞれｃと結んだ線と，円周上のバスが走った部分とで

〔**図3**〕

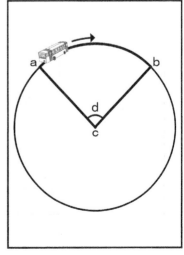

できるおうぎ形の中心角をdとします。このとき，角dは何度になるか，書きましょう。バス
の速さは一定であるとします。また，円周率は3.14として計算し，答えが小数になる場合は小
数第1位を四捨五入して，がい数で書けましょう。

イ さとしさんは，〔図2〕の標識のある坂道をのぼり始めたところから，のぼり終わって少し
進んだところまでの，バスの走った時間とバスの速さとの変化の関係を5つの場面に分けてま
とめました。〔資料〕の①〜⑤は，さとしさんが場面ごとにまとめた内容です。〔グラフ〕は，
〔資料〕をもとに，バスの走った時間とバスの速さの関係をかいたもので，①，②，⑤の始ま
るところは点（●）でかかれていますが，〔資料〕の③，④の始まる点はかかれていません。〔資
料〕をもとに，解答欄に③，④の始まるところを点（●）でかき，さらに，①のように，とな
り合う点を結ぶ直線（――）をかき，①〜⑤までの〔グラフ〕を完成しましょう。ただし，バ
スの速さは一定の割合で変化するものとします。

〔資料〕

①	はじめの4秒間で，速さが時速45kmから時速36kmまで遅くなり，その間に進んだ距離は45mでした。
②	時速36kmのまま，60m進みました。
③	時速54kmまで速さを上げ続けながら，150m進みました。
④	時速54kmのまま75m進み，坂道をのぼり終わりました。
⑤	坂道をのぼり終わったので，速さを少しずつ上げました。

〔グラフ〕 バスの走った時間とバスの速さの変化

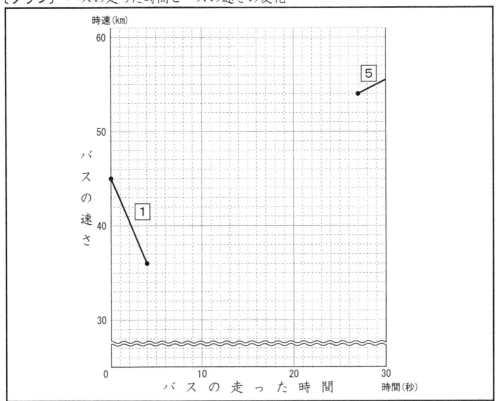

【適性検査Ⅱ】 （45分）　　＜満点：300点＞

【注意】 字数の指定のある問題は，指定された字数や条件を守り，わかりやすく，ていねいな文字で書きましょう。次の〔例〕のように，横書きで，最初のマスから書き始め，文字や数字は１マスに１字ずつ書き，文の終わりには句点〔。〕を書きます。句読点〔。，〕やかっこなども１字に数え，１マスに１字ずつ書きます。

〔例〕

１	２	月	の	詩	の	テ	ー	マ	は
，	「	冬	の	朝	」	だ	っ	た	。

問１　たかしさんとみどりさんは，アサガオの花について興味を持ち，観察しました。次の(1)，(2)の各問いに答えましょう。

(1) 〔**会話文１**〕は，たかしさんとみどりさんがアサガオについて話し合った内容です。次のページの〔**実験１**〕は，アサガオの花のもととなる芽である花芽（かが）ができるときの光のかかわりを調べる実験と，その結果をまとめたものです。〔**実験１**〕の結果からわかることについて，最もあてはまるものをあとの①～⑥の中から１つ選び，その番号を書きましょう。

〔会話文１〕

> たかし　「７月から10月ごろまで花がさくアサガオが，花をつける準備をし始めるためには，光がかかわっているそうです。花をつける準備ができたかどうかは，花芽ができたかどうかでわかります。」
>
> みどり　「まだ花がさいたことのないアサガオに光を当てる時間を変えて，花芽ができるかどうかを実験してみましょう。」

〔実験１〕　アサガオの花芽ができるときの光のかかわりを調べる実験

> 同じ（注）品種の種をまき，子葉が出たアサガオを１本ずつ植えたはちを６つ用意し，はち１～はち６としました。それぞれのはちのアサガオには，毎日決まった時間に電灯で一定の明るさの光を当て，それ以外の時間は，はちに段ボール箱をかぶせて光を当てないようにして，アサガオに花芽ができたかどうかを観察しました。
>
> なお，実験中は，アサガオが育つために適する温度が一定に保たれているものとし，与える水の量や当てる光の明るさは，アサガオが育つために十分なものとします。
>
> | | 光を当てた時間 | 結果 |
> |---|---|---|
> | はち１ | 24時間光を当て続けた。 | 花芽はできなかった。 |
> | はち２ | 午前５時から午後９時まで。 | 花芽はできなかった。 |
> | はち３ | 午前５時から午後８時まで。 | 花芽はできなかった。 |
> | はち４ | 午前５時から午後７時まで。 | 花芽ができた。 |
> | はち５ | 午前５時から午後６時まで。 | 花芽ができた。 |
> | はち６ | 午前５時から午後２時まで，午後４時から午後９時まで。 | 花芽はできなかった。 |

（注）品種：同じ植物の中で，特定の形や性質などによって仲間分けされたもの。

① 光を当てた時間とそのときの温度で，花芽ができるかどうかが決まる。

② 光を当てない時間とそのときの温度で，花芽ができるかどうかが決まる。

③ 光を当てた時間が1日あたり合計15時間以上になると，花芽ができる。

④ 光を当てた時間が1日あたり連続して15時間以上になると，花芽ができる。

⑤ 光を当てない時間が1日あたり合計10時間以上になると，花芽ができる。

⑥ 光を当てない時間が1日あたり連続して10時間以上になると，花芽ができる。

⑵ 〔会話文2〕は，たかしさんとみどりさんがアサガオの花がさく時刻について話し合った内容です。〔実験2〕は，アサガオの花がさく時刻と光とのかかわりを調べた実験とその結果をまとめたものです。はちA～はちEの実験の結果をふまえて，はちFの結果として最もあてはまる時刻は何時か，書きましょう。ただし，（あ）は，解答欄に「当日」か「翌日」のどちらか1つを選んで線で囲み，（い）は，解答欄に「午前」か「午後」のどちらか1つを選んで線で囲み，時刻を数で書きましょう。

〔会話文2〕

> たかし 「アサガオは，7月ごろは毎日明け方に花がさき，その日の午後にはしぼんでしまいます。しかし，10月ごろになると夜が明ける前から花がさいています。」
>
> みどり 「アサガオの花がさく時刻が決まるためには，光がかかわっているそうです。さっそく実験してみましょう。」

〔実験2〕 アサガオの花がさく時刻と光とのかかわりを調べる実験

> 1 同じ品種のアサガオを用いて，同じ枚数の葉があり，初めてつぼみがつき始めたアサガオを植えたはちを5つ用意し，はちA～はちEとしました。
>
> 2 それぞれのはちのアサガオには，毎日決まった時間に電灯で一定の明るさの光を当て，それ以外の時間は，はちに段ボール箱をかぶせて光を当てないようにしました。これを数日間くり返し，光を当て終わったあとにアサガオの花がさいた時刻を記録しました。
>
> 3 はちA～はちEの結果をふまえて，新たに1と同じ条件のアサガオを植えたはちFを用意して，2と同じ手順で光を当てた時間を変えた実験をさらに行いました。光を当て終わったあとに花のさいた時刻を記録しました。
>
> なお，実験中は，アサガオが育つために適する温度が一定に保たれているものとし，与える水の量や当てる光の明るさは，アサガオが育つために十分なものとします。
>
> また，実験をしている間は，どのはちのアサガオにも，毎日花がさくものとします。

	光を当てた時間	結果
はち A	午前 4 時から午後 8 時まで。	翌日の午前 6 時に花がさいた。
はち B	午前 5 時から午後 3 時まで。	翌日の午前 1 時に花がさいた。
はち C	午前 5 時から午後 7 時まで。	翌日の午前 5 時に花がさいた。
はち D	午前 4 時から午後 3 時まで。	翌日の午前 1 時に花がさいた。
はち E	午前 6 時から午後 7 時まで。	翌日の午前 5 時に花がさいた。
はち F	午前 0 時から午前 10 時まで。	（あ）の（い）時に花がさいた。

問 2 〔**会話文**〕は，ゆうじさんとふみこさんが平成26年のカレンダーを見ながら話している内容です。〔**会話文**〕を読んで，あとの(1)，(2)の各問いに答えましょう。

〔**会話文**〕

> ゆうじ 「今日は，平成26年 2 月 3 日，節分ですね。明日はどんな日か知っていますか。」
>
> ふみこ 「はい。立春です。日本には，立春のように季節を表す様々な言葉がありますね。季節を表す言葉には，立春を 1 日目として数えて，88日目の八十八夜や210日目の二百十日などがあります。八十八夜のころは，お茶の葉をつみ取る作業が本格化する時期なので，(注)遅霜に気をつけなさい，二百十日のころは，稲の花のさく時期でもあるので，暴風雨に気をつけなさい，という意味もこめられていたようです。」
>
> ゆうじ 「今年の八十八夜は， 5 月 2 日の あ 曜日，二百十日は， い 月 う 日の月曜日ですね。」
>
> ふみこ 「ところで，カレンダーの日付の数の並び方を見てみると，いろいろなことがわかりそうですね。」
>
> ゆうじ 「そうですね。もっとくわしくカレンダーを見てみましょう。」

(注) 遅霜： 4 月， 5 月になってから降りる霜。

(1) 〔**会話文**〕の中の あ にあてはまる曜日は何か，漢字 1 字で書きましょう。また， い ， う には，あてはまる数をそれぞれ書きましょう。ただし，各月の日数は平成26年の場合， 1 月， 3 月， 5 月， 7 月， 8 月，10月，12月はそれぞれ31日， 4 月， 6 月， 9 月，11月はそれぞれ30日， 2 月は28日あります。

(2) 平成26年 2 月のカレンダーの日付の数の中から，次のページの〔**グループの作り方**〕の線（-----）で囲んだ部分のように縦に 3 つ，横に 3 つ並んでいる 9 つの数のまとまりを作り，これを A グループとします。同じようにして，線（＝＝）で囲んだ部分のように 9 つの数のまとまりをもう 1 つ作り，これを B グループとします。A グループと B グループは，一部の数が重なっていてもかまいません。ただし，カレンダーの空白のマスをふくむグループや，土曜日と日曜日の日付の数を同時にふくむグループは作らないものとします。

　同じ方法により，〔**図**〕の平成26年12月のカレンダーで，A グループと B グループを作ったとき，A グループの数の合計が B グループの数の合計の 2 倍になる組み合わせをすべて答えましょう。

　答えは，あとの〔**答えの書き方**〕に従って，A グループ，B グループそれぞれの 1 番小さい数を解答欄に書きましょう。

〔グループの作り方〕　　　　　　　　　〔図〕

平成26年2月						
日	月	火	水	木	金	土
						1
2	3	4	5	6	7	8
9	10	11	12	13	14	15
16	17	18	19	20	21	22
23	24	25	26	27	28	

平成26年12月						
日	月	火	水	木	金	土
	1	2	3	4	5	6
7	8	9	10	11	12	13
14	15	16	17	18	19	20
21	22	23	24	25	26	27
28	29	30	31			

〔答えの書き方〕

　　Aグループの1番小さい数とBグループの1番小さい数との組み合わせが，
○と△，　◆と◎の2組あるときの例。

（2）※あてはまる組み合わせをすべて書きましょう。

○と△　，　◆と◎

　　組み合わせの数と数との間には「と」を入れ，Aグループ，Bグループの順に
書きます。また，組み合わせと組み合わせとの間には「,」を入れて区切ります。

問3　　かおるさんは，ひろしさん，ゆうこさんと近所にある自然公園に遊びに行きました。次の
(1)，(2)の各問いに答えましょう。

(1)　〔図1〕は，自然公園内にある標示板を西から見た図で，〔図2〕は，その標示板を南から見た
　　図です。〔図3〕は，ひろしさんが見た標示板のかげの形です。次のページの〔会話文〕は，標
　　示板のかげのことや，シーソーで遊んだことについて話している内容です。〔図1〕～〔図3〕，
　　〔会話文〕を見て，あとのア，イの各問いに答えましょう。ただし，標示板は，水平な地面に垂
　　直に立っているものとします。

〔図1〕　　　　　　　　　　　　〔図2〕　　　　　　　〔図3〕

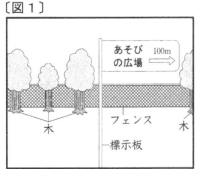

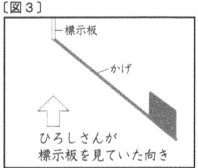

※〔図1〕，〔図2〕は，かげを省略しています。

〔会話文〕

かおる	「自然公園内に，西から見ると，ちょうど〔図1〕のような標示板があったのを覚えていますか。」
ゆうこ	「はい。その標示板は，南から見ると，〔図2〕のように見えました。」
ひろし	「わたしは，その標示板を（ あ ）から見ていました。そのとき，〔図3〕のようなかげができていたのを覚えています。」
ゆうこ	「そうでした。そのときの太陽は，（ い ）の方位にありました。」
かおる	「それからシーソーに乗って遊びました。」
ひろし	「3人で乗って，シーソーがつり合うようにみんなで考えました。」

ア 〔会話文〕の中の（あ）と（い）に入る方位として，最もあてはまるものを次の①～⑧の中からそれぞれ1つずつ選び，その番号を書きましょう。

① 北 　② 北東 　③ 東 　④ 南東

⑤ 南 　⑥ 南西 　⑦ 西 　⑧ 北西

イ 〔図4〕は，自然公園内のシーソーを示した図です。次のページの〔資料〕は，シーソーの状態と，かおるさんたちがつり合うように考えた内容をまとめたものです。〔図4〕，〔資料〕を見て，かおるさん，ひろしさん，ゆうこさんがすわったいすとして，最もあてはまるものを〔図4〕の①～⑦の中からそれぞれ1つずつ選び，その番号を書きましょう。ただし，シーソーの板の重さといすの重さは考えないものとし，シーソーは，だれも乗っていない状態でつり合っていたものとします。

〔図4〕

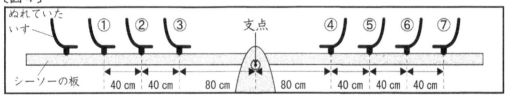

〔資料〕

○ シーソーには，〔図4〕のように，8つのいすがありますが，1つがぬれていたので，すわれるいすは①～⑦の7つです。

○ シーソーの支点と③，④との間の距離はそれぞれ80cm，また，①～③，④～⑦のとなり合ういすといすとの間の距離はそれぞれ40cmです。

○ シーソーがつり合うように，かおるさんたち3人がいすにすわりました。

○ かおるさん，ひろしさん，ゆうこさんがすわったいすは，〔図4〕の①～⑦のいずれかです。

○ それぞれのいすには，1人ずつすわるものとします。

○ いすにすわったときの，それぞれの体重は，身につけていたものをふくめてかおるさんは41kg，ひろしさんは44kg，ゆうこさんは39kgでした。

⑵ 〔図5〕は，かおるさんの住んでいる町の一部を示した絵地図です。絵地図の の部分は道路を示しています。また，絵地図の中の Ⓐは自然公園の入り口の前，Ⓑは小学校の正門の前，Ⓒはかおるさんの家の前を示しています。かおるさんがⒶを出発して，Ⓑを通り，Ⓒに帰る道順は何通りか，書きましょう。ただし，絵地図の中にあるすべての道路は垂直に交わっているものとし，道をもどったり，遠まわりしたりはしないものとします。

〔図5〕

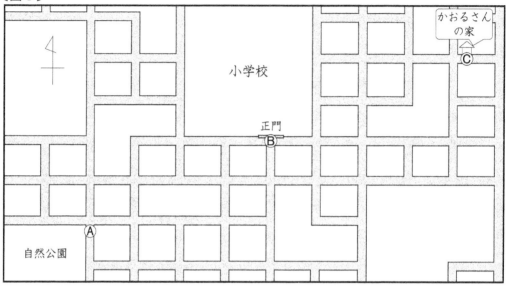

問4 〔資料〕は，道路と社会とのかかわりについて書かれた文章です。〔表〕は，自転車が関連する交通事故の発生件数と，その中で自動車を相手とする事故の発生件数とその割合と，歩行者を相手とする事故の発生件数とその割合を示したものです。〔写真〕は，ひろきさんの家の近くにある道路の写真です。〔会話文〕は，〔資料〕を読んであきなさん，ひろきさんと先生が話し合っている内容です。〔資料〕，〔会話文〕を読んで，あとの⑴，⑵の各問いに答えましょう。

〔資料〕

　道は人や獣（けもの）が歩きやすい場所を繰り返し通行し，自然とできあがる。それを人がより歩きやすいものに整備し，さらには目的地にいち早くたどり着くために，道がなかった場所に新たな道路を造る。

　いま，私たちが目にする道のほとんどは人が造ったもので，そこには必ず何らかの目的がある。沿線に住む人びとや時の権力者が，何らかの目的をもって造ったのである。いま残る古道（こどう）のひとつひとつに造る目的が隠（かく）れている。それは道路の造り方や幅（はば），起点と終点，注1)経由地などの路線，線形とよばれる路線の形状などに現れる。

　また大きな道路を造るには労働力や技術力が必要である。逆にいえば大きな道路の存在は，それを結集できるだけの巨大（きょだい）な権力が存在したことを裏付ける。つまり，道路を読み解けば，権力者がどんな目的で道路を造ったのか，さらに，当

時の社会がなぜ巨大な道路を必要としたのか，その背景が見えてくるのである。

「この（　Ａ　）が（　Ｂ　）へとつながっているのではないか」という不思議な感覚。これは，決して気のせいではなく，ていねいに道路の歴史を調べていけば，道路は，本当に（　Ｂ　）の世界へと導いてくれるのである。

　道路が年を経るごとに整備・拡充されていることは誰しもが気づいているにちがいない。江戸時代の注2)五街道（東海道，中山道，注3)甲州道中，日光道中，奥州道中）など幹線道路の幅は，三〜五メートルほどで，交通の主役が人馬や牛であったころであれば，その程度で十分であった。

　しかし，近代に自動車社会が到来すると，それまでの道路では何かと不都合が生じてきた。一定の道幅がいるし，路面もできるだけ平らでなければならず，道幅は広げられ，舗装されるようになった。さらに自動車が増加すれば，交通渋滞が発生し，それを注4)緩和するために，より幅の広い道路が求められるようになった。道路は時代に応じて，変化を遂げている。まさに，道路とは社会を映し出す鏡なのである。

（『道が語る日本古代史』近江俊秀著より　※一部表記を改めたところがある。）

注1)経由地：目的地へ行く途中で通る地点。　　注2)五街道：江戸を起点とした５つの主要な道。
注3)甲州道中（甲州街道），日光道中（日光街道），奥州道中（奥州街道）。
注4)緩和：激しい状態をやわらげること。

〔表〕

年（平成）	14 年	16 年	18 年	20 年	22 年	24 年
自転車が関連する交通事故の発生件数…a	178426	188338	174469	162662	151681	132048
aのうち，自動車を相手とする事故の発生件数とその割合	151164 (84.7)	156570 (83.1)	144520 (82.8)	134308 (82.6)	127422 (84.0)	111414 (84.4)
aのうち，歩行者を相手とする事故の発生件数とその割合	1966 (1.1)	2543 (1.4)	2783 (1.6)	2959 (1.8)	2770 (1.8)	2625 (2.0)

※（　）内の数字は，それぞれの年のaに対する割合（％）を表しています。

（警察庁交通局『平成24年中の交通事故の発生状況』より作成）

〔写真〕

〔会話文〕

あきな　「わたしは，自転車をよく利用しますが，せまい道路で後ろから来た自動車に追いぬかれるときには，いつもこわい思いをしています。また，わたしの両親は，自動車を運転していたときに，車道のわきを走っていた自転車とぶつかりそうになったと話していました。」

ひろき　「わたしの場合は，歩道を歩いていたときに，前から走って来た自転車とぶつかりそうになったことがありました。最近，〔写真〕のような『自転車専用』と書かれた注)通行帯が各地で設けられているようです。このことは，〔資料〕にあるような道路の整備の１つではないかと思いました。」

<table>
<tr><td>あきな</td><td>「わたしは，自転車が関連する交通事故について調べて，〔表〕のようにまとめました。この〔表〕を見ていくと，新たに自転車専用の通行帯を設けて，自動車，自転車，歩行者の通行帯をそれぞれ分けた理由がわかると思います。」</td></tr>
<tr><td>先生</td><td>「〔資料〕を参考に，これからの道路について考えてみましょう。」</td></tr>
</table>

注）通行帯：通行するところが定められている道路の部分。

(1) 〔資料〕の（Ａ）に最もあてはまる漢字１字を〔資料〕の文章の中から見つけて書き，（Ｂ）に最もあてはまる語句を次の①～⑥から１つ選び，その番号を書きましょう。

　　①　権力　　②　社会　　③　目的　　④　変化　　⑤　過去　　⑥　現在

(2) 自転車専用の通行帯を設けて，自動車，自転車，歩行者の通行帯をそれぞれ分けた理由を〔表〕から読み取って書き，〔資料〕の中の下線部に関して，〔表〕，〔会話文〕をふまえて道路の整備は具体的にどう進めていくべきだと思うか，あなたの考えを全体で120字以上150字以内で書きましょう。

【グループ活動による検査】 （40分）　　＜満点：200点＞

～全体の進め方～

　　　1　自分の考えをまとめる。　　　　（5分）

　　　2　グループで話し合いをする。　　（35分）

【注意】　1　「はじめ」の合図があるまで，この検査用紙を開いてはいけません。

　　　　　2　「やめ」の合図があったら，途中でも活動をやめましょう。

　　　　　3　| 自分の考えをまとめる。 | は，それぞれで取り組みましょう。

　　　　　4　| グループで話し合いをする。 | は，みんなで取り組みましょう。

（参考）　あらかじめ指定した時間に集合した受検者を男女別に7～8人のグループに分け，平塚中等教育学校，相模原中等教育学校とも3回の検査を実施した。

検査　第1回・第2回　――　検査課題　| 課題1 |

検査　第3回　　　　――　検査課題　| 課題2 |

| 課題1 |　次の文章を読んで，あとの(1)～(4)に取り組みましょう。

> 　あなたは，神奈川県立中等教育学校に入学した1年生とします。県立中等教育学校では，開校6年目の今年，すべての学年の生徒がそろいます。そこで，6つの学年の生徒が力を合わせてこの中等教育学校をよりよくするために，学年をこえての交流を深める活動を計画します。
>
> 　6つの学年の生徒が力を合わせてこの中等教育学校をよりよくしていくために，あなたは中等教育学校の6年間で，どのようなことを心がけて学校生活を送りたいと考えますか。また，あなたの学級と6年次生の1学級との交流の時間の活動内容を，あなたのグループが中心になって案を考え，学級会に提案することになりました。交流の時間は2時間です。活動では，普通の教室のほかに校内の音楽室や家庭科室，図書室のような特別な教室も使うことができます。できるだけたくさんの人と交流を深めることができるような具体的な活動を計画しましょう。

| 自分の考えをまとめる。 |　（5分）

(1)　みんなに発表できるように，あなたの考えと，そのように考えた理由を下の欄に書きましょう。

> | あなたの考えとその理由 |
>
> ○　6つの学年の生徒が力を合わせてこの中等教育学校をよりよくしていくために，あなたは中等教育学校の6年間で，どのようなことを心がけて学校生活を送りたいと考えていますか。
>
> ○　6年次生の1学級との交流の「具体的な活動」は，どのような内容にしたらよいでしょうか。

グループで話し合いをする。 (35分)

⑵ あなたの考えと, そのように考えた理由を, 1分ぐらいで発表しましょう。

⑶ それぞれの発表をもとに, あなたの学級と6年次生の1学級とが行う交流の「具体的な活動」を考え, グループとして1つの案をつくりましょう。必要があれば, 画用紙とフェルトペンを使いましょう。

⑷ 1つの案をつくったら, そのくわしい内容について話し合いましょう。

課題2 次の文章を読んで, あとの⑴~⑷に取り組みましょう。

> あなたは, 神奈川県立中等教育学校に入学した1年生とします。県立中等教育学校では, 開校6年目の今年, すべての学年の生徒がそろいます。そこで, 6つの学年の生徒が力を合わせてこの中等教育学校をよりよくするために, 学年をこえての交流を深める活動を計画します。
>
> 6つの学年の生徒が力を合わせてこの中等教育学校をよりよくしていくために, あなたは中等教育学校の6年間で, どのようなことを心がけて学校生活を送りたいと考えますか。また, あなたの学級と6年次生の1学級との交流の時間の活動内容を, あなたのグループが中心になって案を考え, 学級会に提案することになりました。交流の時間は2時間です。校内のグラウンド, または体育館を使った活動を計画します。できるだけたくさんの人と交流を深めることができるような具体的な活動を計画しましょう。

自分の考えをまとめる。 (5分)

⑴ みんなに発表できるように, あなたの考えと, そのように考えた理由を下の欄に書きましょう。

> あなたの考えとその理由
>
> ○ 6つの学年の生徒が力を合わせてこの中等教育学校をよりよくしていくために, あなたは中等教育学校の6年間で, どのようなことを心がけて学校生活を送りたいと考えていますか。
>
> ○ 6年次生の1学級との交流の「具体的な活動」は, どのような内容にしたらよいでしょうか。

グループで話し合いをする。 (35分)

⑵ あなたの考えと, そのように考えた理由を, 1分ぐらいで発表しましょう。

⑶ それぞれの発表をもとに, あなたの学級と6年次生の1学級とが行う交流の「具体的な活動」を考え, グループとして1つの案をつくりましょう。必要があれば, 画用紙とフェルトペンを使いましょう。

⑷ 1つの案をつくったら, そのくわしい内容について話し合いましょう。

平成25年度

神奈川県立中等教育学校入試問題

【適性検査Ⅰ】 （45分）　　＜満点：300点＞

【注意】　字数の指定のある問題は，指定された字数や条件を守り，わかりやすく，ていねいな文字で書きましょう。次の〔例〕のように，横書きで，最初のマスから書き始め，文字や数字は１マスに１字ずつ書き，文の終わりには句点〔。〕を書きます。句読点〔。，〕やかっこなども１字に数え，１マスに１字ずつ書きます。

〔例〕

１	２	月	の	詩	の	テ	ー	マ	は
，	「	冬	の	朝	」	だ	っ	た	。

問１

　次のページの〔資料１〕は，A町について，ゆうこさんたちがつくった絵地図と説明です。ゆうこさんたちは，休日に絵地図を使ってA町駅からA町小学校まで歩き，町の様子を確かめました。〔資料１〕を見て，次の(1)，(2)の各問いに答えましょう。

(1)　〔資料２〕は，A町を歩いた道すじと，町の様子がわかるように，ゆうこさんがとったメモです。〔資料２〕を見て，あとの**ア，イ**の各問いに答えましょう。

〔資料２〕

---

① A町駅交差点を出発して五条通を西に向かいました。

② 川をわたって最初にある交差点に面して |A|お寺がありました。その交差点を右に曲がり，次の交差点で四条通を東に向かいました。

③ やまて通に出て北に向かいました。やまて通をしばらく歩くと，通りの右側には，|B|警察署がありました。次に，三条通に出て東に向かいました。

④ 大山交差点から花山交差点までの通りの両側には，体育館，文化ホール，保健所，美術館，町民センター，温水プールの６つの公共施設がありました。

　　また，公共施設は，水色や灰色など，それぞれちがう色の建物でした。弟がいつも行く温水プールの西側のとなりには，さくら色の公共施設が建っていました。

⑤ 花山交差点を左に曲がり，もみじ通をしばらく歩き，通りの右側にある|C|広場で休けいをしました。その後，二条通に出て東に向かいました。

⑥ 二条通をしばらく歩くと，通りの左側には|D|児童図書館があり，そこでA町について調べました。

⑦ しみず通に出て北に向かい，さらに一条通に出て西に向かい，３つめの交差点を左に曲がり，しばらく歩くと，A町小学校に着きました。

※〔資料２〕の中の右側・左側は進行方向に向かって，右側か左側かを表しています。

〔資料1〕

【記号の説明】

--------　地下鉄

地下鉄の駅

川と橋

【道のりの説明】
○　中央図書館とA町
　　駅の出入り口までの
　　道のりは，200mです。

○　三条橋駅の出入り
　　口からA町小学校の
　　校門までの道のりと，
　　やまて駅の出入り口
　　からA町小学校の校
　　門までの道のりは，
　　それぞれ400mです。
　　また，もみじ公園駅
　　の出入り口からA町
　　小学校の校門までの
　　道のりは，600mです。

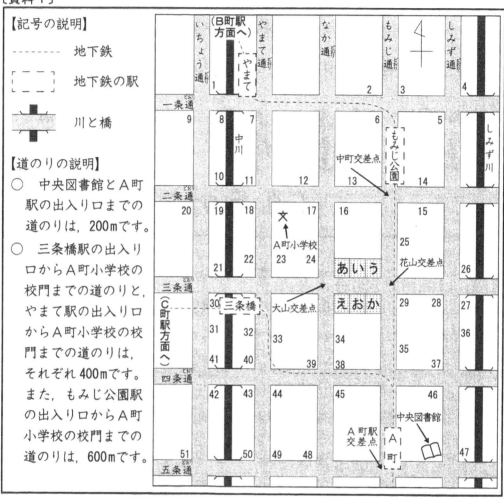

ア　〔資料2〕の中の下線部Ａ～Ｄは，どの位置にあるか，あてはまる位置をそれぞれ〔資料1〕
　　の中の1～51から1つずつ選び，その番号を書きましょう。

イ　〔資料2〕の中の6つの公共施設は，それぞれ〔資料1〕の中のあ～かの位置に建っていま
　　す。〔資料3〕は，ゆうこさんが書いた公共施設についてのメモです。
　　　〔資料2〕，〔資料3〕を見て，〔資料1〕の中の，い，かにあてはまる施設の種類と施設の色
　　を，それぞれ1つずつ選び，線で囲みましょう。

〔資料3〕

○　姉が勤めている保健所は，三条通の南側に建ち，れんが色でした。
○　大山交差点を過ぎて，最初に通り過ぎたのは，三条通の南側にある美術館と
　　三条通の北側にある町民センターでした。
○　クリーム色の施設の東側には，水色の施設が建っていました。
○　体操の練習で使う体育館は，もみじ通に面していて，三条通をはさんで黄色
　　の施設の北側に向かい合って建っていました。

(2) かずおさんは，A町について調べるために中央図書館にいます。この後，かずおさんは，ゆう
こさんたちとA町小学校の校門で会う予定です。〔資料4〕は，A町駅の休日の時刻表の一部分で
す。かずおさんがA町駅から地下鉄を使って，14時までにA町小学校の校門に着くためには，お
そくとも中央図書館を13時何分に出発しなければならないか，〔資料4〕を見て，解答欄に数を
書きましょう。ただし，それぞれの駅では，出入り口から地下鉄に乗るまでに2分，地下鉄を降
りてから出入り口までに2分かかります。また，かずおさんの歩く速さは時速3kmであるとして
考えましょう。

〔資料4〕

印なし…B町駅行き	^Cの印…C町駅行き

時	分											
13	5	8^C	11	18	21^C	24	31	34^C	37	44	47^C	50　57

■A町駅から，それぞれの駅までにかかる時間
・三条橋駅まで　4分　　・もみじ公園駅まで　3分　　・やまて駅まで　5分

問2 さとしさんたちは，神奈川県の農業について調べています。次の(1)，(2)の各問いに答えま
しょう。

(1) 〔表1〕は，神奈川県を5つの地域に分けてまとめた表で，〔会話文〕は，さとしさんたちと先
生が〔表1〕を見て話している内容です。〔表1〕，〔会話文〕を見て，あとのア，イの各問いに
答えましょう。

〔表1〕

地　域	面積(km²)	人口(人)	農家数(戸)	耕地面積(ha)	農家一戸あたりの耕地面積(ha)
横浜・川崎	580	5048187	3423	3630	1.06
三浦半島	207	733334	1363	1926	1.41
県央	622	1544342	3192	4622	1.45
湘南	372	1280101	4811	5977	1.24
県西	635	359388	3625	4527	1.25
合計	2416	8965352	16414	20682	

（『わたしたちの神奈川県（平成21年版）』より作成）

〔会話文〕

さとし　「5つの地域のうち（　あ　）地域は，（　い　）が最も多いですね。」

あやの　「（　う　）地域は，（　え　）が最もせまいにもかかわらず，農家一戸
あたりの耕地面積は2番目に広いですね。」

先生　　「この表から，ほかにも読み取れることはありますか。」

さとし　「（　あ　）地域は，（　え　）が最も広いこともわかります。」

先生　　「神奈川県全体では，総面積にしめる耕地面積の広さは，どれぐらい
でしょうか。」

> あやの　「耕地面積は，総面積の $\frac{1}{10}$ よりもせまいことがわかります。」
>
> 先生　　「5つの地域については，どうでしょうか。」
>
> さとし　「地域の面積にしめる耕地面積が $\frac{1}{10}$ よりも広い地域は，5つのうち
> 　　　　　　□つです。神奈川県は耕地面積があまり広くないのでしょうか。」
>
> 先生　　「ほかの都道府県についても調べて，比べてみましょう。」

ア　〔**会話文**〕の中の（あ）～（え）に最もあてはまる語句を次の①～⑩の中から1つずつ選び，
その番号を書きましょう。

①　横浜・川崎　　②　三浦半島　　③　県央　　④　湘南

⑤　県西　　⑥　面積　　⑦　人口　　⑧　農家数

⑨　耕地面積　　⑩　農家一戸あたりの耕地面積

イ　〔**会話文**〕の中の □ にあてはまる数を書きましょう。

(2)　〔**表2**〕は，さとしさんが神奈川県の農業と全国の農業のちがいを調べるためにまとめたもので
す。〔**表2**〕を見て，あとの**ア**，**イ**の各問いに答えましょう。

〔**表2**〕

神奈川県と全国の農業生産額（平成21年）　　　　　　　　（単位　億円）						
	米	野菜	果実	注)畜産物	その他	合計
神奈川県	42	389	84	158	63	736
全　国	18044	20876	6984	26371	10887	83162

注)畜産物：牛やブタなどを飼い養い，生産される肉や乳など。

（農林水産省『農林水産統計（平成22年公表）』より作成）

ア　〔**グラフ1**〕は，〔**表2**〕をもとに全国の農業生産額の割合を百分率（％）で表した円グラフ
です。次の〔**グラフのかき方**〕を読み，〔**グラフ1**〕のように，神奈川県の農業生産額の割合
について，円グラフをかきましょう。

〔**グラフのかき方**〕　　　　　　　　　　　　　〔**グラフ1**〕

○　百分率が小数になるときには，小数第1位
を四捨五入して，整数にしましょう。

○　米は**あ**，野菜は**い**，果実は**う**，畜産物は**え**，
その他は**お**でそれぞれ表し，割合の大きい
順に線をかいて区切りましょう。ただし，
おはグラフの最後にかきます。また，**お**を
のぞいて，割合が同じ場合は，どちらを先
にかいてもかまいません。

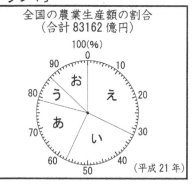

イ　さとしさんは，〔**表2**〕の畜産物について調べました。〔**グラフ2**〕は，ブタを注)飼養してい
る神奈川県の農家の戸数などを表しています。〔**グラフ2**〕を見て，ブタの飼養戸数とブタの飼
養頭数の変化と，それらの関係の変化からわかることを，次の □ の中の3つの語句を使い
「平成2年から平成17年の間に，」の書き出しに続けて書きましょう。字数は書き出しと合わせ，

60字以内で書きましょう。

・飼養戸数　　・飼養頭数
・農家一戸あたりの飼養頭数

注)飼養：動物を飼い養うこと。

〔グラフ２〕

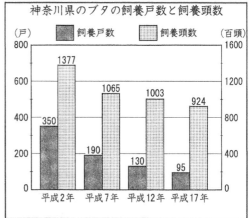

（『わたしたちのくらしと神奈川の農林水産業(平成21年度版)』より作成）

問3　いずみさんの学校では，雨水をタンクにためて池の水として利用しています。池は水平な地面を掘ってつくられていて，真上から見ると〔図１〕のような形をしています。次のページの〔図２〕は，〔図１〕のX---Yの線で切ったときの池の断面図とその説明で，池の底は深さのちがいによって底A，底B，底Cの３つの部分に分かれています。7ページの〔グラフ〕は，池に水が入っていない状態から水を180分間入れ，底Aから水面までの高さの変化を10分ごとに測ってかいたグラフです。

〔図１〕，〔図２〕，〔グラフ〕を見て，あとの(1)～(3)の各問いに答えましょう。ただし，池に入れる水の量は１分間あたり9000cm³とし，水は池の底やかべにしみこむことはなく，すべて池にたまり，また，仕切り板の厚みは考えないものとします。

〔図１〕

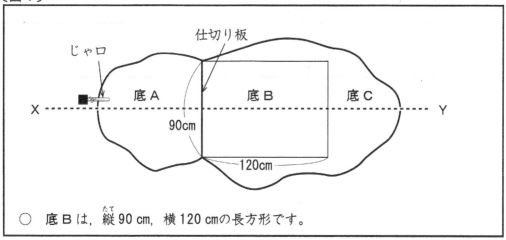

○　底Bは，縦90 cm，横120 cmの長方形です。

〔図２〕

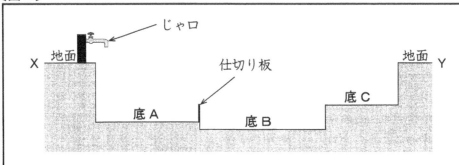

○　池の底はどの部分も水平で，かべは底と垂直（すいちょく）につくられています。

○　底Ａの地面からの深さは74cm，底Ｃの地面からの深さは54cmです。

○　底Ａと底Ｂの間は，底Ａからの高さが20cmの長方形の薄（うす）い仕切り板で仕切られています。

○　タンクにためてある水は，じゃ口から底Ａの部分に注がれるように設計されています。

(1)　池に水を180分間入れたとき，底Ａから水面までの高さは60cmでした。このことについて，次の**ア，イ**の各問いに答えましょう。

　　ア　このとき，池に入っている水の量は何リットル（Ｌ）か，書きましょう。

　　イ　底Ａから水面までの高さを68cmにするには，あと何分水を入れたらよいか，書きましょう。

(2)　底Ｂは地面から何cmの深さか，書きましょう。

(3)　いずみさんは，〔**グラフ**〕を使うと底の面積を比べることができることに気づきました。あとの

　　□　の中は，いずみさんが底Ａと底Ｃの面積を比べてわかったことを書いたものです。　あ　，

　　い　のそれぞれにあてはまる数を書きましょう。また，　う　にあてはまるものとして底Ａ，底Ｃのどちらか１つを選び，線で囲みましょう。

> 　底Ａの面積と，底Ｃの面積を簡単（かんたん）な整数の比で表すと，　あ　：　い　となり，　う　の方が少しだけ大きいことがわかりました。

〔グラフ〕

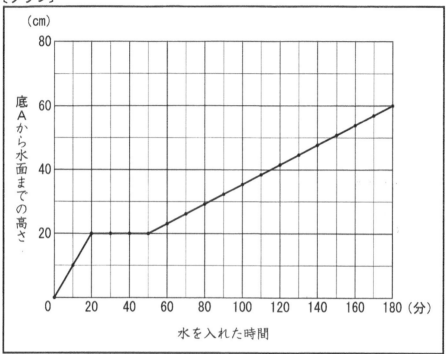

【適性検査Ⅱ】　（45分）　　＜満点：300点＞

【注意】　字数の指定のある問題は，指定された字数や条件を守り，わかりやすく，ていねいな文字で
書きましょう。次の〔例〕のように，横書きで，最初のマスから書き始め，文字や数字は１マ
スに１字ずつ書き，文の終わりには句点〔。〕を書きます。句読点〔。，〕やかっこなども
１字に数え，１マスに１字ずつ書きます。

〔例〕

１	２	月	の	詩	の	テ	ー	マ	は
，	「	冬	の	朝	」	だ	っ	た	。

問1　あきおさんたちは，地域の工作教室に参加し，ビニル袋を材料にしてたこを作りました。
次の(1)～(3)の各問いに答えましょう。

(1)　〔図1〕は，あきおさんが用意したビニル袋の大きさを示した図です。〔図1〕の▇▇▇で示し
た縦２cm，横50cmの部分は，袋状になるようにビニルがはり合わせてある部分です。〔資料〕は，
工作教室で配られた，たこの作り方について書かれた紙の一部です。ビニル袋は，〔図1〕の
▇▇▇の部分を切り取ると筒のような形になるので，その側面の１か所を切り開いて長方形に
して使います。

　あきおさんは，切り開いた長方形のビニルを使って，たこの面積が最も広くなるように，〔**資
料**〕の中の**もとになる正方形**の１辺の長さを，単位をcmとして整数で決め，六角形のたこの形を
かきました。このとき，あきおさんが決めた**もとになる正方形**の１辺の長さは何cmか，また，こ
の六角形の面積は何cm²になるか，それぞれ書きましょう。

〔図1〕

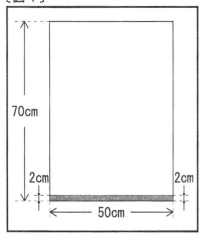

〔資料〕

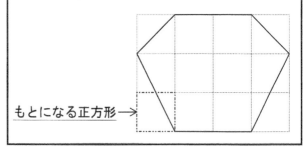

　右下のように，たこの形は六角形にします。
この六角形は，同じ大きさの**もとになる正方形**
を縦に３個，横に４個しきつめてできる長方形
を利用してかくことができます。

　はじめに，各自で用意したビニル袋の大きさ
に合わせて，**もとになる正方形**の１辺の長さを
決めましょう。

もとになる正方形→

(2)　あきおさんは，次のページの〔図2〕のように，できあがったたこを時計のある公園であげま
した。この様子をすべり台の上から見ていたはるこさんの正面には，時計の文字盤がありまし

た。このとき，はるこさんは，〔図2〕のように，時計の文字盤の4と10の目もりに，糸がぴったり重なって見えることに気づきました。〔図2〕の中で，あきおさんが糸を持っているところをA，たこと糸との結び目をB，Bの真下の地面をCとすると，ABの長さは16mで，地面からAまでの高さは1mでした。このとき，たこのあがっている高さをBCとすると，BCは何mか，書きましょう。ただし，地面は水平で，時計は地面に対して垂直にたっています。また，ABの間の糸には，たるみがなく，糸と時計の文字盤は平行になっているものとします。

〔図2〕

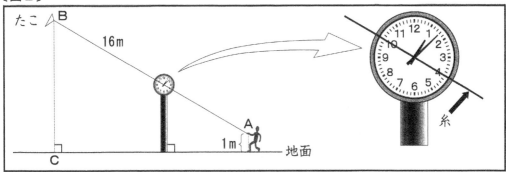

(3) 〔図3〕は，はるこさんの学校の絵地図です。はるこさんが校庭であげているたこの様子を，なつおさんは〔図3〕のDの位置からスケッチしました。〔図4〕は，なつおさんがスケッチしている間，はるこさんから見えていたたこの様子です。このとき，なつおさんがかいたスケッチとして，最もあてはまるものをあとのア～エの中から1つ選び，その記号を書きましょう。また，このとき吹いていた風として，最もあてはまるものを東風，西風，南風，北風の中から1つ選び，線で囲みましょう。

〔図3〕

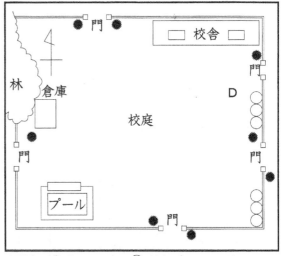

※図中の●はモミの木，○は桜の木，━━━はフェンスを表しています。

〔図4〕

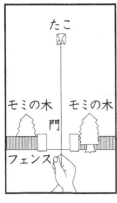

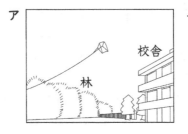

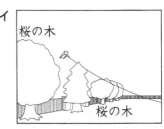

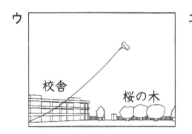

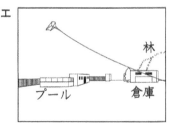

<hr />

問2　6年生のひろしさんたちは，新入生をむかえるための準備をしています。次の(1)〜(3)の各問いに答えましょう。

(1) 準備室には，〔図1〕のように教科書の入った箱が3段に積み上げられています。箱の側面には使用する学級と教科書の種類が書かれています。学級は，1年，2年ともに1組から3組まであり，合わせて6学級あります。教科書の種類は，1年は5種類，2年は4種類あります。ひろしさんたちは，〔図1〕の箱を移動し，移動した順に学級ごとに積み上げ，〔図2〕のように整理しました。移動の方法は，次のとおりです。

---
① 箱は，1箱ずつ移動する。まず，〔図1〕の最上段のすべての箱を移動し，次に2段目のすべての箱，最後に3段目のすべての箱を移動する。

② 各段の9箱は，1年1組，1年2組，1年3組，2年1組，2年2組，2年3組の順に移動する。同じ段に同じ学級の箱がある場合は，国語，算数，生活，図工，音楽の順に移動し，同じ学級の箱をすべて移動してから，次の学級の箱を移動する。ただし，移動する順番の箱がない場合は，その次の順番の箱を移動する。また，2年には音楽の教科書はない。

〔図1〕，〔図2〕を見て，あとのア，イの各問いに答えましょう。

〔図1〕

1-1 算数	1-2 国語	2-1 国語	2-1 国語	2-2 図工	1-3 音楽
1-3 生活	1-2 算数	2-1 算数	2-1 算数	1-1 国語	2-3 生活
2-1 図工	2-2 生活	1-2 音楽	1-2 音楽	2-2 算数	1-1 音楽

〔図2〕

1-1 音楽	1-2 音楽	1-3 国語	1-3 国語		
1-1 生活	1-2 図工	1-3 生活	2-1 図工	2-2 生活	2-3 図工	2-3 図工
1-1 図工	1-2 算数	1-3 音楽	2-1 生活	2-2 算数	2-3 算数	2-3 算数
1-1 国語	1-2 生活	1-3 図工	2-1 算数	2-2 国語	2-3 生活	2-3 生活
1-1 算数	1-2 国語	1-3 算数	2-1 国語	2-2 図工	2-3 国語	2-3 国語

※〔図1〕，〔図2〕の数字は学級を表しています。例えば，「1-3」は「1年3組」を表しています。

ア 〔図2〕の積み上げられた箱のうち，「2-1国語」の箱を移動したのは，最初に移動した箱から数えて何番目か，書きましょう。

イ 〔図1〕の上から2段目にある箱のうち，示されていない箱の学級と教科書の種類は何か，あてはまるものを解答欄の中からすべて選び，それぞれ線で囲みましょう。

(2)　けんたさんたち13人は，教科書やノートなどを1年の教室に運ぶことになりました。準備室には，運ぶ物が学級ごとに分けて置いてあります。また，準備室の黒板には，〔資料〕のように，（各学級の児童数），（運ぶ物），（運び方）が書いてありました。〔資料〕の中の（運び方）にしたがって，すべての物を最も少ない回数で，1年の各教室に運び終えるためには，1人平均何回運べばよいか，回数を書きましょう。

〔資料〕

（各学級の児童数）　1年1組30人，1年2組31人，1年3組30人

（運ぶ物）

①　教科書（5種類）：国語，算数，生活，図工，音楽　　各児童数分
②　ノート（4種類）：国語，算数，生活，連らく帳　　各児童数分
③　アサガオを育てる植木ばちが入っている箱　　　　各学級3箱ずつ

（運び方）

・　運ぶ物は，学級ごとに運び，他の学級の物といっしょに運んではいけません。
・　①〜③は，別々に運びます。
・　①の教科書は，種類ごとに運びます。1回に運ぶことのできる教科書は，国語，算数の教科書は1人15冊まで，その他の教科書は1人20冊までです。
・　②のノートは，種類がちがっていても，いっしょに運んでかまいません。1回に運ぶことのできるノートは，1人25冊までです。
・　③の箱は，1箱を2人で運びます。

---

(3)　まりこさんは，正方形の折り紙を使って，1年の教室のかざりを作りました。まず，〔図3〕のように，1枚の折り紙をア〜ウの順に線（……）にそって3回折り，エのような三角形を作りました。次に，エの三角形に線（——）をかき入れ，かき入れた線にそって切り，折り紙を開くと，〔図4〕のような形のかざりができました。〔図4〕のような形にするためには，〔図3〕のエの三角形にどのように線をかき入れたらよいか，最もあてはまるものをあとの①〜⑥の中から1つ選び，その番号を書きましょう。

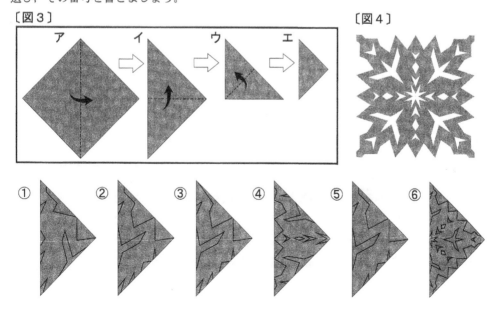

〔図3〕　　　　　　　　　　　　　　　　　　〔図4〕

ア　イ　ウ　エ

①　②　③　④　⑤　⑥

問3　〔資料１〕は，世界遺産の一つとして知られている白神山地で，クマ狩りなどをしながら自然とともに生きてきたマタギといった人々の狩猟や山菜採りの知恵について，青森県西目屋村の白神マタギ舎の工藤さんの話をもとに書かれた文章です。次のページの〔資料２〕の**あ**〜**え**の４枚のカードは，ともこさんが〔資料１〕をもとに食料と消費について考えたことを発表する内容をまとめたものです。〔資料１〕，〔資料２〕を読んで，あとの(1)〜(3)の各問いに答えましょう。

〔資料１〕

※都合により掲載できません。

（『食卓から地球環境がみえる　第２章　日本列島に住む人々は何を食べてきたか』
湯本貴和・米田だ穣著より　※一部表記を改めたところがある。）

注1)概して：だいたいにおいて。　　注2)山菜採りの極意：山菜を採るときに大切にしていることがら。
注3)根茎：地下または地表をはうようにのびる茎。　　注4)満喫：心ゆくまで十分に楽しむこと。
注5)地産地消：ある地域で収穫した農産物や水産物をその地域内で消費すること。

〔資料２〕

あ

　マタギの人々の伝統的な生活のように，身近な自然から食料を採集し，消費する生活では，食料の採集が自然へ与える影響についてわかりやすいので，自然のしくみをじょうずに利用し，適切に管理することができます。

い

　遠くはなれた産地でも自然が適切に管理され，これからも食料が自然のめぐみとして安定して得られるように，生産者だけではなく，わたしたち消費者も考え，行動していかなければならないと思います。

う

　都市部に住むわたしたちは，遠くはなれた産地から輸送されてきた多くの食料を利用しています。このため，食料の採集や生産が自然へ与える影響について，わたしたちにはわかりにくくなっています。

え

　現在，わたしたちの豊かな食生活を支えるために，産地の自然に大きな負担がかかっているのではないでしょうか。産地の自然を守るために，わたしたち消費者にできることは何でしょうか。

(1) 前のページの〔資料１〕の（Ａ），（Ｂ）について，次のア，イの各問いに答えましょう。

　ア　（Ａ）に最もあてはまるように，〔資料２〕のあ～えのカードの中から６字の語句を見つけて書きましょう。

　イ　（Ｂ）に最もあてはまるように，〔資料１〕の文章の中から28字の部分を見つけて，その部分の最初の５字をぬき出して書きましょう。句読点〔 。，〕やかっこなども１字に数えます。

(2) 〔資料２〕のあ～えのカードを，①「問題の提示」，②「〔資料１〕からわかったこと」，③「〔資料１〕のほかにともこさんがさらに調べて考えたこと」，④「消費者としての意見」の順番になるように並べかえ，①～④のそれぞれにあてはまるものをあ～えの記号で書きましょう。また，②と③をつなぐ言葉および③と④をつなぐ言葉として，最もあてはまるものを次の　　　　の中から１つずつ選び，それぞれ線で囲みましょう。

　　　したがって　　しかも　　なぜなら　　一方

(3) 〔資料１〕の文章からマタギの人々が自然と共存していくために気をつけていることを書き，そのことをふまえて，〔資料２〕のいのカードの下線部に関して，消費者の一人として食料の消費について，あなたは具体的にどのように行動していこうと思うか，全体で100字以上150字以内で書きましょう。

【グループ活動による検査】（40分）　　＜満点：200点＞

～全体の進め方～
1　自分の考えをまとめる。　　　（5分）
2　グループで話し合いをする。　（35分）

【注意】　1　「はじめ」の合図があるまで，この検査用紙を開いてはいけません。
　　　　　2　「やめ」の合図があったら，途中でも活動をやめましょう。
　　　　　3　│自分の考えをまとめる。│は，それぞれで取り組みましょう。
　　　　　4　│グループで話し合いをする。│は，みんなで取り組みましょう。

（参考）　あらかじめ指定した時間に集合した受検者を男女別に7～8人のグループに分け，平塚中
　　等教育学校，相模原中等教育学校とも3回の検査を実施した。

検査　第1回・第2回　──　検査課題　│課題1│
検査　第3回　　　　　──　検査課題　│課題2│

│課題1│　あなたは，神奈川県立中等教育学校に入学した1年生とします。あなたの学級では，4
月に学級目標を決めるための話し合いを行い，目標は「みんなで助け合い，よりよい学級をつくろ
う。」になりました。5月には校外学習が行われますが，学級目標をふまえて内容を決めることにな
りました。1か月前の今日は，校外学習の内容について，学級会に提案するための案をグループで
話し合う日です。次の〔校外学習について〕を読み，あとの(1)～(4)に取り組みましょう。
〔校外学習について〕

○　校外学習に行く日：5月17日（金曜日）

○　校外学習の課題：神奈川の歴史や伝統文化について学ぶ。

○　それぞれの学級で，どのような内容を学習するかを決め，学級で決めた場所で校外学習を
　　行う。

│　自分の考えをまとめる。│（5分）

(1)　5月17日の校外学習当日は，どのような内容にしたらよいでしょうか。学級目標をふまえて考
　　えましょう。あなたの考えをみんなに発表できるように，下の欄に書きましょう。なお，具体的
　　にどこで学習するかを合わせて考えてもかまいません。

│あなたの考えとその理由│

| グループで話し合いをする。 | （35分） |

(2) あなたの考えと，そのように考えた理由を，1分ぐらいで発表しましょう。

(3) それぞれの発表をもとに，グループとして1つの案をつくりましょう。必要があれば，画用紙とフェルトペンを使いましょう。

(4) 1つの案をつくったら，そのくわしい内容について話し合いましょう。

| 課題2 | あなたは，神奈川県立中等教育学校に入学した1年生とします。あなたの学級では，4月に学級目標を決めるための話し合いを行い，目標は「みんなで助け合い，よりよい学級をつくろう。」になりました。5月には校外学習が行われますが，学級目標をふまえて内容を決めることになりました。1か月前の今日は，校外学習の内容について，学級会に提案するための案をグループで話し合う日です。次の〔校外学習について〕を読み，あとの(1)〜(4)に取り組みましょう。

〔校外学習について〕

○　校外学習に行く日：5月17日（金曜日）

○　校外学習の課題：神奈川の自然について学ぶ。

○　それぞれの学級で，どのような内容を学習するかを決め，学級で決めた場所で校外学習を行う。

| 自分の考えをまとめる。 | （5分） |

(1) 5月17日の校外学習当日は，どのような内容にしたらよいでしょうか。学級目標をふまえて考えましょう。あなたの考えをみんなに発表できるように，下の欄に書きましょう。なお，具体的にどこで学習するかを合わせて考えてもかまいません。

> あなたの考えとその理由

| グループで話し合いをする。 | （35分） |

(2) あなたの考えと，そのように考えた理由を，1分ぐらいで発表しましょう。

(3) それぞれの発表をもとに，グループとして1つの案をつくりましょう。必要があれば，画用紙とフェルトペンを使いましょう。

(4) 1つの案をつくったら，そのくわしい内容について話し合いましょう。

平成24年度

神奈川県立中等教育学校入試問題

【適性検査Ⅰ】 （45分）　　＜満点：300点＞

| 問 1 | 横浜に住んでいるさとしさんは，海外の都市（ソウル，ローマ，マイアミ，ブエノスアイレス）に住んでいる4人の友だちと交流をしています。〔資料1〕は，さとしさんが4人に送信した電子メールの内容と，それを読んだ4人がさとしさんに返信した電子メールの内容です。次のページの〔資料2〕のA～Cは，さとしさんをふくめた5人のうちの3人が住んでいる都市について，月別の平均気温と月別の降水量を表したグラフです。〔資料1〕，〔資料2〕を見て，あとの(1)，(2)の各問いに答えましょう。なお，円，ウォン，ユーロ，ドル，ペソは，お金の単位です。

〔資料1〕

送信日：9月1日	送信者：さとし	あて先：よしお，さちこ，かおり，まさお
先月は暑い日が続きました。横浜の月別の平均気温は8月が最も高く，月別の降水量は9月が最も多いです。昨日は暑かったので，ざるそばを食べました。値段は600円でした。みなさんの住んでいる都市の気候や最近食べた食べ物を教えてください。		
送信日：9月1日	送信者：よしお	あて先：さとし
先月はソウルでも暑い日が続きました。昨日は特に暑かったので，冷めんを食べました。値段は少し高くて9000ウォンでした。ソウルは月別の平均気温の差が大きく，平均気温の最も高い月と最も低い月で25℃以上の差があります。		
送信日：9月2日	送信者：さちこ	あて先：さとし
先月，ローマは暑い日が続きました。月別の平均気温は8月から1月に向けて下がっていき，月別の降水量は10月が最も多くなります。先週，昼食にスパゲッティを注文しました。量が多く，値段は9ユーロでした。		
送信日：9月4日	送信者：かおり	あて先：さとし
マイアミでは，暑い日が続きました。マイアミは月別の平均気温の差はあまり大きくなく，どの月も平均気温は20℃以上あります。昨日，昼食にハンバーガーを食べました。とても大きいものが8ドルでした。		
送信日：9月10日	送信者：まさお	あて先：さとし
ブエノスアイレスでは，8月は過ごしやすい日が続きました。月別の平均気温はこれから夏に向けて上がり続け，1月が最も高くなります。先週，チョリパンを食べたら，値段は12ペソでした。おいしくて満足しました。		

〔資料２〕 ３つの都市の月別の平均気温と月別の降水量を表したグラフ

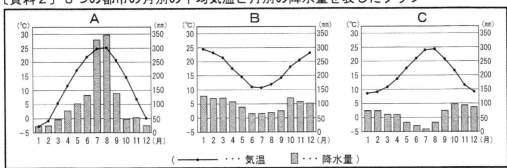

（『理科年表平成23年版』より作成）

(1) 〔資料２〕のＡ～Ｃは，それぞれどの都市のグラフであると考えられるか，最もあてはまる都市の名前を次の①～⑤の中から１つずつ選び，その番号を書きましょう。

　①　横浜　　　　②　ソウル　　　③　ローマ　　　④　マイアミ　　　⑤　ブエノスアイレス

(2) 次の〔会話文〕は，〔資料１〕の中の食べ物の値段について，さとしさんが先生に質問をしたときの内容です。〔会話文〕を読み，あとのア，イの各問いに答えましょう。答えが小数になる場合は，小数第１位を四捨五入して，がい数で書きましょう。

〔会話文〕

さとし	「４人の友だちから送られてきたメールには，食べ物とその値段が書かれていました。しかし，それぞれ異なるお金の単位で表されていて，どれが高いのか安いのかわかりません。」
先生	「お金の単位を１つにそろえて表せば，どれが高いのか安いのかわかります。 まずはじめに，１ドルが，1000ウォン，0.75ユーロ，4ペソと交換できるとして，ドルで表してみましょう。」
さとし	「ドルで表してみると，最も安い食べ物は　あ　で　い　ドルです。」
先生	「次に，わたしたちがいつも使っている円で表すと何円になるか，１ドルが80円と交換できるとして，円で表してみましょう。」
さとし	「円で表してみると，　あ　は　う　円で，ざるそばよりも安くなることがわかりました。」
先生	「その通りですね。ただし，異なった単位のお金どうしがどれだけの割合で交換できるかについては，そのときによって変わることがあります。例えば，ドルと円を交換する場合で考えてみると，１ドルと交換できる金額が，81円であったり，79円であったりと，いろいろな金額に変わります。」

ア　〔会話文〕の中の　あ　にあてはまる食べ物を，〔資料１〕の中のさとしさんに返信された電子メールの内容から１つ選び，〔囲み方の例〕のように，線で囲みましょう。また，　い　，　う　にあてはまる数を書きましょう。

〔囲み方の例〕

（ざるそば）

イ 〔会話文〕の中の下線部について，さとしさんが食べたざるそばの値段が，かおりさんが食べたハンバーガーの値段と同じになるとき，1ドルと交換できる金額は何円か，式と答えを書きましょう。

問2 ひかるさんは，ゆみこさん，やすおさん，まりこさんと，サイクリングに行きました。〔図1〕は，**サイクリングコースの案内図**です。〔図1〕には，土地の高さ10mごとに細い線（――）で，50mごとに太い線（――）で等高線がかかれています。等高線とは，海面から同じ高さのところを結んだ線のことです。また，Ⓐ～Ⓙは**サイクリングコース**が等高線と交わっている地点を，あ ～かは**展望台**などの施設や建物の位置をそれぞれ示しています。ひかるさんたちは，〔図1〕のⒶから順に**サイクリングコース**を1周し，途中で**子ども広場**などに立ち寄りました。〔図1〕を見て，あとの(1)～(3)の各問いに答えましょう。

〔図1〕サイクリングコースの案内図

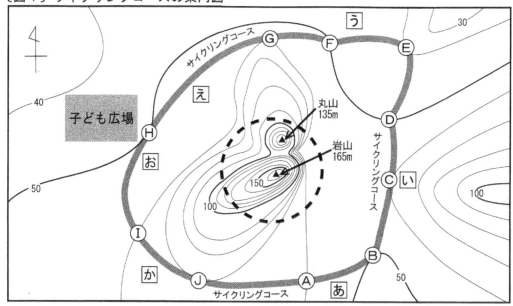

(1) 〔図1〕の等高線を読み取り，次の**ア，イ**の各問いに答えましょう。

ア ひかるさんは，〔図1〕の**サイクリングコースの各地点の土地の高さ**を〔図2〕に表そうとしています。〔図2〕のⒶやⒷのように，Ⓒ～Ⓙの土地の高さを点（●）で表し，さらに，ⒶとⒷの間のように，となり合う点を結ぶ直線（――）をかき，〔図2〕を完成しましょう。

〔図2〕各地点の土地の高さ

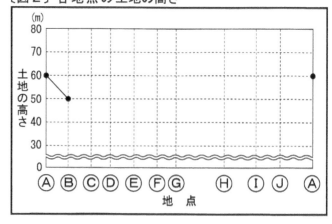

イ 〔図1〕の点線（■■■）で囲まれた部分の山の形を⑧，Ⓗの各地点から見た図として，最もあてはまるものを次の①〜⑧の中からそれぞれ1つずつ選び，その番号を書きましょう。

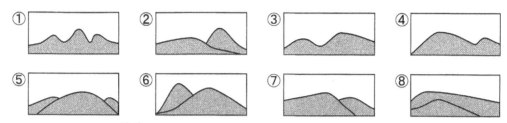

(2) ひかるさんたちは，途中で立ち寄った**展望台**から④と⑥の方位を調べたところ，④は南西，⑥は北西でした。**展望台**の位置は〔図1〕の中の あ 〜 か のどこか，最もあてはまる位置を1つ選び，その記号を書きましょう。

(3) **子ども広場**の自転車置き場は，〔図3〕のように，白線で①〜⑦の場所に区切られ，それぞれの場所に自転車を1台ずつ置くようになっています。また，①〜⑦の南側にはフェンスがあり，④とフェンスの間には1本の街灯があります。**子ども広場**に着いたひかるさんたちは，①〜⑦のうち連続する4つの場所に，それぞれの自転車を置きました。〔会話文〕は，そのときの街灯のかげについて話している4人の会話です。

ひかるさんが④に自転車を置いたとすると，ゆみこさん，やすおさん，まりこさんが自転車を置いた場所はどこでしょうか。〔会話文〕を読み，最もあてはまる場所を〔図3〕の中の①，②，③，⑤，⑥，⑦からそれぞれ1つずつ選び，その番号を書きましょう。

〔図3〕

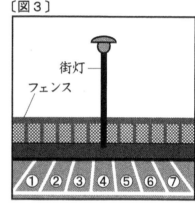

街灯

フェンス

①②③④⑤⑥⑦

〔会話文〕

やすお	「サイクリングに行った日は，1日中よく晴れていて暖かかったね。」
ゆみこ	「正午ごろ，自転車置き場に着いたとき，ひかるさんは街灯のかげができていた場所に自転車を置いて，そのとなりにわたしの自転車を置いたのをおぼえているよ。」
ひかる	「かげは時間とともに動くんだよね。**子ども広場**でお弁当を食べたあとにボールを取りに自転車までもどったら，街灯のかげは，わたしの自転車のとなりに置いてあったやすおさんの自転車の場所にまで動いてきていたよ。」
まりこ	「ボールでしばらく遊んだあと，**子ども広場**を4人で出発するときには，わたしの自転車の場所にまで街灯のかげが動いてきていたね。」

問3 あきこさんが通う学校では，1年生と6年生とでグループを作り，交流会を週に1回行っています。あきこさんのグループ（1年生10人と6年生10人）は，来週の交流会で，グループの児童が10人ずつの2つのチームに分かれて，直線のコースを5回往復するリレーをします。〔表1〕は，チーム分けをするために，今週の交流会で児童どうしが協力して計測した50m走の記録です。あき

こさんたちが〔表1〕をもとに話し合った〔会話文〕を読み，あとの(1)～(3)の各問いに答えましょう。

〔表1〕

1　年　生				6　年　生			
名前	記録(秒)	名前	記録(秒)	名前	記録(秒)	名前	記録(秒)
いくこ	11.5	ひろし	11.9	あきこ	10.1	はじめ	8.9
きよし	13.8	みつお	10.3	かずお	9.7	まりや	9.9
しずか	12.1	ゆりこ	10.2	さやか	10.5	やすし	10.6
ちづる	13.1	りきや	10.8	たけし	9.4	ゆきお	10.2
のりお	12.2	れいこ	10.1	なぎさ	11.6	わかこ	9.1

〔会話文〕

> あきこ　「これから，来週の交流会で行うリレーについて話し合います。両チームとも全員が1回ずつ片道を走るというきまりにして，このほかにどのようなリレーにするとよいか，意見を出してください。」
>
> かずお　「1年生10人のチームと6年生10人のチームとで競走できないかな。」
>
> あきこ　「かずおさんの提案について，みなさんから何か意見はありませんか。」
>
> たけし　「両チームとも50mのコースを使い，1年生の1番目の人がスタートした　あ　秒後に6年生の1番目の人がスタートすれば，記録の上では10番目の人が同時にゴールすることになるよ。」
>
> なぎさ　「全員が記録からわかる速さで走るとすると，コースの長さを1年生は50mに，6年生は　い　mにすれば，1番目の人が同時にスタートしても，記録の上では10番目の人が同時にゴールすることになるよ。」
>
> あきこ　「2人の意見に共通するのは，条件に差をつけるという点ですね。」
>
> まりや　「かずおさんたちとちがい，10人の記録の合計が同じになるように分け，両チームとも50mのコースを使い，1番目の人が同時にスタートすれば，記録の上では10番目の人が同時にゴールすることになるよ。」
>
> あきこ　「記録の合計やコースの長さ，スタートする時間などの条件を同じにするというまりやさんの提案について，何か意見はありませんか。」
>
> わかこ　「まりやさんに賛成。1年生10人のチームのしずかさん，ちづるさん，のりおさんの3人を，6年生10人のチームのあきこさん，ゆきおさん，わたしの3人と交換すると，10人の記録の合計が同じになるよ。」
>
> やすし　「10人の記録の合計が同じになるように分けるなら，1年生も6年生も5人ずつ分ける方がよいと思うよ。」
>
> ～（話し合いが続く）～

(1) 〔会話文〕の中の　あ　，　い　に最もあてはまる数を，それぞれ書きましょう。答えが小数になる場合は，四捨五入して，小数第1位までのがい数で書きましょう。

(2) 〔表2〕は，〔会話文〕の中の下線部のとおりに，グループの児童をAチームとBチームに分け

ている表です。Aチームの1年生5人の記録の合計とBチームの1年生5人の記録の合計は同じです。あきこさんをAチームのリーダーとし，かずおさんをBチームのリーダーとして分けるとき，あきこさんとAチームで一緒になる6年生はだれでしょうか。あてはまる4人の名前を〔表1〕の中から選び，〔囲み方の例〕のように，それぞれ線で囲みましょう。

〔表2〕

Aチーム			Bチーム		
学年	名前	記録（秒）	学年	名前	記録（秒）
1年生	いくこ	11.5	1年生	きよし	13.8
	しずか	12.1		ちづる	13.1
	のりお	12.2		ゆりこ	10.2
	ひろし	11.9		りきや	10.8
	みつお	10.3		れいこ	10.1
6年生	あきこ	10.1	6年生	かずお	9.7

〔囲み方の例〕

(3) 〔会話文〕の中で，あきこさんが司会として果たしている役割について，あてはまるものを次の①～⑥の中から2つ選び，その番号を書きましょう。

① 話し合いがうまく進むように，何について話し合うかを示している。

② みんなから出た複数の疑問点を整理し，代表して質問している。

③ 話し合いが話題からそれたときに，元にもどしている。

④ 提案されたことについて要点を明確にし，みんなに意見を求めている。

⑤ それぞれの意見について，賛成や反対を確認しながら1つの案にまとめている。

⑥ 話し合いの要点を最後にまとめ，すべての内容をふりかえっている。

【適性検査Ⅱ】 （45分）　　＜満点：300点＞

| 問1 | たかしさんは，世界の人口について調べ，〔資料１〕のような，6つの国について，国別の |

総人口にしめる年れい別人口の割合を表しているグラフを見つけました。〔資料１〕では，0才～14
才の人口を年少人口，15才～64才の人口を生産年れい人口，65才以上の人口を老年人口と呼び，3つ
の年れい別人口に分けています。グラフの左には，それぞれの国名と総人口が書かれています。
　〔資料１〕を見て，あとの⑴～⑶の各問いに答えましょう。

〔資料１〕国別の総人口にしめる年れい別人口の割合（2010年）

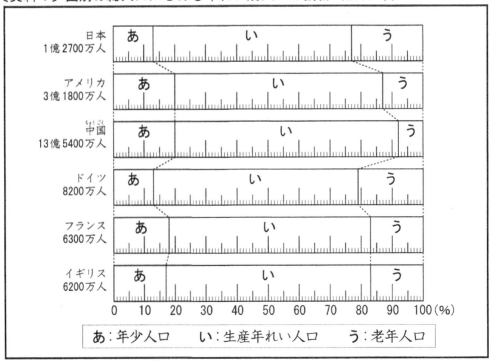

（国立社会保障・人口問題研究所『人口統計資料集（2010年版）』より作成）

⑴　〔資料１〕からわかることとして，あてはまるものを次の①～⑥の中から２つ選び，その番号を
　書きましょう。

　①　日本は，総人口が減少し，老年人口の割合が増加していくことがわかる。

　②　日本の老年人口の割合と年少人口の割合を合わせても，日本の生産年れい人口の割合の$\frac{1}{2}$
　　に満たない。

　③　老年人口の割合が最も大きい日本は，老年人口も最も多い。

　④　老年人口の割合が15％以上の国は，どの国も年少人口の割合が20％未満である。

　⑤　生産年れい人口の割合が70％未満の国は，どの国も老年人口の割合が15％をこえている。

　⑥　老年人口の割合は日本が最も大きく，生産年れい人口の割合は日本が最も小さい。

⑵　たかしさんは神奈川県の総人口にしめる年れい別人口の割合について調べ，次のページの〔資
　料２〕のようなグラフを見つけました。〔資料２〕では，〔資料１〕と異なり，16の年れい別人口
　に分けています。〔資料２〕を見て，あとのア，イの各問いに答えましょう。

〔資料２〕神奈川県の総人口にしめる年れい別人口の割合

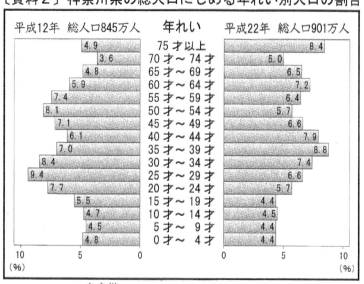

（『神奈川県年れい別人口統計調査結果報告』より作成）

ア　次の □ の中を読み，〔資料２〕の平成12年と平成22年のグラフをもとにして，〔資料１〕
のような帯グラフに表しましょう。

○　〔資料１〕と同じように，百分率（％）で表された年れい別人口の割合を**あ**，**い**，**う**に
まとめ，小数第１位を四捨五入し，左から**あ**，**い**，**う**の順になるように線をかいて区切り
ましょう。

○　それぞれのグラフの中に**あ**，**い**，**う**を書きましょう。

イ　〔資料３〕は，たかしさんが〔資料２〕を見て，気づいたことを書いたものです。〔資料３〕
の中の A ， B にあてはまる**年れい**をそれぞれ書きましょう。また， C にあてはまる
数を書きましょう。ただし，答えが小数になる場合は，小数第１位を四捨五入して，がい数で
書きましょう。

〔資料３〕

　〔資料２〕の中で，年れい別人口の割合が最も大きい**年れい**は，平成12年では**25才〜29才**で，
平成22年では A である。年れい別人口の割合が２番目に大きい**年れい**は，平成12
年では B であるが，平成22年では**75才以上**である。また，平成22年の総人口にし
める老年人口の割合は，およそ C 人に対して１人となっている。神奈川県は総人口が
増加し，老年人口の割合も増加しているので，お年寄りが増えたと考えられる。

---

(3)　たかしさんが調べたように，神奈川県ではお年寄りが多くなり，あなたがお年寄りと接する機
会も増えると考えられます。あなたの身のまわりでお年寄りのいる場面をあげ，その場面でお年
寄りとどのように接していこうと思うか，あなたの考えを句読点もふくめて60字以上90字以内で
書きましょう。

問2 まさみさんは，宿泊学習に向けて，ごはん作りに取り組みました。〔資料１〕はそのまとめです。〔資料１〕を見て，あとの(1)，(2)の各問いに答えましょう。

〔資料１〕

> わたしの班は，ごはん作りの調理実習をする前に，おいしいごはんの作り方について調べました。そのときに，ごはん作りについてくわしい説明がのっている『ごはんのひみつ』という本を図書室で見つけました。『ごはんのひみつ』には，おいしいごはんを作るために，次の３つのことが書かれていました。
>
> > ○ 材料とする水は，洗う前の米に対して1.5倍の重さとすること。
> > ○ 洗った米に水を加えた重さは，洗う前の米の重さと材料とする水の重さを合わせた重さと同じにすること。
> > ○ なべをコンロの火にかけるときに注）米の吸水量が一定以上になっているように，米を水にひたす時間を30分間以上とすること。
>
> 米を水にひたす時間については，「米を水で洗っている間も，ざるで水を切ってぬれたままおいている間も，米は吸水しているので，どちらも米を水にひたす時間として考えましょう。」と，山田先生からも説明がありました。わたしは，ごはん作りは時間に気をつける必要があると思い，時刻とそのときの内容をできるだけメモにとりながら調理実習に取り組みました。
>
> 調理実習では，まず，はかりを使って班の人数分の米の重さをはかりとりました。はかりとった米を，重さ90ｇのボールに入れて水で洗ったあと，ざるに移して水を切りました。ざるで水を切った米を同じボールにもどし，洗った米が入ったボール全体の重さをはかると515ｇでした。そして，洗った米に水を加えた重さを『ごはんのひみつ』に書いてあったようにするために，ボールの中へ水を　あ　ｇ入れたあと，すぐにボールの中身すべてをガラス製のなべに移してふたをし，しばらくそのまま米を水にひたしておきました。
>
> 次に，なべをコンロにのせ，コンロの火をつけました。ガラス製のなべは中の様子がよく見えるので，はじめは強火で，ふっとうしたら中火で，水が引いたら弱火で，というように，中の状態をよく見ながら火加減に気をつけました。火を消してからふたを開けるまで10分間むらし，できあがったごはんをしゃもじで軽くかき混ぜました。火にかける前の米よりかなり量が増えたように感じたので，重さをはかって確かめると，できあがったごはんの重さは902ｇでした。これは，洗う前にはかりとった米の重さの2.2倍でした。とてもおいしいごはんができました。
>
> 宿泊学習では，わたしの班に山田先生が加わり，調理実習のときより１人分多い６人分のごはんを作ります。１人あたりのごはんの量を調理実習のときと同じにすると，６人分の米の量は　い　ｇとなり，水の量も増やす必要があります。わたしは，今回の経験をいかし，宿泊学習でもおいしいごはんを作りたいと思います。

注）米の吸水量：米の重さに対する，米が吸った水の重さの割合。

(1) 〔資料１〕の中の　あ　，　い　にあてはまる数を書きましょう。答えが小数になる場合は，四捨五入して，小数第１位までのがい数で書きましょう。

⑵ 〔資料２〕は，まさみさんが調理実習のときにとったメモです。〔資料３〕は，『ごはんのひみつ』にのっていた，米を水にひたす時間と米の吸水量の関係を表したグラフです。〔会話文〕は，まさみさんたちが，〔資料３〕を見ながら米の吸水量について話し合った会話です。〔資料２〕，〔資料３〕を見て，あとの〔会話文〕を読み，ア，イの各問いに答えましょう。ただし，調理実習のときの水温は16℃とします。

〔資料２〕

```
10:33  米を洗い始めた。
10:38  ざるで水を切った。
10:40  米に水を加えた。
10:45  なべに移した。
11:12  なべをコンロにのせた。
11:13  火をつけ，強火にした。
11:18  中火にした。
11:23  弱火にした。
11:38  火を消し，むらした。
11:48  しゃもじでほぐした。
11:55  盛りつけて食べた。
```

〔資料３〕

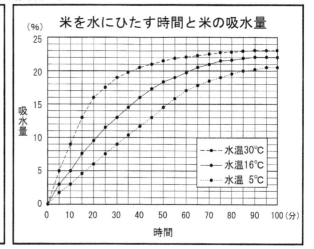

〔会話文〕

> まさみ 「水にひたす時間が長くなると，吸水量も高くなることがわかるね。」
> かおる 「水にひたす時間だけでなく，水温にも気をつける必要がありそうだよ。」
> たまき 「水温が高いと吸水量も高く，水温が低いと吸水量も低いね。」
> かおる 「水にひたす時間を30分間以上とすると，水温が５℃，16℃，30℃の場合では，少なくとも ◻◻◻ ％の吸水量になる，ということがわかるよ。」
> たまき 「例えば，水温が30℃のときは，水にひたす時間が調理実習のときよりも短い時間であっても，調理実習でコンロの火をつけたときの吸水量と同じ吸水量になると考えられるね。」
> まさみ 「調理実習のときは時間ばかりを気にしてメモをとったけれど，吸水量については水温にも気をつける必要があるということだね。」

ア 〔会話文〕の中の ◻◻◻ にあてはまる数を書きましょう。

イ 〔会話文〕の中の下線部について，調理実習のときよりも短い時間とは何分間か，書きましょう。

問3 側面に白い紙を巻いた同じ形の円柱が30本あります。すべての円柱は白い紙を巻いた状態で，底面の円の直径は10cm，高さは20cmです。のぼるさんは30本のうちの20本の円柱の側面全体に水性ペンで色をぬり，いくえさんは残りの10本のうちの１本の円柱の側面に色紙でつくった三角形をはり，えいじさんは最後に残った９本の円柱の側面にシールをはりました。このことについて，

次の(1)～(3)の各問いに答えましょう。円周率を使う場合は3.14として計算しましょう。

(1) のぼるさんは，20本の円柱のうち，9本の側面を赤の水性ペンで赤色に，4本の側面を黄の水性ペンで黄色に，7本の側面を青の水性ペンで青色にぬることにし，必要な本数の水性ペンを買うことにしました。1本の水性ペンで1900cm²ぬれるとすると，のぼるさんは，赤，黄，青の水性ペンを少なくとも何本ずつ買わなければならないか，それぞれの本数を書きましょう。また，1本の水性ペンの値段（ねだん）が120円とすると，のぼるさんがはらう代金は何円か，書きましょう。

(2) いくえさんは，〔図1〕のような三角形ABCを色紙でつくり，円柱の側面にはったところ，頂点（ちょう）（てん）Cが辺ABに接しました。〔図2〕は，三角形ABCをはった円柱を横から見た図です。〔図2〕の点Dと点Eは，辺ABを延（の）ばし，底面の円周に接する点で，点Dと点Eを結んで側面にかいた線の長さと辺ABの長さの比は，5：3です。側面に巻いてあった白い紙をこの線で切って広げると，紙の形は平行四辺形でした。〔図1〕，〔図2〕を見て，あとのア，イの各問いに答えましょう。

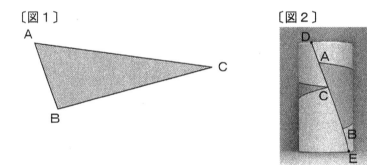

〔図1〕

〔図2〕

ア 〔図2〕の点Dと点Eを結んで側面にかいた線について，辺ABと重なっていない部分の長さは，辺ABの長さの何倍か，書きましょう。答えが整数にならない場合は，約分（かんたん）して簡単な分数で書きましょう。

イ 次の □ の中は，いくえさんが気づいたことを書いたものです。 □ の中の あ ，い にあてはまる数を書きましょう。

> 三角形ABCの面積と，円柱の側面の面積から三角形ABCの面積を除（のぞ）いた面積を簡単な整数の比で表すと， あ ： い となります。

(3) えいじさんは，9本のそれぞれの円柱の側面にシールを2枚（まい）ずつ重ならないようにはりました。シールの種類は， ◆，★，✚，● です。〔表〕は，シールの種類の組み合わせと，その組み合わせでシールがはられた円柱の数をまとめたものです。シールの種類の組み合わせは，〔表〕の①～⑥の6通りです。〔図3〕は，〔表〕の①の組み合わせでシールがはられた円柱の例です。
　えいじさんは，シールをはり終わった9本の円柱を机（つくえ）の上に並（なら）べて置きました。〔図4〕は，並べた9本の円柱を真上から見た様子で，a～dのそれぞれの位置から見ると〔図5〕のように見えました。このとき，〔図4〕のか，き，くの3本の円柱にはられているシールの組み合わせを，〔表〕の中の①～⑥からそれぞれ1つずつ選び，その番号を書きましょう。（表や図は次のページにあります。）

〔表〕

番号	シールの種類の組み合わせ		円柱の数
①	◆	★	1
②	◆	✚	2
③	◆	●	1
④	★	✚	1
⑤	★	●	3
⑥	✚	●	1

〔図3〕

1本の円柱を◆のシールがはられた側から見た様子と★のシールがはられた側から見た様子

〔図4〕

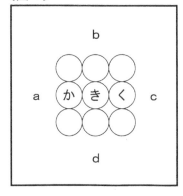

〔図5〕

aの位置から見た様子

bの位置から見た様子

cの位置から見た様子

dの位置から見た様子

【グループ活動による検査】 （40分）　　＜満点：200点＞

～全体の進め方～

1　自分の考えをまとめる　　　（5分）

2　グループで話し合いをする　（35分）

【注　意】　1　「はじめ」の合図があるまで，この検査用紙を開いてはいけません。

2　「やめ」の合図があったら，途中でも活動をやめましょう。

3　自分の意見のまとめ　は，指示をよく読み，各自で課題に取り組みましょう。

4　グループでの話し合いや作業　は，自分で考え，判断し，同じグループの人たちと協力して活動に取り組みましょう。

（参考）　あらかじめ指定した時間に集合した受検者を男女別に7～8人のグループに分け，平塚中等教育学校，相模原中等教育学校とも3回の検査を実施した。

検査　第1回・第2回　――　検査課題　課題1

検査　第3回　　　　　――　検査課題　課題2

課題1　　次の文章を読んで，あとの(1)～(4)に取り組みましょう。

> あなたは神奈川県立中等教育学校に入学した1年生とします。
> 　神奈川県立中等教育学校では，4月にオリエンテーション合宿を行っています。そのオリエンテーション合宿の中で行われる活動の1つとして，学級目標を決める話し合いがあります。この話し合いで，あなたの学級では，今年度の学級目標は「笑顔あふれる，明るい学級にしよう。」に決まりました。
> 　この学級目標を達成するために，1年間を通して，学級のみんなと一緒にどのような取り組みをするとよいかを考え，グループとして1つの案をつくりましょう。

自分の考えをまとめる。 （5分）

(1)　みんなに発表できるように，あなたの考えと，そのように考えた理由を下の欄に書きましょう。

> あなたの考えと，そのように考えた理由

グループで話し合いをする。 （35分）

(2)　あなたの考えと，そのように考えた理由を，1分ぐらいで発表しましょう。

(3)　それぞれの発表をもとに，グループとして1つの案をつくりましょう。必要があれば，画用紙とフェルトペンを使いましょう。

(4)　１つの案をつくったら，そのくわしい内容について話し合いましょう。

課題2　次の文章を読んで，あとの(1)～(4)に取り組みましょう。

> あなたは神奈川県立中等教育学校に入学した１年生とします。
> 　神奈川県立中等教育学校では，４月にオリエンテーション合宿を行っています。そのオリエンテーション合宿の中で行われる活動の１つとして，学級目標を決める話し合いがあります。この話し合いで，あなたの学級では，今年度の学級目標は「仲よく，楽しい学級にしよう。」に決まりました。
> 　この学級目標を達成するために，１年間を通して，学級のみんなと一緒にどのような取り組みをするとよいかを考え，グループとして１つの案をつくりましょう。

自分の考えをまとめる。（５分）

(1)　みんなに発表できるように，あなたの考えと，そのように考えた理由を下の欄に書きましょう。

> あなたの考えと，そのように考えた理由

グループで話し合いをする。（35分）

(2)　あなたの考えと，そのように考えた理由を，１分ぐらいで発表しましょう。

(3)　それぞれの発表をもとに，グループとして１つの案をつくりましょう。必要があれば，画用紙とフェルトペンを使いましょう。

(4)　１つの案をつくったら，そのくわしい内容について話し合いましょう。

大切なことはメモしておこうネ！

解答用紙集

〇月×日 △曜日 天気（合格日和）

◆ご利用のみなさまへ
＊解答用紙の公表を行っていない学校につきましては、弊社の責任に
　おいて、解答用紙を制作いたしました。
＊編集上の理由により一部縮小掲載した解答用紙がございます。
＊編集上の理由により一部実物と異なる形式の解答用紙がございます。

人間の最も偉大な力とは、その一番の弱点を克服したところから
生まれてくるものである。──カール・ヒルティ──

東京学参株式会社

※ 108％に拡大していただくと，解答欄は実物大になります。

問１

| （１） | ※ 解答欄は裏面にあります。 |
| （２） | ※ 解答欄は裏面にあります。 |

問２

（１）	ア	① ② ③ ④ ⑤ ⑥ ⑦
	イ	① ② ③ ④ ⑤ ⑥ ⑦ ⑧
（２）	ア	① ② ③ ④ ⑤ ⑥ ⑦
	イ	① ② ③ ④ ⑤ ⑥ ⑦

問３

（１）		① ② ③ ④ ⑤ ⑥ ⑦ ⑧
（２）	ア	① ② ③ ④ ⑤
	イ	① ② ③ ④ ⑤

問４

（１）	ア	① ② ③ ④ ⑤
	イ	① ② ③ ④ ⑤ ⑥ ⑦
（２）		① ② ③ ④ ⑤

問５

| （問い） | ※ 解答欄は裏面にあります。 |

問1（1）

問1（2）

mちょうどである。

問5 （問い）

※表紙の――注　意――の5をよく読んで書きましょう。
　なお，この問題は，ひらがなやカタカナのみで書いてはいけません。

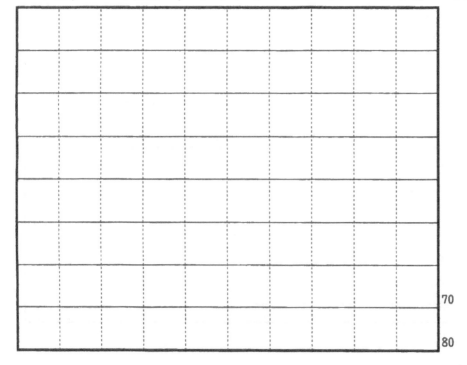

70

80

※ 110%に拡大していただくと，解答欄は実物大になります。

問 1

（1）	※ 解答欄は裏面にあります。
（2）	※ 解答欄は裏面にあります。

問 2

（1）	ア	①	②	③	④	⑤	⑥
	イ	①	②	③	④	⑤	⑥
（2）	ア	①	②	③	④		
	イ	①	②	③	④	⑤	⑥ ⑦

問 3

（1）		①	②	③	④	⑤	⑥	⑦	
（2）	ア	①	②	③	④	⑤	⑥		
	イ	①	②	③	④	⑤	⑥	⑦ ⑧	⑨

問 4

（1）	ア	①	②	③	④	⑤	
	イ	①	②	③	④		
（2）	ア	①	②	③	④	⑤	⑥
	イ	①	②	③	④	⑤	⑥

問１（１）

問１（２）

※表紙の──**注　意**──の５をよく読んで書きましょう。
　なお，この問題は，ひらがなやカタカナのみで書いてはいけません。

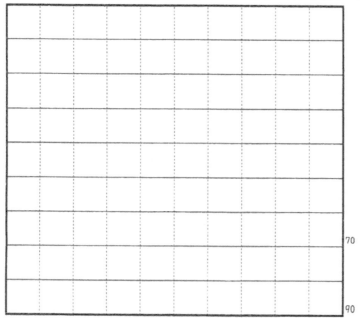

※ 150%に拡大していただくと，解答欄は実物大になります。

問１

（１）	※ 解答欄は裏面にあります。
（２）	※ 解答欄は裏面にあります。

問２

（１）	ア	①	②	③	④	⑤	⑥	⑦	
	イ	①	②	③	④	⑤	⑥	⑦	
（２）	ア	①	②	③	④	⑤			
	イ	①	②	③	④	⑤	⑥	⑦	⑧ ⑨

問３

（１）		①	②	③	④	⑤	⑥	⑦	⑧
（２）	ア	①	②	③	④	⑤	⑥	⑦	⑧
	イ	①	②	③	④	⑤	⑥	⑦	⑧

問４

（１）	ア	①	②	③	④	⑤	⑥
	イ	①	②	③	④	⑤	⑥
（２）	ア	①	②	③	④		
	イ	①	②	③	④	⑤	⑥ ⑦ ⑧

※ 150%に拡大していただくと，解答欄は実物大になります。

問１（１）

問１（２）

※表紙の──**注　意**──の５をよく読んで書きましょう。
　なお，この問題は，ひらがなやカタカナのみで書いてはいけません。

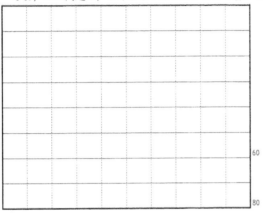

※ 150％に拡大していただくと，解答欄は実物大になります。

問１

(1)	※ 解答欄は裏面にあります。
(2)	※ 解答欄は裏面にあります。

問2

(1)	ア	① ② ③ ④ ⑤ ⑥
	イ	① ② ③ ④ ⑤ ⑥
(2)	ア	① ② ③ ④ ⑤
	イ	※ 解答欄は裏面にあります。

問3

(1)	ア	① ② ③ ④ ⑤ ⑥
	イ	① ② ③ ④ ⑤ ⑥
(2)		① ② ③ ④ ⑤ ⑥

問4

(1)	ア	① ② ③ ④ ⑤
	イ	① ② ③ ④ ⑤
(2)		※ 解答欄は裏面にあります。

※ 150％に拡大していただくと，解答欄は実物大になります。

問１（１）

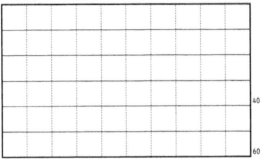

問１（２）
※表紙の──**注　意**──の５をよく読んで書きましょう。
　なお，この問題は，ひらがなやカタカナのみで書いてはいけません。

40

60

問２（２）イ

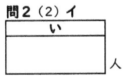

い

人

問４（２）

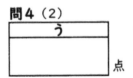

う

点

※ 120％に拡大していただくと，解答欄は実物大になります。

問1

（1）

（2）
ア

通り

イ

km

問2

（1）
ア

g

イ

立方体A	立方体B
g	g

（2）
ア

お
g

イ

か
g

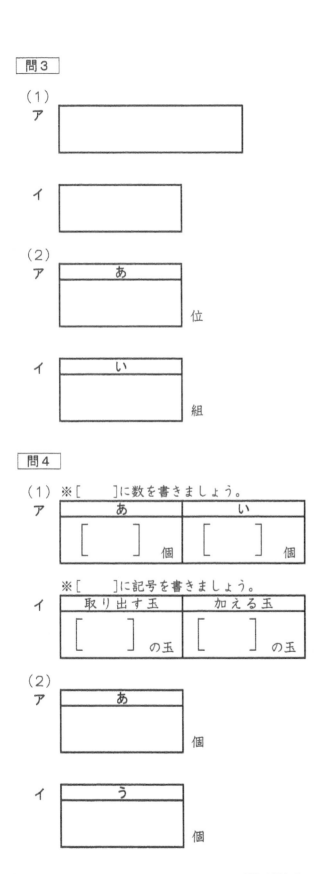

※125％に拡大していただくと，解答欄は実物大になります。

問1

(1)

（空欄）

(2) ※表紙の ── 注　意 ── の4をよく読んで書きましょう。
　　　なお，この**ア**，**イ**の問題は，ひらがなやカタカナのみで
　　　書いてはいけません。

ア

（解答欄：30　50）

イ

（解答欄：60　80）

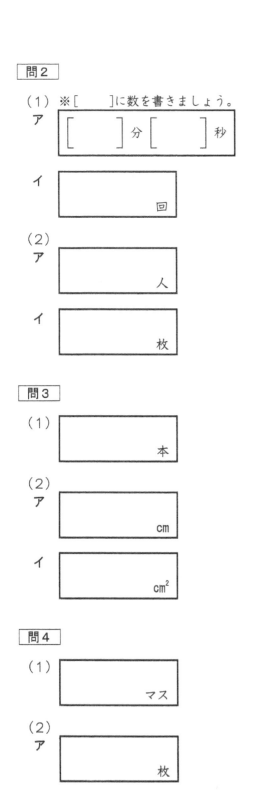

問2

（1）※[ ]に数を書きましょう。

ア　[　　　]分[　　　]秒

イ　　　　　　　　　　　　回

（2）
ア　　　　　　　　　　　　人

イ　　　　　　　　　　　　枚

問3

（1）　　　　　　　　　　　本

（2）
ア　　　　　　　　　　　cm

イ　　　　　　　　　　　cm²

問4

（1）　　　　　　　　　　マス

（2）
ア　　　　　　　　　　　枚

イ

3番め	5番め

※解答欄は実物大になります。

問1

（1）

（2）
ア

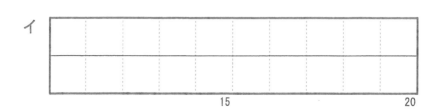

イ

問2

（1）

かなこさん	たろうさん

（2）

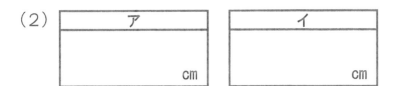

ア	イ
cm	cm

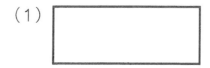

問3

（1）

（2）
ア

イ

（1）

ア

イ

1番め	2番め	3番め	4番め

（2）

ア

回

イ

周

※解答欄は実物大になります。

問1

（1）

（2）　※表紙の ── 注　意 ── の4をよく読んで書きましょう。
　　　なお，この問題は，ひらがなやカタカナのみで書いては
　　　いけません。

120

150

問2

（1）

（2）
ア 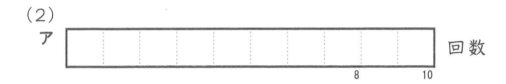回数

　　　　　　　　　　　　　　　　8　　　10

イ 回数

　　　　　　　　　　　　　　　　8　　　10

（1）
ア

イ
cm

（2）
枚

（1）※[　　]に数を書きましょう。

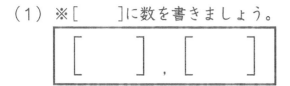

（2）

ア　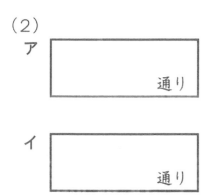

通り

イ

通り

※ 97％に縮小していただくと，解答欄は実物大になります。

（1）

（2）
ア

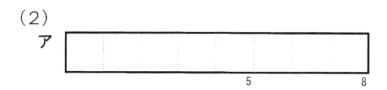

イ

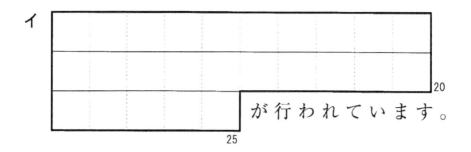

が行われています。

| 問2 |

（1）

ア

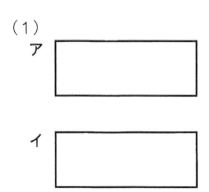

イ

（2）

g

問3

（1）

（2）
ア

イ

問4

（1）

（2）
ア

イ

※この解答用紙は実物大です。

問1

（1）

（2）※表紙の ── 注　意 ── の4をよく読んで書きましょう。

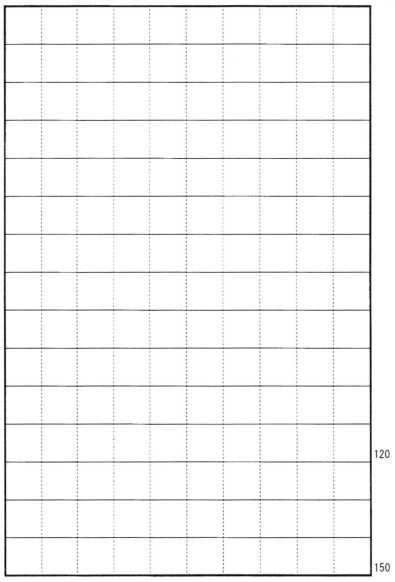

120

150

問2

（1）

枚

（2）

▨のレンガ
個

□のレンガ
個

問3

（1）

（2）

ア

（　あ　）	
（　い　）	
（　う　）	

イ

問4

（1）

個

（2）

本

※ この解答用紙は実物大です。

| 問1 |

（1）

（2）

ため

15　　　　　　20

問2

（1）
ア
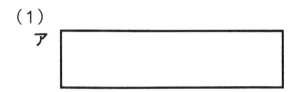

イ

（2）
ア
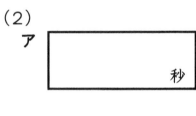

秒

イ
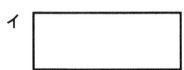

問3

(1)
　　　　　　　　　　枚

(2)
　　　　　　　　cm³

（1）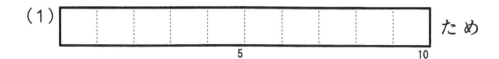 ため

5   10

（2）

ア

イ　※[　　]に数を書きましょう。

午前7時 [　　　　] 分 [　　　　] 秒

300

※ この解答用紙は実物大です。

| 問 1 |

（1）

（2）※表紙の ── 注　意 ── の 4 をよく読んで書きましょう。

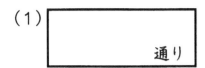

（1）

通り

（2）

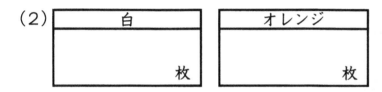

白
枚

オレンジ
枚

(1)

（2）
　ア [mm]

　イ [mm]

(1)

(2)

300

※ この解答用紙は114%に拡大していただくと，実物大になります。

[問1]

（1）

（2）

										の で

25　　　　　　　　　　30

（1）

6 ページ	18 ページ

（2）

ア	イ
ウ	エ

問 3

(1)

(2)

問4

（1）

（2）

300

◇適性検査Ⅱ◇

※ この解答用紙は実物大です。

問１

（１）

（２）※表紙の ― 注　意 ― の５をよく読んで書きましょう。

									120
									150

（1）

（2）

名前	こうげき	
	5回目	
かなこ		●
たろう	●	
はなこ	●	
まさる		
あきこ	●	

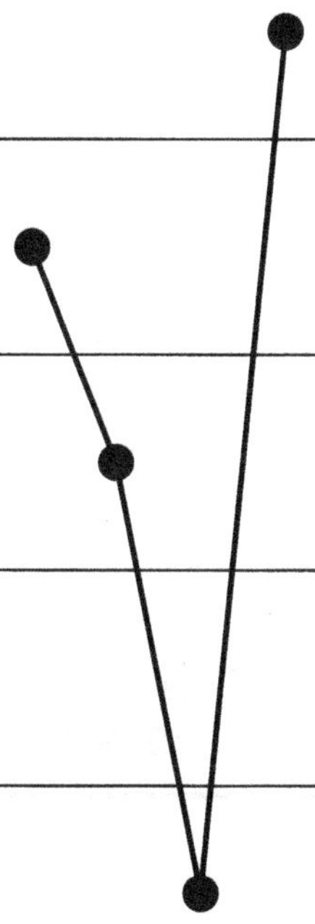

（1）
ア [   ] 人

イ [   ] 人

（2）
ア
〔グラフ〕

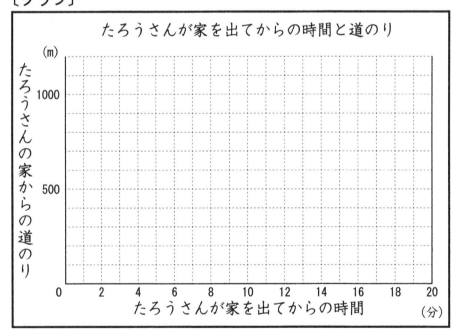

たろうさんが家を出てからの時間と道のり

（m）

たろうさんの家からの道のり

1000

500

0   2   4   6   8   10   12   14   16   18   20

たろうさんが家を出てからの時間

（分）

イ [   ]
分速   m

問4

(1)

①	○	×	△
②	○	×	△
③	○	×	△

(2)

C	
	g

㋐	
	cm

300

※この解答用紙は114％に拡大していただくと，実物大になります。

問1

（1）

分

（2）〔地図〕

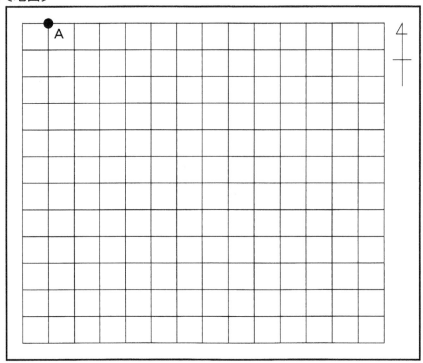

（1）
[　　　　　　　　　　　　　　　]

（2）〔加える情報〕
[　　　　　　　　　　　]

〔Bコートで試合をした選手の組み合わせ〕

	かながわテニスクラブ		ヨコハマスポーツクラブ
第1試合	こうたさん まさやさん かずおさん	と	あきらさん たろうさん しんじさん
第2試合	こうたさん まさやさん かずおさん	と	あきらさん たろうさん しんじさん
第3試合	こうたさん まさやさん かずおさん	と	あきらさん たろうさん しんじさん

問3

（1）

回

（2）

（1）

1	2	4	5	6	7
8	9	10	11	12	13

（2）〔アから見た図〕

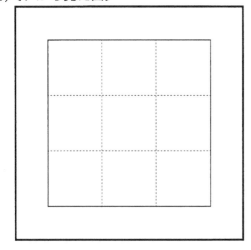

300

※この解答用紙は実物大です。

問1

（1）

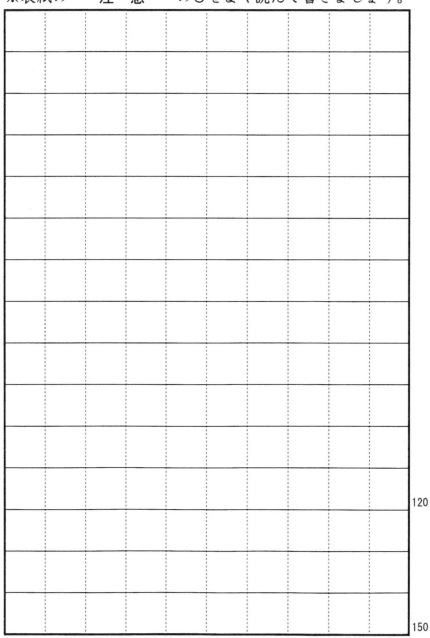

（2）※表紙の ── 注　意 ── の５をよく読んで書きましょう。

（1）

	cm³

（2）

立体A	鉄	アルミニウム	銅
立体B	鉄	アルミニウム	銅
立体C	鉄	アルミニウム	銅

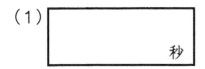

（1）

秒

（2）

（1）

ア	ウ	エ	オ	カ

（2）

cm³

MEMO

大切なことはメモしておこうネ！

公立中高一貫校適性検査対策シリーズ

攻略！ 公立中高一貫校適性検査対策問題集

総合編　※年度版商品

- 実際の出題から良問を精選
- 思考の道筋に重点をおいた詳しい解説（一部動画つき）
- 基礎を学ぶ6つのステップで作文を攻略
- 仕上げテストで実力を確認
- ※毎年春に最新年度版を発行

公立中高一貫校適性検査対策問題集

資料問題編

- 公立中高一貫校適性検査必須の出題形式「資料を使って解く問題」を完全攻略
- 実際の出題から良問を精選し、10パターンに分類
- 例題で考え方・解法を身につけ、豊富な練習問題で実戦力を養う
- 複合問題にも対応できる力を養う

定価：1,320円（本体1,200円＋税10%）／ ISBN：978-4-8080-8600-8　C6037

公立中高一貫校適性検査対策問題集

数と図形編

- 公立中高一貫校適性検査対策に欠かせない数や図形に関する問題を徹底練習
- 実際の出題から良問を精選、10パターンに分類
- 例題で考え方・解法を身につけ、豊富な練習問題で実戦力を養う
- 他教科を含む複合問題にも対応できる力を養う

定価：1,320円（本体1,200円＋税10%）／ ISBN：978-4-8080-4656-9　C6037

公立中高一貫校適性検査対策問題集

生活と科学編

- 理科分野に関する問題を徹底トレーニング！！
- 実際の問題から、多く出題される生活と科学に関する問題を選び、13パターンに分類
- 例題で考え方・解法を身につけ、豊富な練習問題で実戦力を養う
- 理科の基礎知識を確認し、適性検査の問題形式に慣れることができる

定価：1,320円（本体1,200円＋税10%）／ ISBN：978-4-8141-1249-4　C6037

公立中高一貫校適性検査対策問題集

作文問題（書きかた編）

- 出題者、作問者が求めている作文とは！？　採点者目線での書きかたを指導
- 作文の書きかたをまず知り、文章を書くのに慣れるためのトレーニングをする
- 問題文の読み解きかたを身につけ、実際に書く際の手順をマスター
- 保護者の方向けに「サポートのポイント」つき

定価：1,320円（本体1,200円＋税10%）／ ISBN：978-4-8141-2078-9　C6037

公立中高一貫校適性検査対策問題集

作文問題（トレーニング編）

- 公立中高一貫校適性検査に頻出の「文章を読んで書く作文」攻略に向けた問題集
- 6つのテーマ、56の良問…バラエティー豊かな題材と手応えのある問題量で力をつける
- 大問1題あたり小問3〜4問。チャレンジしやすい問題構成
- 解答欄、解答例ともに実戦的な仕様

定価：1,320円（本体1,200円＋税10%）／ ISBN：978-4-8141-2079-6　C6037

中学別入試過去問題シリーズ

県立平塚・相模原中等教育学校　2025年度

ISBN978-4-8141-3110-5

[発行所] 東京学参株式会社
　　　　〒153-0043　東京都目黒区東山2-6-4

書籍の内容についてのお問い合わせは右のQRコードから　⇒

※書籍の内容についてのお電話でのお問い合わせ、本書の内容を超えたご質問には対応
　できませんのでご了承ください。

2024年6月14日　初版